Marcus Schröter
Erfolgreich recherchieren – Altertumswissenschaften und Archäologie
De Gruyter Studium

Erfolgreich recherchieren

Herausgegeben von
Klaus Gantert

Marcus Schröter

Erfolgreich recherchieren – Altertumswissenschaften und Archäologie

DE GRUYTER
SAUR

ISBN 978-3-11-029902-1
e-ISBN (PDF) 978-3-11-029903-8
e-ISBN (EPUB) 978-3-11-039623-2
ISSN 2194-3443

Library of Congress Cataloging-in-Publication Data
A CIP catalog record for this book has been applied for at the Library of Congress.

Bibliografische Information der Deutschen Nationalbibliothek
Die Deutsche Nationalbibliothek verzeichnet diese Publikation in der
Deutschen Nationalbibliografie; detaillierte bibliografische Daten
sind im Internet über http://dnb.dnb.de abrufbar.

© 2017 Walter de Gruyter GmbH, Berlin/Boston
Satz: Medien Profis GmbH, Leipzig
Druck und Bindung: CPI books GmbH, Leck
♾ Gedruckt auf säurefreiem Papier
Printed in Germany

www.degruyter.com

Inhaltsverzeichnis

Einleitung —— 1

Basics —— 6

1 **Wer? Was? Wann? Ausgangspunkt und Rahmenbedingungen wissenschaftlicher Recherche** —— 6
1.1 Fachwissenschaftliche Informationskompetenz —— 6
1.2 Quellen und Forschungsliteratur in den Altertumswissenschaften —— 7
1.3 Von der Gutenberg galaxy zu den Digital Humanities —— 9
1.4 Digital Humanities und Digital Classics —— 11
1.5 Open Access und Open Data: Elektronisches Publizieren von Forschungsliteratur und Forschungsdaten —— 13

2 **Bibliographieren & Recherchieren: Strategien altertumswissenschaftlicher Literatur- und Quellenrecherche** —— 21
2.1 Typen altertumswissenschaftlicher Literatur: Selbstständig und unselbstständig publizierte Texte —— 22
2.2 Bibliographie: Grundstein jedes wissenschaftlichen Textes —— 23
2.3 Von der Bibliographie zum Thema – vom Thema zur Bibliographie —— 23
2.4 Quellenrecherche —— 24
2.5 Recherchefahrplan: selbstständig erschienene Literatur (Monographien) in Online-Katalogen wissenschaftlicher Bibliotheken —— 24
2.6 Recherchefahrplan: unselbstständig erschienene Literatur (Artikel) in fachübergreifenden bibliographischen Datenbanken —— 25
2.7 Recherchefahrplan: selbstständig (Monographien) und unselbstständig (Artikel) erschienene Literatur sowie Quellen in altertumswissenschaftlichen Spezialdatenbanken —— 25

3 **Grundlagen von Recherchetechniken in Online-Katalogen (OPACs) und bibliographischen Datenbanken** —— 27
3.1 Recherchieren —— 27
3.2 Informieren —— 36
3.3 Merken, Exportieren und Weiterverarbeiten —— 37

4 **Bibliothekskataloge** —— 40
4.1 OPACs der Bibliotheken vor Ort —— 40
4.2 Verbundkataloge: große Brüder der OPACs der Bibliotheken vor Ort —— 41
4.3 Virtuelle Kataloge —— 43
4.4 Fernleihe und Dokumentlieferdienste —— 44

5 **Fachübergreifende Datenbanken und zentrale Ressourcen** —— 45
5.1 Datenbank-Infosystem (DBIS) —— 46
5.2 Zeitschriftendatenbank (ZDB) —— 48
5.3 Elektronische Zeitschriftenbibliothek (EZB) —— 49

5.4	JSTOR —— **51**	
5.5	Directory of Open Access Journals (DOAJ) —— **51**	
5.6	Internationale Bibliographie der geistes- und sozialwissenschaftlichen Zeitschriftenliteratur (IBZ) —— **52**	
5.7	Online Contents Altertumswissenschaften (OLC-SSG Altertumswissenschaften) —— **53**	
5.8	Internationale Bibliographie der Rezensionen geistes- und sozialwissenschaftlicher Literatur (IBR) —— **54**	
5.9	Bryn Mawr Classical Review (BMCR) —— **55**	
6	**Altertumswissenschaften in Deutschland: Bibliotheken, Fachinformationsdienste, Virtuelle Fachbibliotheken und Internetportale —— 56**	
6.1	Bibliotheken —— **56**	
6.2	Verteilte retrospektive Nationalbibliothek – Handbuch der historischen Buchbestände in Deutschland, Österreich und Europa und Sammlung Deutscher Drucke (SDD) —— **57**	
6.3	Verteilte nationale Forschungsbibliothek – von den Sondersammelgebieten (SSGs) zu den Fachinformationsdiensten für die Wissenschaft (FIDs) —— **59**	
6.4	Sondersammelgebiete (SSGs) und Fachinformationsdienste (FIDs) in den Altertumswissenschaften —— **61**	
6.5	Virtuelle Fachbibliotheken (ViFas) —— **62**	
6.6	Portale —— **67**	
7	**Googelst Du noch oder recherchierst Du schon? Allgemeine Suchmaschinen und wissenschaftliche Recherche —— 70**	
7.1	Allgemeine Suchmaschinen —— **70**	
7.2	Wissenschaftliche Suchmaschinen —— **73**	

Advanced —— 76

1	**Altertumswissenschaften im Kontext —— 76**	
2	**Lexika —— 76**	
2.1	Allgemeine Lexika und Datenbanken —— **76**	
2.2	Biographische Lexika —— **81**	
2.3	Wörterbücher —— **82**	
2.4	Lexika zu speziellen Themen —— **85**	
3	**Bibliographien —— 86**	
3.1	Allgemeine Bibliographien —— **86**	
3.2	Bibliographien zu speziellen Themen —— **95**	
4	**Kataloge von Spezialbibliotheken —— 97**	
4.1	iDAI.bibliography/ZENON —— **97**	
4.2	The Oriental Institute of the University of Chicago Research Archives – Library —— **98**	
4.3	Kubikat —— **99**	
4.4	Art Discovery Group Catalogue (ADGC) —— **100**	

4.5	Zentralbibliothek des Römisch-Germanischen Zentralmuseums (RGZM) —— 100
4.6	Dumbarton Oaks Research Library and Collection —— 102
5	**Historische Grundwissenschaften und Quellen —— 102**
5.1	Epigraphik —— 104
5.2	Numismatik —— 115
5.3	Keramik —— 121
5.4	Denkmäler: Plastik, Architektur, Funde —— 125
5.5	Papyrologie —— 140
5.6	Texte —— 144
5.7	Geographie —— 153
5.8	Onomastik —— 157
5.9	Prosopographie —— 158
5.10	Sphragistik —— 161
6	**Forschungsdaten —— 162**
6.1	IANUS – Forschungsdatenzentrum Archäologie & Altertumswissenschaften —— 162
6.2	Archaeology Data Service (ADS) —— 164
6.3	Data Archiving and Network Services (DANS) und E-depot voor de Nederlandse archeologie (EDNA) —— 165
6.4	Open Context & tDAR —— 165
6.5	Registry of Research Data Repositories —— 165
7	**Methoden, Technologien, Grabungswesen —— 165**
7.1	iDAI.field —— 165
7.2	Netzbasierter Archäologischer Datenprozessierungsdienst (RGZM) —— 166
7.3	CalPAl: Paläoökologische und paläoklimatische Daten (RGZM) —— 166
7.4	Archäologische Denkmalpflege in Deutschland —— 167
7.5	Bayerischer Denkmal-Atlas —— 168
7.6	Ausgewählte europäische Initiativen —— 169
8	**Museen und Sammlungen —— 170**
8.1	Museumsverzeichnisse —— 171
8.2	Universitätssammlungen —— 171
8.3	VIAMUS – das Virtuelle Antikenmuseum —— 172

Informationen weiterverarbeiten —— 173

1	**Wissenschaftliches Arbeiten: Im Kreislauf von Recherchieren, Lesen, Schreiben, Präsentieren —— 173**
2	**Literaturverwaltung und Wissensmanagement —— 175**
2.1	Citavi —— 175
2.2	Zotero —— 176
3	**Das R(r)ichtige Lesen —— 177**
4	**Wissenschaftliches Schreiben —— 178**
4.1	Zitieren —— 180
4.2	Wissenschaftliche Ethik: Plagiatsvermeidung und Urheberrecht —— 184

Ressourcenverzeichnis — **187**
Literaturverzeichnis — **198**
Sachregister — **199**
Abbildungsnachweis — **202**

Einleitung

Dieses Buch ist in mehrfacher Hinsicht ein Experiment: Es möchte zuallererst eine Lücke innerhalb der grundlegenden altertumswissenschaftlichen Studienliteratur füllen und strukturiert in das digitale und webbasierte Lernen und Forschen einführen. Da es aber zugleich ganz unterschiedliche altertumswissenschaftliche Disziplinen in den Blick nimmt, wird eine breite Definition der *Altertumswissenschaften* zu Grunde gelegt. Gegenstände dieser Einführung sind daher nicht nur die traditionellen altertumswissenschaftlichen Kerndisziplinen Alte Geschichte, Klassische Philologie (Gräzistik, Latinistik) und Klassische Archäologie, sondern gleichermaßen die Fächer Ur- und Frühgeschichte, Provinzialrömische Archäologie, Vorderasiatische Archäologie, Christliche Archäologie und Byzantinische Kunstgeschichte.

<small>Fächerspektrum der Altertumswissenschaften</small>

Altertumswissenschaftliches Arbeiten, das möchte dieses Buch verdeutlichen, ist ein komplexer und vernetzter Prozess: Beginnend mit dem ersten, vielleicht zufälligem Griff nach einem Buch im vertrauten Regal einer traditionellen Fachbibliothek, gefolgt von immer spezifischeren Recherchen im Online-Katalog der lokalen Universitätsbibliothek, in Literatur- und Quellendatenbanken oder Virtuellen Fachbibliotheken und Fachportalen, schließlich mündend in das Anfertigen eines Referates, eines Essays, einer Hausarbeit oder einer Bachelor- oder Masterarbeit.

<small>Wissenschaftliches Arbeiten als Prozess</small>

Adressaten dieser Einführung sind insbesondere Studierende, die innerhalb der Bachelor- und Master-Curricula vom Beginn ihres Studiums an gemäß den Standards wissenschaftlicher Informationskompetenz den Umgang nicht nur mit den gedruckten Büchern und Zeitschriften ihres jeweiligen altertumswissenschaftlichen Faches in den Universitäts- und Fachbibliotheken vor Ort beherrschen müssen, sondern gleichermaßen mit den digitalen und virtuellen Ressourcen. Schließlich möchte dieser Überblick auch für Promovierende und Lehrende im universitären und gymnasialen Bereich aktuelle Informationen über ein sich dynamisch wandelndes Arbeitsfeld bieten.

<small>Adressaten</small>

Obwohl sich diese Einführung auf die digitalen und virtuellen Ressourcen konzentriert, liegt ihr doch die Auffassung zu Grunde, dass – wie die Altertumswissenschaften – Geisteswissenschaften generell als *Bücherwissenschaften* schon immer nicht nur Bücher als Forschungsgegenstände untersucht haben, sondern über diese Forschungsgegenstände immer wieder neue Bücher produziert haben. Zugleich findet in den Geisteswissenschaften der wissenschaftliche Diskurs keineswegs allein in Artikeln statt – wie dies in den Naturwissenschaften die Regel ist –, sondern in traditionellen Büchern, in Monographien.

<small>Buch und Altertumswissenschaften</small>

Monographie oder Artikel

Eine Monographie ist nicht allein ein besonderes Textformat, sondern zugleich auch Ausdruck eines Denkformates, das für die Bearbeitung komplexer Themen breiter angelegt ist als der Artikel, der sich für die Analyse scharf abgegrenzter Fragestellungen besser eignet. In Monographien können komplexe Themen nicht nur unter Berücksichtigung eines breiten Spektrums geisteswissenschaftlicher Methodik umfassender analysiert und vielfältiger in den Fachdiskurs eingebunden werden, sondern sie ermöglichen auch, die Komplexität eines Themas durch die Nachzeichnung großer Linien anschaulich darzustellen.

gedruckt oder elektronisch

Wenn auch sowohl Monographien als auch Artikel nicht mehr nur gedruckt, sondern zunehmend elektronisch publiziert werden, werden Publikationen im Internet in den Geisteswissenschaften auch in näherer Zukunft gedruckte Bücher oder Artikel keineswegs vollständig ersetzen. Es zeichnet sich vielmehr ab, dass die Textformate *Monographie* oder *Artikel* genau wie die Publikationsformen *gedruckt* oder *elektronisch* von den jeweiligen Inhalten abhängen werden: Während bestimmte wissenschaftliche Inhalte auch künftig am besten in der gedruckten Monographie publiziert werden, wird man bei anderen Themen, Informationen oder Daten auf geeignetere Formate und Formen zurückgreifen. Dadurch – so viel ist schon jetzt deutlich – wird das Angebot wissenschaftlicher Informationen in Zukunft wesentlich komplexer als jemals zuvor in der Geschichte einer Fachdisziplin. Dennoch darf man sich mit guten Gründen der Auffassung zahlreicher Autoren wie Peter Haber oder Michael Hagner anschließen, dass die klassische gedruckte Monographie vorläufig *Goldstandard in den Geisteswissenschaften* bleiben wird.

Digital Humanities, Open Access, Forschungsdaten

Die digitalen und virtuellen Ressourcen in den Altertumswissenschaften, um die es in dieser Einführung geht, entwickeln sich im hochdynamischen Feld der Digital Humanities gegenwärtig in einem hohen Tempo zu *Digital Classics* weiter. Dabei werden die Themen digitales Publizieren, Forschungsdaten und Virtuelle Forschungsumgebungen gemäß den Grundsätzen von *Open Access* und *Open Data* voraussichtlich eine immer wichtigere Rolle spielen. Wegen der Dynamik dieser Felder kann auch diese Einführung neben einer grundsätzlichen Darstellung der Thematik am Beispiel *exemplarisch* ausgewählter Ressourcen nur eine Momentaufnahme des Jahres 2016 bieten, deren Aktualisierung überarbeiteten Auflagen vorbehalten sein muss.

Digital Classics

In diesem Sinne erfolgt eine Konzentration auf die digitalen und webbasierten Ressourcen, die traditionelle Überblicke über gedruckte Hilfsmittel in den Altertumswissenschaften ergänzen möchte. Beide – gedruckte *und* digitale Referenzwerke und Ressourcen – sind für altertumswissenschaftliches Arbeiten auch in Zukunft notwendig: *Digital*

Classics ergänzen die Arbeit mit gedruckten Texten, Informationen und Ressourcen. Schließlich soll deutlich werden, dass dieser Prozess der Recherche und Identifizierung von Quellen, Literatur und Informationen in gedruckter und digitaler Form durchaus keine lästige Pflicht ist, sondern integraler Bestandteil hybriden altertumswissenschaftlichen Arbeitens, das vor allem eines bedeutet: Neugier, Freude und Kreativität!

Für die Publikation dieser Einführung wurde bewusst die Entscheidung der Deutschen Forschungsgemeinschaft (DFG) abgewartet, die traditionellen altertumswissenschaftlichen Sondersammelgebiete (SSGs) ab dem 1. Januar 2016 durch *den Fachinformationsdienst (FID) Altertumswissenschaften – Propylaeum*, getragen von der Bayerischen Staatsbibliothek München und der Universitätsbibliothek Heidelberg, fortzuführen. Diese Entscheidung hat unmittelbare Konsequenzen für die Weiterentwicklung der Altertumswissenschaften in Deutschland.

vom SSG zum FID

Da diese Einführung einem interdisziplinären Ansatz verpflichtet ist, wird auf eine Differenzierung in die jeweiligen Einzeldisziplinen grundsätzlich verzichtet, indem konsequent von den Quellen her gedacht wird: Beispielsweise sind Texte für Klassische Archäologen und für Althistoriker genauso wichtig wie für Gräzisten und Latinisten. Auch wenn diese Einführung der Konzentration auf das Wesentliche verpflichtet ist, wird versucht, die zahlreichen Datenbanken und digitalen respektive virtuellen Ressourcen nicht lediglich schematisch aufzuzählen, sondern unmittelbar in ihre Entstehungskontexte einzubetten.

im Zentrum: Quellen

Der Überblick modelliert in den drei Stufen *Basics*, *Advanced* und *Informationen weiterverarbeiten* einen exemplarischen Überblick über konkrete Rechercheschritte innerhalb digitaler und webbasierter Ressourcen der Altertumswissenschaften. Dabei bauen die einzelnen Kapitel einerseits didaktisch aufeinander auf und ermöglichen eine fortlaufende Lektüre. Andererseits ist auch der Einstieg in die Einzelkapitel jederzeit möglich.

didaktisches Konzept

Der Teil *Basics* behandelt grundsätzliche Fragen der Literaturrecherche und gibt einen Überblick über die allgemeinen Ressourcen für die Altertumswissenschaften, wobei der Schwerpunkt auf die im engeren Sinne bibliothekarischen Angebote gelegt wird. Die Funktionalität eines Bibliothekskataloges oder einer Fachdatenbank wird lediglich exemplarisch erläutert, um die Beschreibung der einzelnen Ressourcen im Teil *Advanced* von Redundanzen zu entlasten. Auch ist die Weiterentwicklung einzelner Datenbanken so dynamisch, dass die deskriptiven Anteile möglichst vermieden werden. Es soll eine für alle altertumswissenschaftlichen Disziplinen gleichermaßen geeignete,

Basics

modellhafte Recherchestrategie anhand übergreifender Kataloge und Datenbanken vorgeschlagen werden. Das methodische Verfahren ist daher in Bezug auf die Recherchestrategien systematisch, in Bezug auf die empfohlenen Ressourcen deskriptiv. Da diese Einführung einen möglichst konzentrierten Überblick über die altertumswissenschaftlich relevanten Angebote geben möchte, wird auf konkrete Suchbeispiele in den allermeisten Fällen verzichtet.

Advanced

Der Teil *Advanced* konzentriert sich auf die hoch spezialisierten Ressourcen der einzelnen altertumswissenschaftlichen Disziplinen mit den Schwerpunkten bibliographische Fachdatenbanken und Quellendatenbanken. Wegen der ungeheuren Fülle der sich gegenwärtig entwickelnden Angebote und Projekte in diesem Bereich lässt sich jedoch nur eine Auswahl präsentieren. Ziel ist daher die exemplarische Konzentration auf Produkte mit Referenzcharakter. Auch das sich gegenwärtig immer dynamischer entwickelnde Feld der altertumswissenschaftlichen Forschungsdaten und Virtuellen Forschungsumgebungen wird immer nur dann berührt, wenn Projekte bereits jetzt wegweisend für künftige Forschungsszenarien sind.

Informationen weiterverarbeiten

Der Teil *Informationen weiterverarbeiten* widmet sich der Frage nach der konkreten Integration der gewonnenen Informationen in den individuellen wissenschaftlichen Arbeitsprozess, dessen Ergebnis in der Regel ein schriftlicher Text oder eine mündliche Präsentation ist. Dabei sollen Aspekte des korrekten Zitierens, des Urheberrechts, der Vermeidung von Plagiaten und die Regeln guter wissenschaftlicher Praxis thematisiert werden.

Ressourcen- und Literaturverzeichnis, Sachregister

Im *Ressourcenverzeichnis* finden sich die Internetadressen (URLs) zu den besprochenen Bibliothekskatalogen, Fachdatenbanken und sonstigen digitalen Angeboten. Das *Literaturverzeichnis* ist nicht nur deswegen so knapp, weil es sich konsequent auf die wichtigste Literatur zum Thema dieser Einführung konzentriert, sondern auch, weil bisher kaum Publikationen zum Gegenstand dieser Einführung zur Verfügung stehen. Das *Sachregister* ermöglicht schließlich einen bequemen Einstieg in das breite Themenspektrum dieses Buches.

Lektüreempfehlung

Eine der hauptsächlichen Schwierigkeiten beim Verfassen dieses Buches lag darin, die bibliothekarische Sicht mit der spezifisch fachlichen Perspektive im Hinblick auf die ausgewählten Inhalte, die gedankliche Argumentation und die sprachliche Präsentation so miteinander zu verbinden, dass einerseits Bachelor-Studierende einen strukturierten und systematischen Zugang zu dieser Thematik erhalten, Master-Studierende andererseits ihr Wissen aktualisieren und vertiefen können. Dabei erschien es sinnvoll, die im engeren Sinn bibliothekarischen Themen im knapper gehaltenen Teil *Basics* zu konzentrieren, die spezifisch altertumswissenschaftlichen Themen hingegen im Teil *Advanced* ausführlicher zu entfalten. Während ich mich bemüht habe, den Teil *Basics* inhaltlich und didaktisch in der Weise zu strukturieren, dass eine sukzessive Lektüre zu empfehlen ist, lässt sich der Teil *Advanced* auch punktuell konsultieren. Verweise innerhalb des Gesamttextes sowie die thematische Erschließung durch das Sachregister ermöglichen ein gezieltes Navigieren zwischen den einzelnen Themen.

Um eine gewisse Einheitlichkeit innerhalb des Konzeptes der Reihe *Erfolgreich recherchieren* zu bewahren, orientiert sich die Anlage dieser Einführung an fachlich vergleichbaren Studienbüchern. Dennoch wurde dieser allgemeine Rahmen überall dort sehr frei interpretiert, wo es die fachlichen Besonderheiten des hier behandelten breiten Spektrums der Altertumswissenschaften verlangten. Für die Umsetzung des verlegerischen Konzepts danke ich dem Herausgeber der Reihe, Herrn Dr. Klaus Gantert, sowie den Lektorinnen des Verlages de Gruyter, Frau Dr. Christina Lembrecht und Frau Claudia Heyer.

Mein besonderer Dank schließlich gilt nicht nur den Kolleginnen und Kollegen an Bibliotheken und altertumswissenschaftlichen und archäologischen Instituten für den intensiven Austausch über die vielfältigen hier behandelten Projekte und Ressourcen, sondern vor allem den Studierenden, mit denen ich viele dieser Themen aus Nutzersicht diskutieren durfte. Für sie habe ich dieses Buch geschrieben.

Basics

1 Wer? Was? Wann? Ausgangspunkt und Rahmenbedingungen wissenschaftlicher Recherche

Themenfindung und Literaturüberblick

Welche Quellen, Literatur und Forschungsressourcen gibt es zu meinem Thema? Wer hat was wann publiziert? Sobald das Thema für ein Referat, einen Essay, eine Hausarbeit, eine Bachelor- oder Masterarbeit feststeht, ist dieses die entscheidende Frage, mit der jede Recherche nach wissenschaftlicher Literatur und relevanten Quellen beginnt.

Ferner ist zu klären: Ist der Text als gedrucktes Buch oder als Aufsatz in einer gedruckten Zeitschrift oder einem gedruckten Sammelband erschienen? Hat meine Bibliothek diesen erworben, so dass ich ihn lesen oder ausleihen kann? Oder ist das gesuchte Buch, der Sammelband oder der Zeitschriftenaufsatz digital erschienen? Ist der Text frei im Netz zugänglich oder lizenzpflichtig? Hat meine Bibliothek den Zugriff darauf?

1.1 Fachwissenschaftliche Informationskompetenz

Schlüsselqualifikation

Um diese Fragen sicher zu beantworten, sind spezifische Schlüsselqualifikationen und Kompetenzen notwendig. Der tägliche Zuwachs auch an wissenschaftlichen Informationen im Internet ist schon längst kaum mehr quantifizierbar, gleichzeitig veralten Informationen ebenso schnell, wie sie verbreitet wurden. Daher liegt die Herausforderung darin, sich schnell und sicher innerhalb dieses *Informationsdschungels* zu bewegen. Innerhalb der Bildungssysteme der Welt – und insbesondere im wissenschaftlichen Bereich – ist daher die *Information Literacy*, die *Informationskompetenz*, als eine unverzichtbare Schlüsselqualifikation definiert. Man versteht darunter das Erkennen eines Bedarfs an wissenschaftlicher Information, ihre Lokalisation, Selektion und Weiterverarbeitung. Informationskompetente Studierende, Lehrende und Forschende

Standards der Informationskompetenz

- *erkennen* ihren Informationsbedarf und *bestimmen* Art und Umfang der benötigten Informationen,
- *verschaffen* sich effizient Zugang zu den identifizierten Informationen,
- *analysieren, evaluieren* und *wählen* die gefundenen Informationen aus,
- *verarbeiten* die gewonnenen Informationen und *vermitteln* sie der jeweiligen Zielgruppe mit geeigneten technischen Mitteln,
- sind sich ihrer *Verantwortung* bei der Informationsnutzung und -weitergabe bewusst.

DOI 10.1515/9783110299038-002

Diese aus dem anglo-amerikanischen Hochschulbereich übernommenen Standards der Informationskompetenz sind im Rahmen des Bologna-Prozesses auch in die deutschen Studienordnungen eingeflossen. Hieran orientieren sich die Schulungs- und Lehrangebote wissenschaftlicher Bibliotheken – und nicht zuletzt Konzeption und Inhalt dieser Einführung für Studierende der Altertumswissenschaften und Archäologie.

1.2 Quellen und Forschungsliteratur in den Altertumswissenschaften

Wenn Sie ein Referat, einen Essay, eine Hausarbeit, eine Bachelor- oder Master-Arbeit verfassen, wird von Ihnen erwartet, dass Sie Ihre Argumentation exakt auf den jeweils aktuellen Stand der Forschung beziehen und in den Kreislauf des Wissens einordnen: Dieser beginnt – vereinfacht beschrieben – in der Regel an einer Forschungseinrichtung, die dieses neue Wissen *produziert*, setzt sich fort in den Verlagen, die dieses Wissen *publizieren*, sowie in den Bibliotheken, die dieses Wissen dauerhaft *archivieren*. Bibliotheken sind diejenigen Orte, die jeder Studierende oder Forschende nutzen muss, um dieses Wissen gezielt abzurufen. Als Instrumente stehen wissenschaftliche Kataloge, Bibliographien und Datenbanken zur Verfügung. Das auf dieser Basis produzierte neue Wissen fließt schließlich erneut in den Kreislauf des Wissens und der Forschung ein, der von neuem beginnt (Abb. 1). Für das Studium der Altertumswissenschaften sind digitale und gedruckte Medien grundsätzlich gleichermaßen relevant und ergänzen sich gegenseitig.

Bibliotheken als Archive der Wissenschaft

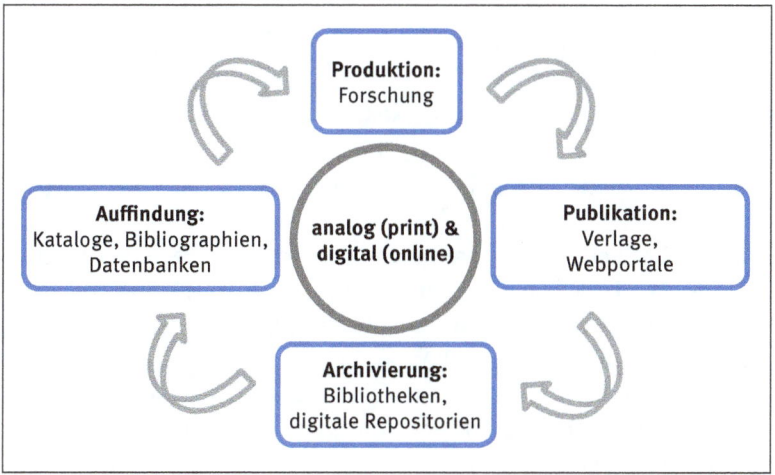

Abb. 1: Kreislauf des Wissens.

interdisziplinäre Altertumswissenschaften

Blickt man genauer auf den Prozess des Lernens und Forschens in den Altertumswissenschaften, so unterscheidet man zwischen der Arbeit mit (Primär-) Quellen einerseits und mit Sekundärquellen bzw. Forschungsliteratur oder – allgemeiner formuliert – Forschungsressourcen andererseits. Jede wissenschaftliche Aussage muss am Befund der unterschiedlichsten Quellen sorgfältig geprüft werden. Innerhalb der Altertumswissenschaften, in der interdisziplinäre Arbeitsweise eine besondere Rolle spielt, ist eine breite Quellenkenntnis unabdingbare Voraussetzung: So ist beispielsweise für einen Althistoriker der souveräne Umgang mit griechischen und lateinischen Texten genauso wichtig wie für einen Klassischen Philologen der Umgang mit archäologischen Befunden (Abb. 2). Ohne genaue Kenntnis der Quellen ist es nicht möglich, die in immer schnellerer Folge publizierten Forschungsbeiträge zuverlässig zu beurteilen.

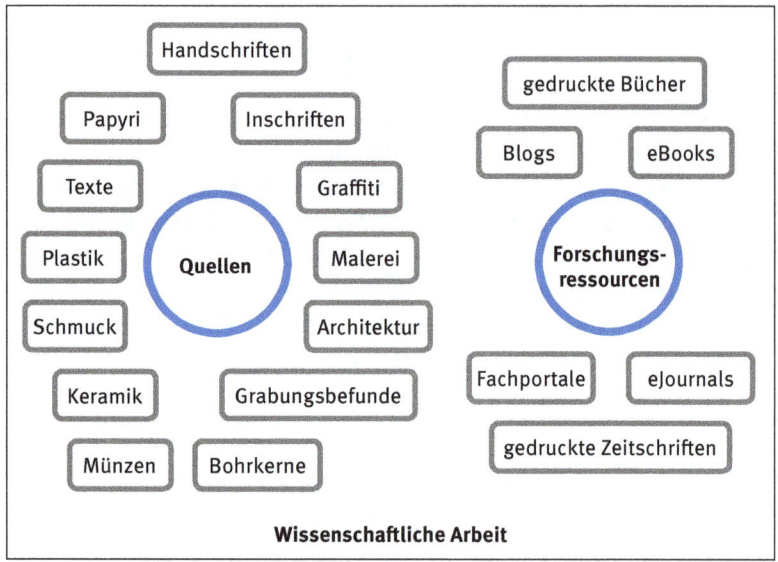

Abb. 2: Typen altertumswissenschaftlicher Quellen und Forschungsressourcen.

Literatur- und Quellendatenbanken

Wissenschaftliche Texte, die die aus den Quellen abgeleiteten neuen Erkenntnisse in den oben beschriebenen Kreislauf des Wissens einspeisen, werden heute in unterschiedlichster Form publiziert: In gedruckten und digitalen Büchern (eBooks), in gedruckten und digitalen Zeitschriften (eJournals), in Fachportalen oder Blogs. Die Grundlagen wissenschaftlicher Arbeit in den Altertumswissenschaften – Quellen und Forschungsressourcen – sind zunehmend in komplexen Datenbanken aufbereitet, die im Folgenden exemplarisch behandelt werden.

1.3 Von der *Gutenberg galaxy* zu den Digital Humanities

Da für geisteswissenschaftliche Fächer wie die traditionsreichen Altertumswissenschaften das Buch nicht nur Medium der Kommunikation von Forschungsergebnissen, sondern Forschungsgegenstand zugleich ist, haben nach der von Bernhard Fabian in seiner Studie *Buch, Bibliothek und geisteswissenschaftliche Forschung* (1983) formulierten These Bibliotheken für geisteswissenschaftliche Disziplinen die gleiche Bedeutung wie Labore für die Naturwissenschaften. Welchen Status aber besitzt das Buch als traditioneller Wissensspeicher heute? In seiner Schrift *The Gutenberg galaxy* (1962) entwirft Marshall McLuhan eine Mediengenealogie: Nachdem mit der Einführung des Buchdrucks um 1450 die mittelalterliche Manuskriptkultur allmählich abgelöst wurde, prägte das gedruckte Buch ein halbes Jahrtausend als unangefochtenes Leitmedium Kultur, Gesellschaft und Wissenschaft – durch seine physische Gestalt formte es die Vermittlung von Informationen, das menschliche Lesen und Denken sowie den Charakter unserer Wissenskulturen. Und schließlich auch die Gestalt unserer Bibliotheken. Die elektronischen Medien, die Vernetzung von Informationen, Texten und Menschen im Internet haben nach McLuhan dieses Buchzeitalter beendet. Was vor uns liegt, wie künftig Wissenschaften und Bibliotheken aussehen – das können wir gegenwärtig nur vermuten.

Labore der Geisteswissenschaften

In den Geisteswissenschaften haben sich für diesen grundlegenden Wandel von analogen zu digitalen Wissenschaftskulturen die Begriffe *Digital Humanities* oder *e-Humanities* etabliert. Die Auflösung des *e* (= *enhanced* im Sinne von *verbessern, anreichern, weiterentwickeln, unterstützen* bzw. *enabled* im Sinne von *ermöglichen, befähigen*) macht aber deutlich, dass hiermit kein Bedeutungsverlust traditioneller geisteswissenschaftlicher Werte und Arbeitsmethoden verbunden ist, sondern vielmehr eine grundlegende Modernisierung innerhalb der digitalen Metamorphose von Wissenschaft und Bibliotheken überhaupt erst ermöglicht wird. Wenn auch eine allgemein akzeptierte exakte Definition der Digital Humanities bisher nicht existiert, so geht es dabei doch grundsätzlich um die Anwendung von Methoden der digitalen Informationsverarbeitung auf Fragestellungen der Geistes- und Kulturwissenschaften. Quantitative Ansätze mit Hilfe computergestützter Textanalyse maschinell erfasster (Primär-) Quellen verfolgen beispielsweise die Geschichtswissenschaft, die Computerlinguistik oder die Computerphilologie. Insbesondere die Editionsphilologie kann nach zwei Jahrzehnten systematischer Digitalisierung nicht nur durch deutsche Bibliotheken inzwischen erheblich von elektronisch verfügbaren Textcorpora einerseits, von Primärquellen wie Handschriften und Alten Drucken andererseits profitieren.

Was sind Digital Humanities?

Initiativen wie *DARIAH (Digital Research Infrastructure for the Arts and Humanities)*, *TextGrid (Virtuelle Forschungsumgebung für die Geisteswissenschaften)* oder *CLARIN-D (Forschungsdateninfrastruktur für die Geistes- und Sozialwissenschaften)* haben auf nationaler und europäischer Ebene zahlreiche Pilotprojekte aus dem Bereich der Digital Humanities angestoßen. Hierbei werden beispielsweise Methoden des *Data Mining* oder *Text Mining* auf die Strukturierung und Analyse geisteswissenschaftlicher Daten, Texte und Gegenstände angewendet und die Anreicherung digitaler Daten mit Meta-Informationen verfolgt, um nach dem Konzept des *Semantic Web* Verbindungen zwischen *Linked Open Data* innerhalb des globalen *Graphen* zu ermöglichen. Um ein erfolgreiches *Information Retrieval*, das Auffinden von Informationen, zu ermöglichen, liegt eine wesentliche Herausforderung in der Gewährleistung von Datenaustausch und Datenvernetzung auch jenseits standardisierter Schnittstellen. Dennoch – Digital Humanities blenden die *Gutenberg galaxy* keineswegs aus: Solange unser vielgestaltiges kulturelles Erbe mit Objekten, Texten und sonstigen Quellen nicht vollständig digitalisiert ist, müssen analoge sowie digitale Ressourcen gleichrangig in den wissenschaftlichen Arbeitsprozess integriert werden.

Die während der vergangenen Jahre entstandenen zahlreichen Einzelprojekte förderten den Wunsch der im Bereich Digital Humanities tätigen Wissenschaftlerinnen und Wissenschaftler, ein Forum des Austausches zu finden. Auf diese Weise entstand 2013 der Verband *Digital Humanities im deutschsprachigen Raum (DHd)*, der seinerseits assoziiert ist mit der *European Association of Digital Humanities (EADH)* und dem internationalen Dachverband *Alliance of Digital Humanities Organizations (ADHO)*.

Bisher setzt die Beschäftigung mit den Digital Humanities noch sehr viel technisches und informatisches Spezialwissen voraus, weswegen dieser Bereich auch in eigenen, von den jeweiligen Fachinstituten getrennten Departments verankert ist. In Zukunft dürften diese Technologien jedoch als integraler Bestandteil der im geisteswissenschaftlichen Studium vermittelten Methoden und eingeübten Arbeitstechniken immer selbstverständlicher werden und ihren Ort innerhalb der betreffenden Fächer haben. Im Hinblick auf diese gegenwärtig noch neuen Konzepte und Methoden der Digital Humanities befinden wir uns gegenwärtig in einer Art digitaler Inkunabelzeit, einer Ära neuer Schriftlichkeit. Diese muss das elektronische Medium erst allmählich in seinen Möglichkeiten ausloten – genau wie am Beginn der *Gutenberg galaxy* die handschriftliche Kulturtechnik viele Jahrzehnte den Buchdruck noch aufs Tiefste beeinflusste, bis dieser sich endgültig von seinen mittelalterlichen Vorbildern löste und in der sich stets erneuernden Gestalt des neuzeitlichen Buches zu sich selbst fand.

1.4 Digital Humanities und *Digital Classics*

Konzepte der Digital Humanities beeinflussen in immer grundsätzlicherer Weise auch kleinere Fächer der Geistes- und Kulturwissenschaften. Nicht nur in der textbasierten Klassischen Philologie gewinnen computergestützte Anwendungen eine immer größere Bedeutung, sondern gleichermaßen in den unterschiedlichen Archäologien. Beginnend mit der *Generierung* einzelner Forschungsdaten im Kontext von Ausgrabungen, Prospektionen und Bauaufnahmen über *Management*, *Analyse* und *Interpretation* komplexer Datenstrukturen und ihrer dauerhaften *Archivierung* bis hin zur Visualisierung und dreidimensionalen Rekonstruktion von Befunden, bilden informationstechnologische Spezialanwendungen einen immer festeren Bestandteil des archäologischen Arbeitsalltags. Dabei ist innerhalb der Arbeit mit digitalen Daten, Texten und Bildern das jeweilige Urheberrecht in besonderer Weise zu berücksichtigen: Vor jeglicher eigener Nutzung digitaler wissenschaftlicher Ressourcen ist zweifelsfrei sicher zu stellen, dass die Einhaltung guter wissenschaftlicher Praxis gewährleistet ist (s. S. 184ff.).

Vor dem Hintergrund der Digital Humanities ist zu erwarten, dass sich die traditionellen Altertumswissenschaften im Hinblick auf ihre Arbeitstechniken immer umfassender zu *Digital Classics* entwickeln werden. Dieser Trend bildet sich auch innerhalb spezifischer Arbeitsgruppen der Fachcommunity deutlich ab:

– Mommsen-Gesellschaft – Verband der deutschen Forscher auf dem Gebiete des griechisch-römischen Altertums
– Verband der Historiker und Historikerinnen Deutschlands (VHD) – Arbeitsgemeinschaft für Digitale Geschichtswissenschaft
– Arbeitsgemeinschaft Geschichte und EDV e.V.
– CLARIN-DE – fachspezifische Arbeitsgruppe Altertumswissenschaften

Digital Classics und Fachcommunity

Als dieser Entwicklung innerhalb der Altertumswissenschaften eigens gewidmetes Fachorgan wurde 2015 die Zeitschrift *Digital Classics Online* begründet.

Digital Classics Online

Welche Rolle aber werden traditionelle Bibliotheken in Zukunft spielen? In ihrem Bericht über die Jahrestagung des Deutschen Archäologen-Verbandes 2011 zum Thema *zukunftsfähige Lehre und zeit-*

Bibliotheken und Altertumswissenschaften

gemäße Ausstattung archäologischer Institute machten Anka Klöckner und Patrick Schollmeyer deutlich, dass trotz der *Auswirkungen der digitalen Revolution* die traditionellen Bibliotheken, insbesondere die aus den früheren Seminar- und Institutsbibliotheken hervorgegangenen heutigen Fachbibliotheken, nach wie vor *den* zentralen wissenschaftlichen Kommunikationsraum der Fachcommunity verkörpern. Neben diesen *traditionelle(n) Einrichtungen wie Bibliotheken und Sammlungen* werden auch nach Auffassung des Deutschen Archäologen-Verbandes *Mediatheken und Bilddatenbanken sowie [...] eLearning-Angebote* immer wichtiger. In archäologischen und altertumswissenschaftlichen Bibliotheken sollten daher nach Auffassung von Katrin Stump einerseits *moderne virtuelle und hervorragend ausgestattete reale Wissensräume* zusammengeführt werden. Andererseits – so der Standpunkt der Fachcommunity – erfordere die spezifisch archäologische Arbeitsweise den direkten Zugang zu den Publikationen, der in den *traditionellen Institutsbibliotheken wesentlich besser gewährleistet [sei] als in zentralisierten Einheiten. Der Charakter der Institutsbibliotheken als gemeinsamer Arbeitsort von Lehrenden und Studierenden sei von entscheidender Bedeutung einer ‚Institutsidentität', die in größeren Bibliothekseinheiten verlorenzugehen droht. Anzustreben sind daher dezentrale Strukturen mit fachlich einschlägigem Medien- und Rechercheangebot.*

Zentralbibliothek und Fachbibliothek

Diese fachwissenschaftliche Überzeugung liegt auch der vorliegenden bibliothekarischen Einführung zu Grunde. Durch diese dezentrale Fachbibliotheken ergänzenden *größeren Bibliothekseinheiten* in Gestalt von zentralen Universitäts-, Landes- und Staatsbibliotheken sowie ubiquitär verfügbaren digitalen Ressourcen virtueller Bibliotheken möchte dieser Überblick begleiten. Effektives Arbeiten in den Altertumswissenschaften ist nur durch die Beherrschung beider Instrumente möglich: der Fachbibliotheken mit ihren vornehmlich gedruckten Monographien, Zeitschriften und Quelleneditionen einerseits, der Datenbanken für Texte, Quellen und Fachinformationen, die Universitäts-, Landes- und Staatsbibliotheken lizenzieren und bereitstellen, andererseits. Was von Seiten der Archäologie programmatisch formuliert wurde, gilt grundsätzlich auch für die anderen altertumswissenschaftlichen Disziplinen.

analoge und digitale Altertumswissenschaften

Der in den folgenden Kapiteln gebotene Überblick über die einschlägigen elektronischen Fachinformationen und Datenbanken verdeutlicht, dass diese vielfach auf den grundlegenden gedruckten Quelleneditionen, die oft noch bis ins 19. Jahrhundert zurückgehen, beruhen. Da durch archäologische Grabungen und philologische Forschungen aber permanent neue Funde, seien es Artefakte, seien es Texte, ans Licht kommen, wird ein gewichtiger Vorteil digitaler Wissenschaft deutlich: Neue Quellen für die Altertumswissenschaften können sehr viel schneller elektronisch publiziert und der Forschung zur Verfügung gestellt werden als dieses der traditionelle Publikationsprozess zum Teil sehr großer Corpora erlaubte. Hierdurch gewinnt die digitale, webbasierte altertumswissenschaftliche Forschung eine sehr viel größere Dynamik als dies innerhalb der *Gutenberg galaxy* auch nur ansatzweise möglich war. Durch die größere Sichtbarkeit neuer Funde und Erkenntnisse lässt sich auch eine kollaborative Forschung – teilweise sogar über Länder und Kontinente hinweg – leichter realisieren, indem man beispielsweise innerhalb überregionaler, digitaler Informationsinfrastrukturen wie Virtueller Forschungsumgebungen gemeinsame Projekte bearbeiten oder innerhalb großer Portale in unterschiedlichen Datenbanken parallel recherchieren kann. Entscheidend hierfür sind aber gemeinsame Standards der formalen und inhaltlichen Beschreibung der Objekte und Daten sowie einheitliche technische Schnittstellen, die den Austausch von Daten und Informationen zwischen unterschiedlichen Systemen ermöglichen.

1.5 Open Access und Open Data: Elektronisches Publizieren von Forschungsliteratur und Forschungsdaten

Die Digitalisierung unserer Schriftlichkeit und Kultur seit dem ausgehenden 20. Jahrhundert sowie die Möglichkeiten des Internet bilden wesentliche Grundlagen des Open-Access-Gedankens. Obwohl dieser ältere Wurzeln besitzt, beeinflusst er immer grundlegender die einzelnen Wissenschaftsdisziplinen und beschleunigt den Wandel der traditionellen Geisteswissenschaften zu Digital Humanities.

Ein Meilenstein innerhalb der auf nationaler und internationaler Ebene geführten Diskussion ist die *Berliner Erklärung* über den offenen Zugang zu wissenschaftlichem Wissen aus dem Jahr 2003, die bis heute von mehr als 500 Institutionen unterzeichnet wurde. Der Open-Access-Bewegung geht es im Kern um den Wunsch nach frei zugänglichen Forschungsinhalten, ein Wunsch, der den insbesondere von Autoren und Verlagen maßgeblich bestimmten traditionellen Publikationsprozess grundlegend verändert.

Berliner Erklärung

Ihren Ausgang nahm die Open-Access-Bewegung angesichts der durch Verlage exponentiell in die Höhe getriebenen Preise wissenschaftlicher Zeitschriften, die viele Forschungseinrichtungen nicht mehr finanzieren konnten. Daher bezog sich eine der ersten Forderun-

Open Access vs. Closed Access

gen auf die freie Zugänglichkeit zu Zeitschriften. Weil sich innerhalb der vergangenen beiden Jahrzehnte der Markt wissenschaftlicher Publikationen weiter verändert hat, betrifft die Open-Access-Bewegung immer neue Bereiche elektronischer Publikationen. Open Access möchte als neues Paradigma den durch die immer weiter gestiegenen Preise des Literaturmarktes zunehmend hinterfragten *Closed Access* ablösen. Viele Förderorganisationen im Wissenschaftsbereich, die die Open-Access-Bewegung von Anfang an unterstützt haben, fordern inzwischen, die von ihnen finanzierten Forschungsergebnisse im Open Access zu publizieren.

grüner vs. goldener Weg

Grundsätzlich unterscheidet man zwei Strategien des Open-Access-Publizierens. Während auf dem *grünen* Weg ein ursprünglich im Druck erschienener Text nachträglich frei zugänglich elektronisch publiziert wird, versteht man unter dem *goldenen* Weg die Erstveröffentlichung im Open Access. Da in den Altertumswissenschaften die gedruckte Monographie auch in Zukunft eine maßgebliche Publikationsform bleiben wird, ist hier der *grüne* Weg einer elektronischen Zweitveröffentlichung gegenwärtig verbreiteter als der *goldene* Weg der frei zugänglichen elektronischen Erstveröffentlichung. Doch auch dieses Modell bietet die Möglichkeit einer parallelen *Print-on-demand*-Veröffentlichung: Dabei wird das Buch erst in dem Augenblick gedruckt, wenn eine Bestellung ausgelöst wird. Durch die Vergabe von *URN's* (Uniform Resource Name) und *DOI's* (Digital Object Identifier) sind im Open Access veröffentlichte Texte genauso exakt referenzierbar wie analoge Publikationen. In beiden Fällen wird eine dauerhafte Identifikation und Archivierung digitaler Objekte ermöglicht.

Chancen

Grundsätzlich besitzt die Open-Access-Publikation eines wissenschaftlichen Textes zahlreiche Vorteile:
– schnelle Verfügbarkeit durch weltweiten Nachweis in Bibliothekskatalogen und bibliographischen Datenbanken,
– freie Zugänglichkeit wissenschaftlicher Erkenntnisse für die Gesellschaft,
– gute Sichtbarkeit bei Publikation auf maßgeblichen Fachrepositorien,
– Möglichkeit der Vernetzung mit anderen relevanten Publikationen oder zusätzlichen Inhalten wie Rezensionen und Kommentaren (angereicherte Publikationen),
– Recht der Autoren, ihre Artikel nach einer Sperrfrist auch ohne Zustimmung der Verlage freizugeben und auf akademischen Plattformen zu publizieren,
– größere Rechtssicherheit bei Open-Access-Publikationen auf dem *goldenen* Weg.

Als problematisch bei einer Open-Access-Publikation werden häufig folgende Punkte gesehen: **Risiken**
- Wunsch der Autoren, über ihre Publikationen jederzeit frei bestimmen zu können und diese nicht unkontrolliert im Internet freizugeben,
- nicht immer gewährleistetes Begutachtungsverfahren (*Peer Review*),
- urheberrechtliche Problematik, insbesondere in Bezug auf Bildrechte, die für die Altertumswissenschaften wichtig sind,
- noch nicht gelöste Problematik der Langzeitarchivierung.

Gegenwärtig existieren oder entstehen vielfältige Fachrepositorien oder Publikationsplattformen, die Open-Access-Publikationen auf dem grünen Weg genauso ermöglichen wie auf dem goldenen Weg. Beispielsweise verfolgt das Deutsche Archäologische Institut (DAI) eine neue, auf Open Access gegründete, digitale Publikationsstrategie. Das im Rahmen des Fachinformationsdienstes (FID) Altertumswissenschaften weiter ausgebaute Fachrepositorium *Propylaeum-DOK* als Teil der Virtuellen Fachbibliothek Altertumswissenschaften (s. S. 63ff.) konzentriert sich neben Zeitschriften auch auf Monographien, die künftig ebenfalls verstärkt auf dem goldenen Weg des Open Access publiziert werden sollen. **Fachrepositorien**

Bereits jetzt erscheinen zentrale altertumswissenschaftliche und archäologische Publikationen (zusätzlich) im Open Access: **Beispiele**
- *Archäologische Informationen* (von der Deutschen Gesellschaft für Ur- und Frühgeschichte (DGUF) herausgegebene Zeitschrift)
- *Archäologische Berichte* (von der Deutschen Gesellschaft für Ur- und Frühgeschichte (DGUF) herausgegebene Monographienreihe)
- *e-Forschungsberichte* (vom Deutschen Archäologischen Institut (DAI) herausgegebene Berichte zu aktuellen Grabungskampagnen)
- *Edition Topoi* (Publikationsportal des Berliner altertumswissenschaftlichen Forschungsverbundes und Exzellenzclusters)
- *Mitteilungen der Deutschen Gesellschaft für Archäologie des Mittelalters und der Neuzeit* (von der Deutschen Gesellschaft für Archäologie des Mittelalters und der Neuzeit herausgegeben)
- *Jahrbuch des Römisch-Germanischen Zentralmuseums Mainz* (vom Römisch-Germanischen Zentralmuseum herausgegeben)
- *Denkmalpflege in Baden-Württemberg – Nachrichtenblatt der Landesdenkmalpflege* (vom Landesamt für Denkmalpflege Baden-Württemberg herausgegeben)

- *Frankfurter elektronische Rundschau zur Altertumskunde* (*FeRA*) (vom Institut für Archäologische Wissenschaften der Johann Wolfgang Goethe Universität Frankfurt herausgegeben)
- *Historische Archäologie* (von den Instituten für Ur- und Frühgeschichte der Universitäten Kiel und Wien herausgegeben)
- *Journal of Neolithic Archaeology* (*JNA*) (vom Institut für Ur- und Frühgeschichte der Universität Kiel herausgegeben)
- *Forum Archaeologiae* (von Elisabeth Trinkl und Harald Noedl herausgegeben)

Diese einzelnen Beispiele deuten die Richtung an, in die sich altertumswissenschaftliches Publizieren bewegt. Im nächsten Schritt gilt es, diese Projekte zu konzeptionalisieren und zu kontextualisieren. Wie die Max-Weber-Stiftung – Deutsche Geisteswissenschaftliche Institute im Ausland mit *perspectivia.net* sowie die Leibniz-Gemeinschaft mit *LeibnizOpen* interdisziplinäre Publikationsplattformen für Open-Access-Publikationen gegründet haben, zielt beispielsweise auch die Strategie des Deutschen Archäologischen Instituts (DAI) gegenwärtig in eine ähnliche Richtung. Bei der Konzeption derartiger Repositorien kann das jeweilige *Ranking* darüber Auskunft geben, in welchem Maße diese den Bedürfnissen der Fachdisziplinen Rechnung tragen.

Neben den zentralen Fachinstitutionen sind Wissenschaftliche Bibliotheken ein wichtiger Motor der Open-Access-Bewegung. Für die Altertumswissenschaften in Deutschland spielen dabei die Bayerische Staatsbibliothek München und die Universitätsbibliothek Heidelberg eine zentrale Rolle, da sie den Fachinformationsdienst (FID) Altertumswissenschaften *Propylaeum* tragen (s. S. 63ff.).

Open Access und Open Data

Nachdem sich der Open-Access-Gedanke zunächst im Bereich der klassischen wissenschaftlichen Publikationstypen Zeitschriften und Monographien immer weiter durchsetzt, gewinnt ein weiteres Thema gegenwärtig an Bedeutung: die Veröffentlichung von Forschungsdaten als *Open Data*. Da auch in den Altertumswissenschaften diejenigen Daten, die innerhalb des Forschungsprozesses entstanden sind und den als Zeitschriftenartikel und Monographien veröffentlichten Forschungsbeiträgen zu Grunde liegen, in der Regel elektronisch verfügbar sind, stellt sich auch hier immer dringender die Frage nach ihrer dauerhaften Sicherung und freien Zugänglichkeit im Sinne des Open-Access-Gedankens.

digitaler Gedächtnisverlust

Im Vergleich zu traditionellen Forschungsprozessen findet innerhalb der digitalen Wissenschaft eine deutliche Vermehrung der entstehenden Daten statt. Vor dem Hintergrund der kontinuierlichen Entwicklung neuer Hardware und Software können Lesbarkeit und

Sicherung der Daten zu einem Problem werden, das von den einzelnen Forschenden nicht mehr alleine zu lösen ist. Nur gemeinsame nationale und internationale Konzepte können Lösungen bewirken, um dem real drohenden Gedächtnisverlust wirksam zu begegnen.

Im Unterschied zu den Altertumswissenschaften hat sich in den Natur- oder Sozialwissenschaften schon frühzeitig ein neuer Umgang mit Forschungsdaten etabliert. Aber auch innerhalb der altertumswissenschaftlichen Disziplinen existieren auf internationaler Ebene seit längerem Projekte und Konzepte, die erst jetzt im deutschsprachigen Raum intensiv diskutiert werden, da durch die zunehmende Digitalisierung der Wissenschaft einer Internationalisierung der Forschung zusätzliche Impulse gegeben werden (s. S. 162ff.).

Eine allgemeine, für alle Fächer geltende Definition von Forschungsdaten ist nicht möglich, da diese stets durch die innerhalb einer Disziplin erforschten Gegenstände bestimmt werden und genauso vielfältig sind wie das jeweilige Wissenschaftsfach. Dabei kann es sich um empirische Daten handeln wie Messdaten, Laborwerte, Statistiken, Dokumentationen von Umfragen und Erhebungen, Erschließungsdaten wissenschaftlicher Sammlungen, Digitalisate historischer Quellen, aber auch die Dokumentation archäologische Funde. Informationen zum Thema digitale Forschungsdaten bietet beispielsweise das Wiki *forschungsdaten.org*. Inzwischen hat sich auf der Ebene der UNESCO und der nationalen Forschungsförderinstitutionen die Überzeugung durchgesetzt, Forschungsdaten als *digitales Kulturerbe* zu begreifen und besonders zu schützen. Eine wichtige Orientierung zum Thema Forschungsdaten bietet beispielsweise die Deutsche Forschungsgemeinschaft (DFG) mit entsprechenden Leitlinien, die von der Allianz der deutschen Wissenschaftsorganisationen in ihren *Grundsätzen zum Umgang mit Forschungsdaten* konkretisiert wurden. Forschungsdaten haben den engen Bereich der Wissenschaft verlassen und sind inmitten der Gesellschaft verankert.

Was sind Forschungsdaten?

Welche Forschungsdaten aber entstehen in den hermeneutisch arbeitenden Geisteswissenschaften im Allgemeinen, in den Altertumswissenschaften im Besonderen? Während in empirischen Wissenschaften zunächst quantitativ und qualitativ geeignete Daten erhoben werden müssen, um diese auszuwerten, stützen sich Geisteswissenschaften wesentlich auf überlieferte Quellen wie in Urkunden, Handschriften oder Drucken überlieferte Texte, die unter Berücksichtigung der vorausgehenden Forschung unter neuen Fragestellungen oder mit neuen Methoden interpretiert werden. Grundlegende Prozesse geisteswissenschaftlicher Arbeit, die dabei ablaufen, sind Bibliographieren, Lesen, Exzerpieren, Schreiben. Welche Forschungsdaten entstehen dabei?

Forschungsdaten in den Geisteswissenschaften

Eine Umfrage unter Forschenden an der Herzog August Bibliothek ergab beispielsweise, dass als Forschungsdaten im Sinne von Spuren des geisteswissenschaftlichen Forschungsprozesses auch Exzerpte von Sekundärliteratur, Transkriptionen von Quellen, Notizen und Anmerkungen zu konkreten Texten, Bildern, Objekten, Ideen, Thesen oder Konzepten, (kommentierte) Bibliographien sowie digitale Reproduktionen von Fachliteratur und Quellen verstanden werden können. Konkret handele es sich bei den produzierten Forschungsdaten allerdings vielfach um Textdateien oder Datensätze in Literaturverwaltungsprogrammen.

archäologische Forschungsdaten

Deutlicher fassbar werden Forschungsdaten in der Archäologie. Datenproduzenten können dabei sowohl die akademische Forschung als auch die praktische Bodendenkmalpflege sein, wo große Mengen an Forschungsdaten entstehen und verwaltungsmäßig archiviert werden. Bei Grabungen sind nicht nur die Funde wichtig, die schließlich in Museen ausgestellt oder in Depots aufbewahrt werden, sondern sämtliche Daten, die während der Grabung entstehen. Da archäologische Grabungen die meisten Befunde zerstören, um nur wenige Funde dauerhaft aufzubewahren, ist die Dokumentation dieser Zerstörung entscheidend – und die Daten, die dabei entstehen, sind wertvolle Forschungsdaten. Bei der wissenschaftlichen Auswertung dieser Grabungsbefunde entstehen schließlich weitere Forschungsdaten, die den oben beschriebenen geisteswissenschaftlichen Forschungsdaten vergleichbar sind.

In Deutschland entstehen in der Bodendenkmalpflege kontinuierlich Grabungsdokumentationen – insbesondere auch aus Rettungsgrabungen –, die in die Archive wandern, ohne dass die Forschung direkt darauf zugreifen und diese auswerten kann. In anderen europäischen Staaten wie England, Italien oder den Niederlanden dagegen sind archäologische Forschungsdaten bereits seit längerer Zeit sehr viel leichter zugänglich als in Deutschland, wo sich die Kommission *Archäologie und Informationssysteme* eher Fragen der Langzeitarchivierung und des bundesländerübergreifenden Austausches archäologischer Fachinformation widmet als einer freien Zugänglichkeit im Sinne des Open-Access-Gedankens. Auch im Hinblick auf europäische Richtlinien ist wohl zu erwarten, dass ein länderübergreifender Austausch archäologischer Informationen künftig immer wichtiger wird.

Für die Archivierung von Forschungsdaten entstehen in Deutschland gegenwärtig mehrere Repositorien. So sollen in *Propylaeum* neben Zeitschriften, Artikeln und Monographien künftig auch Forschungsdaten dauerhaft archiviert werden können. Daneben wird mit dem Projekt *IANUS*, das vom Deutschen Archäologischen Institut für die deutsche

Fachcommunity koordiniert wird, ein nationales Forschungsdatenzentrum für die Archäologien und Altertumswissenschaften aufgebaut, dessen Kernaufgaben die Langzeitarchivierung und die Langzeitbereitstellung von möglichst offenen Daten sind (s. S. 162ff.).

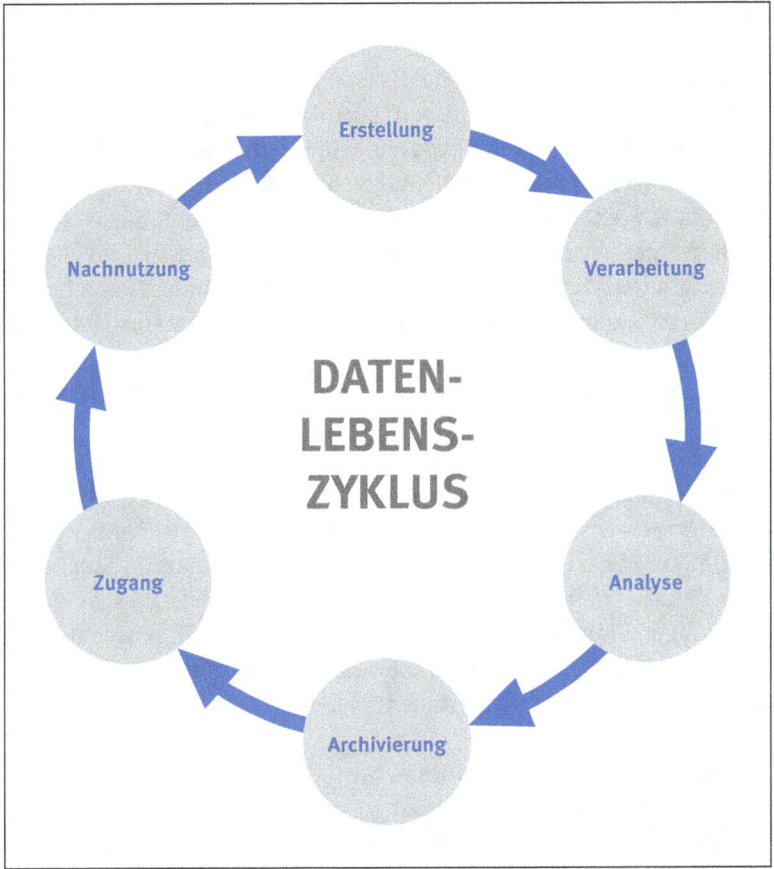

Abb. 3: Idealisierter Lebenszyklus von Forschungsdaten (aus: Forschungsdatenzentrum *IANUS*).

Grundsätzlich sind Forschungsdaten also einerseits sämtliche Daten, die im Forschungsprozess entstehen und die nicht oder nicht unverändert in die Publikation aufgenommen werden. Andererseits können Forschungsdaten aber auch viel offener verstanden werden als sämtliche Daten, die für die Forschung relevant sein können. Forschungsdaten unterliegen einem Lebenszyklus, der von ihrer Erstellung bis hin zu ihrer dauerhaften Archivierung, Erschließung und Nachnutzung reicht (Abb. 3). Bei der Diskussion über Forschungsdaten ist immer auch zu bedenken, dass dort, wo keine empirischen Methoden zum Einsatz kommen, sondern Verstehen und Interpretieren im Zentrum des geisteswissenschaftlichen Erkenntnisinteresses steht, wo hermeneutische Methoden dominieren, alleine aus Gründen der Überprüfbarkeit der Ergebnisse Forschungsdatenrepositorien nicht immer unverzichtbar sind.

Open Access und gute wissenschaftliche Praxis

In der Forschungspraxis wurden Forschungsdaten häufig nicht archiviert oder konnten sogar verloren gehen. Somit waren publizierte Ergebnisse vielfach im Detail weder nachprüfbar noch reproduzierbar, oder Umfragen, Laboruntersuchungen oder Messreihen mussten gegebenenfalls wiederholt werden. Eine weiteres Argument, das nicht nur für den Open-Access-Gedanken im Allgemeinen, sondern für die Offenlegung und dauerhafte Archivierung von Forschungsdaten im Besonderen vorgebracht wird, ist die Sicherung guter wissenschaftlicher Praxis (s. S. 184ff.): Wenn die einer Publikation zu Grunde liegenden Daten für die Fachcommunity jederzeit nachprüfbar sind, steigt der Druck auf wissenschaftliche Autoren, aus diesen Daten nicht unangemessene Schlussfolgerungen zu ziehen. Open Access lässt sich auf diese Weise nicht allein als Wandel der Publikationsformate verstehen. Open Access bewirkt einerseits eine Öffnung wissenschaftlicher Erkenntnisse über die Grenzen der engeren Fachcommunity hinaus, so dass Wissenschaft viel breiter als bisher in der Gesellschaft verankert wird und im Sinne einer *citizen science* Beiträge zur Wissenschaft auch aus der Gesellschaft kommen können. Andererseits ist Open Access zugleich ein wichtiges Instrument der Selbstkontrolle der Wissenschaft.

Es wird bereits jetzt deutlich, dass Open Access und Open Data altertumswissenschaftliches Arbeiten grundlegend ändern werden. Da gegenwärtig weder die Digitalisierung der Altertumswissenschaften noch der digitale Wandel der Formate altertumswissenschaftlicher Publikationen abgeschlossen ist, bleibt abzuwarten, welches Verhältnis Autoren, Verlage, Bibliotheken, Fachcommunity und die wissenschaftlich interessierte Öffentlichkeit langfristig zueinander finden werden. Erste Schritte der Open-Access-Publikationen *ohne* Open Data hin zu Open-Access-Publikationen *mit* Open Data sind bereits getan.

2 Bibliographieren & Recherchieren: Strategien altertumswissenschaftlicher Literatur- und Quellenrecherche

Eine der wichtigsten Fähigkeiten für das erfolgreiche Studium der Altertumswissenschaften ist das Bibliographieren, die intensive Recherche und Auseinandersetzung mit Forschungsliteratur – von der Vorbereitung der ersten Hausarbeit bis zur Anfertigung einer Examensarbeit. Da in den altertumswissenschaftlichen Disziplinen nur in Ausnahmefällen klassische Lehrbücher existieren, ist die professionelle Recherche und intensive Konsultation spezieller Forschungsliteratur konstitutiv für alle Phasen des Studiums.

Kernkompetenz Bibliographieren

Hauptziel der bibliographischen Arbeit ist die möglichst vollständige Dokumentation des aktuellen Forschungsstandes zu einem gewählten Thema. Nur aufgrund einer profunden Kenntnis des Forschungsstandes lässt sich die Originalität einer eigenen Beobachtung oder Interpretation erkennen. Da aber die Sichtung der *gesamten* Literatur zu einem Thema aufgrund der Publikationsflut kaum mehr möglich ist, sollte doch zumindest die aktuelle Forschungsliteratur möglichst vollständig erfasst werden.

Ziel des Bibliographierens

Grundsätzlich unterscheidet man zwischen *unsystematischem* und *systematischem* Bibliographieren. Unsystematisches Bibliographieren – häufig als *Schneeballsystem* bezeichnet – nimmt einen einschlägigen wissenschaftlichen Text (z. B. Lexikonartikel, Artikel, Monographie) zum Ausgangspunkt. Die Analyse der dort nachgewiesenen Forschungsliteratur dient weiteren Recherchen: Wie beim Rollen eines Schneeballs lagern sich immer neue Literaturhinweise an die bereits gefundenen an. Das Schneeballsystem eignet sich für den noch unspezifischen Einstieg in die bibliographische Arbeit, sollte aber bald ergänzt werden durch systematisches Bibliographieren unter Zuhilfenahme strukturierter Recherchefahrpläne.

unsystematisches Bibliographieren

Während man beim Schneeballsystem immer nur diejenige Literatur erfasst, die älter ist als das konsultierte Werk, lässt sich durch systematisches Bibliographieren einerseits die aktuelle Forschungsliteratur erfassen, die nach dem Erscheinen des als Ausgangspunkt dienenden Werkes veröffentlicht wurde. Anderseits ermöglicht erst das systematische Bibliographieren das gezielte Auffinden von selbstständig (Monographien) oder unselbstständig (Artikel) publizierten Texten. Wichtigste Voraussetzungen hierfür sind die Kenntnis der unterschiedlichen Typen altertumswissenschaftlicher Literatur sowie ein zuverlässiger Überblick über Spezialdatenbanken zu Quellen und Forschungsliteratur.

systematisches Bibliographieren

2.1 Typen altertumswissenschaftlicher Literatur: Selbstständig und unselbstständig publizierte Texte

Monographien und Artikel

Grundsätzlich unterscheidet man zwischen *selbstständig* und *unselbstständig* publizierten Texten. *Selbstständig* publizierte Texte bezeichnen wissenschaftliche Texte, die von einem einzigen Autor verfasst oder von einem Herausgeberteam als Monographie veröffentlicht sind. *Unselbstständig* publizierte Texte eines Autors oder Autorenteams können als Artikel innerhalb eines Sammelbandes, einer Zeitschrift oder auf einer Webseite publiziert sein. Beide Typen wissenschaftlicher Publikationen exakt zu bibliographieren, ist unverzichtbare Grundlage für die Erarbeitung jedes eigenen wissenschaftlichen Textes, sei es ein Referat, ein Essay, eine Hausarbeit oder eine Examensarbeit: Am Anfang steht *immer* der detaillierte Überblick über den aktuellen Forschungsstand zum gewählten Thema.

Suchstrategie

Eine allgemeine Recherche nach altertumswissenschaftlicher Literatur und Quellen unterscheidet sich nicht wesentlich von einer allgemeinen Literaturrecherche in anderen Fächern. Dennoch gibt es einige Besonderheiten, auf die im Folgenden eingegangen wird. Das wichtigste an einer sorgfältigen wissenschaftlichen Recherche ist die Konzipierung einer systematischen Suchstrategie durch detaillierte Planung einzelner Rechercheschritte sowie durch konkrete Auswahl der relevanten Kataloge und Datenbanken.

Themenfindung, Suchbegriffe

Am Anfang steht das individuell gewählte Thema: Definieren Sie dieses möglichst präzise und leiten daraus Einzelaspekte ab, die Sie untersuchen möchten. Formulieren Sie geeignete Suchbegriffe, auf die Sie im Laufe Ihrer Recherche zurückgreifen möchten.

Tipp

> Berücksichtigen Sie bei der Formulierung Ihrer Suchbegriffe auch die deutsche und fremdsprachige Fachterminologie, die Sie für die Recherche in internationalen Bibliothekskatalogen und Fachdatenbanken benötigen.

3 Schritte

Im nächsten Schritt ist die Entscheidung zu fällen, welche *konkreten* Informationsressourcen Sie für Ihre Recherche auswählen möchten. Im Folgenden wird exemplarisch vorgeschlagen, in *drei* Schritten vorzugehen: Nach der jeweils separaten Recherche (1.) selbstständig (Monographien) und (2.) unselbstständig (Artikel) erschienener Texte in Online-Katalogen und fachübergreifenden Datenbanken wird (3.) der Fokus auf altertumswissenschaftliche Spezialdatenbanken gelegt, die selbstständig *und* unselbstständig erschienene Texte gleichermaßen nachweisen.

Am Ende dieses Abschnitts wird das strategische Bibliographieren an drei sich ergänzenden Recherchefahrplänen exemplarisch verdeutlicht. Die wichtigsten Rechercheinstrumente und Informationsressourcen werden an dieser Stelle nur benannt – ihre genauere Erläuterung findet sich in den anschließenden Teilkapiteln.

2.2 Bibliographie: Grundstein jedes wissenschaftlichen Textes

Eine Bibliographie ist das Verzeichnis einer relevanten Auswahl aktueller, internationaler Forschungsliteratur, das sowohl selbstständig als auch unselbstständig publizierte Veröffentlichungen in gedruckten und digitalen Publikationsformen berücksichtigt.

Das Ergebnis einer Recherche nach wissenschaftlicher Literatur zum individuell gewählten Thema wird in einer exakten wissenschaftlichen Bibliographie dokumentiert. Für eine Bibliographie ist es unerheblich, ob die darin verzeichnete Literatur an der Bibliothek der Heimatuniversität vorhanden ist oder nicht – eine Bibliographie ist *bestandsunabhängig*.

bestandsunabhängig

Eine Bibliographie ist aber nicht nur das individuell erstellte Verzeichnis der für die eigene wissenschaftliche Arbeit verwendeten Forschungsliteratur. Bibliographien sind Literaturverzeichnisse, die es in den unterschiedlichsten Formen und Inhalten gibt:

Typen von Bibliographien

- *Nationalbibliographien* verzeichnen die Literatur, die in einem bestimmten Nationalstaat erschienen oder im Ausland in der jeweiligen Nationalsprache verfasst ist (Beispiel: Deutsche Nationalbibliographie).
- *Landes- oder Regionalbibliographien* erfassen die Literatur über ein bestimmtes Land oder eine Region (Beispiel: Landesbibliographie Baden-Württemberg).
- *Fachbibliographien* verzeichnen die Literatur zu einem bestimmten Fach (Beispiel: Année Philologique).

Im Teil *Advanced* werden die wichtigsten altertumswissenschaftlichen Bibliographien vorgestellt.

2.3 Von der Bibliographie zum Thema – vom Thema zur Bibliographie

Für altertumswissenschaftliches Arbeiten und das Verfassen altertumswissenschaftlicher Texte ist charakteristisch, dass sich dieser Prozess beständig im Spannungsfeld zwischen bibliographischer Recherche einerseits und der Arbeit am Thema andererseits bewegt. Ist die Ent-

Bibliographie und Themenfindung

scheidung für das Thema eines Referats, einer Hausarbeit oder einer Examensarbeit grundsätzlich gefallen, beginnt die bibliographische Recherche zunächst mit dem Ziel, einen Überblick über die aktuelle Forschungsliteratur zu gewinnen. Ein Ergebnis dieses ersten bibliographischen Surveys ist es zu erkennen, welche Aspekte des gewählten Themas die Forschung besonders im Blick hat – und welche bisher nicht. Auf der Grundlage dieser Erkenntnis lässt sich das eigene Thema sinnvoll immer weiter präzisieren.

Bibliographieren als Prozess

Aber auch die weitere Arbeit am gewählten Thema, die intensive Lektüre der recherchierten Monographien und Aufsätze, sollte von kontinuierlicher bibliographischer Arbeit begleitet werden. Dasselbe gilt für den nächsten Schritt, das Schreiben: Wissenschaftliches Recherchieren, wissenschaftliches Lesen und wissenschaftliches Schreiben bilden einen stetigen Kreislauf. Daher ist Bibliographieren als zentraler Prozess innerhalb sämtlicher Phasen wissenschaftlichen Arbeitens zu verstehen, der erst dann einen (vorläufigen) Endpunkt erreicht, wenn der eigene Text abgeschlossen ist und die Bibliographie die verwendeten Quellen zusammenfassend dokumentiert.

2.4 Quellenrecherche

Bei der Erarbeitung eines altertumswissenschaftlichen Referats, einer Hausarbeit oder einer Examensarbeit ist nicht allein eine gründliche Recherche nach Forschungsliteratur notwendig. Auch bei der Quellenrecherche ist die Arbeit mit Datenbanken grundlegend, beispielsweise für Texte, Inschriften, Münzen oder Papyri. Im Teil *Advanced* werden für die wichtigsten Gattungen altertumswissenschaftlicher Quellen Datenbanken vorgestellt, die als exemplarisch oder gegenwärtig besonders innovativ angesehen werden können.

2.5 Recherchefahrplan: *selbstständig* erschienene Literatur (Monographien) in Online-Katalogen wissenschaftlicher Bibliotheken

OPAC

Ausgehend vom Online-Katalog (OPAC = Online Public Access Catalogue) Ihrer lokalen Universitätsbibliothek recherchieren Sie in einem gestuften Verfahren in überregionalen Verbundkatalogen und in Metakatalogen (Abb. 4). Diese Strategie steht im Zentrum des Abschnitts über Bibliothekskataloge (s. S. 40ff.)

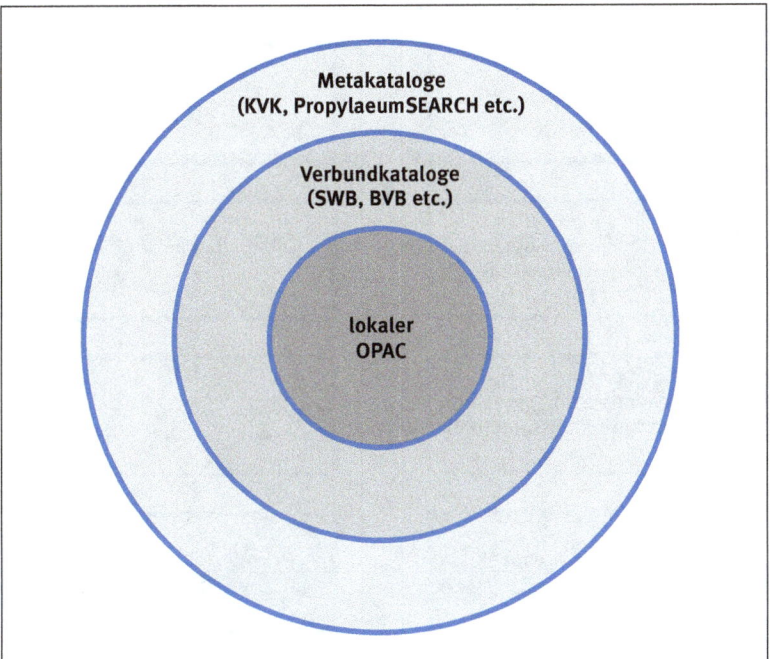

Abb. 4: Recherchefahrplan: selbstständig erschienene Literatur in Online-Katalogen wissenschaftlicher Bibliotheken.

2.6 Recherchefahrplan: *unselbstständig* erschienene Literatur (Artikel) in fachübergreifenden bibliographischen Datenbanken

Im Zentrum dieser Recherche, die auf die zuerst beschriebene folgen kann, stehen zentrale, fachübergreifende Kataloge und Datenbanken, die speziell für den Nachweis von Aufsätzen und wissenschaftlichen Zeitschriften konzipiert wurden (Abb. 5). Diese Strategie steht im Zentrum des Abschnitts über fachübergreifende Datenbanken und zentrale Ressourcen (s. S. 45ff.).

2.7 Recherchefahrplan: *selbstständig* (Monographien) und *unselbstständig* (Artikel) erschienene Literatur sowie Quellen in altertumswissenschaftlichen Spezialdatenbanken

Auch diese Recherche kann entweder auf die zuvor genannten Suchstrategien aufbauen oder aber unabhängig durchgeführt werden. Hierfür empfiehlt sich aber eine grundlegende Erfahrung im Umgang

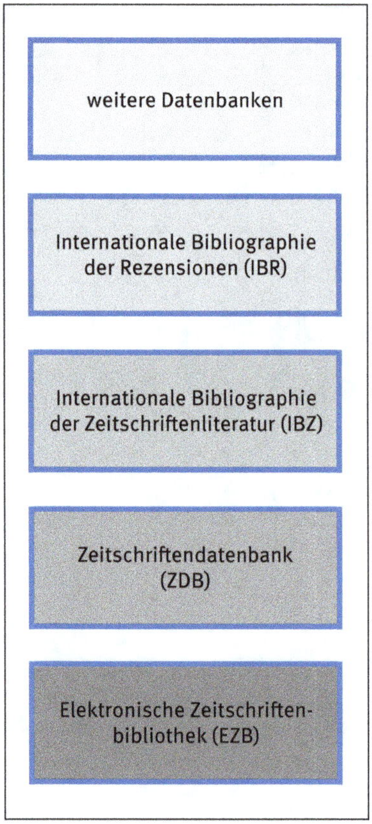

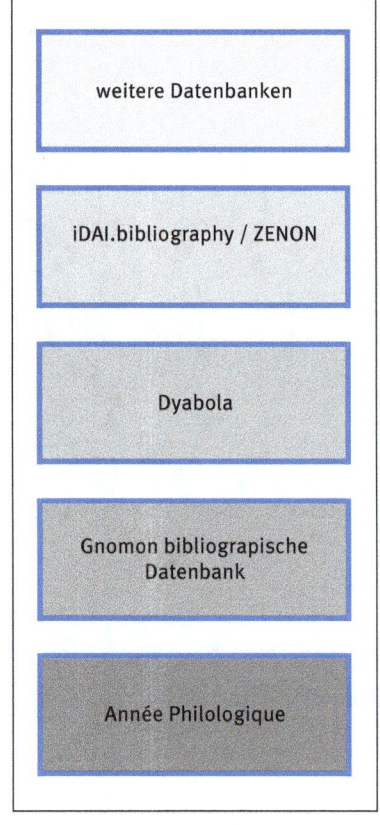

Abb. 5: Recherchefahrplan: unselbstständig erschienene Literatur in fachübergreifenden bibliographischen Datenbanken.

Abb. 6: Recherchefahrplan: selbstständig (Monographien) und unselbstständig (Aufsätze) erschienene Literatur sowie Quellen in altertumswissenschaftlichen Spezialdatenbanken.

mit Datenbankrecherchen, da im Zentrum altertumswissenschaftliche Spezialdatenbanken mit komplexen Funktionalitäten stehen, die selbstständig (Monographien) und unselbstständig (Artikel) erschienene Texte gleichermaßen erfassen und in der Regel über fachspezifische Thesauri verfügen (Abb. 6). Diese Strategie steht im Zentrum des Teils *Advanced* (s. S. 76ff.).

Tipp

> Grundsätzlich gilt für jede wissenschaftliche Recherche: Man sollte sich niemals auf nur eine oder wenige Datenbanken beschränken, da nicht nur deren Inhalte selbst sich unterscheiden, sondern ebenso die Erschließung dieser Inhalte.

Nachdem im nächsten Schritt grundlegende Begriffe für den Umgang mit Datenbankrecherchen eingeführt worden sind, werden Vorschläge für die beschriebenen Recherchestrategien exemplarisch präsentiert, die nach Bedarf individuell angepasst werden können.

Auf die Zitation selbstständig und unselbstständig publizierter Forschungsliteratur wird später eingegangen (s. S. 180ff.).

3 Grundlagen von Recherchetechniken in Online-Katalogen (OPACs) und bibliographischen Datenbanken

Grundsätzlich besitzen bibliothekarische Online-Kataloge, die *bestandsabhängig* den Literatur- und Medienbestand einer einzelnen Bibliothek nachweisen, und bibliographische Fachdatenbanken, die *bestandsunabhängig* Literatur dokumentieren, im Hinblick auf Funktionalitäten und Recherchetechniken viele Gemeinsamkeiten, die in diesem Kapitel zusammenfassend vorgestellt werden. Auf die spezifischen Besonderheiten altertumswissenschaftlicher Literatur- und Quellendatenbanken wird im Teil *Advanced* eingegangen. Wegen der hohen Dynamik der konzeptionellen und technischen Entwicklung von Datenbanken wird darauf verzichtet, auf jedes einzelne Detail der besprochenen Produkte einzugehen, vielmehr soll der Fokus auf die grundsätzliche Funktionalität der Rechercheinstrumente gelegt werden.

> **Tipp**
> Für eine professionelle wissenschaftliche Recherche gilt: Es kommt nicht darauf an, möglichst *große* Trefferlisten zu generieren, sondern möglichst *spezifische*. Um dieses Ziel zu erreichen, bieten bibliothekarische Online-Kataloge und bibliographische Fachdatenbanken zahlreiche Möglichkeiten, Suchanfragen präzise zu formulieren.

3.1 Recherchieren

3.1.1 Einfache Suche

Jeder OPAC und jede bibliographische Fachdatenbank besitzt in der Regel *zwei* unterschiedliche Sucheinstiege: die *einfache* und die *erweiterte* Suche. Die einfache Suche orientiert sich an der Technologie kommerzieller Internetsuchmaschinen, die es erlauben, den oder die gewünschten Begriffe in einem einzigen Suchschlitz einzutragen und schnell zu einer Trefferliste zu gelangen (Abb. 7). Dabei werden Groß- und Kleinschreibung, Sonderzeichen oder Stoppwörter (Artikel,

Suchfelder

Präpositionen etc.) ignoriert und mehrere verwendete Suchbegriffe mit einem logischen *und* verknüpft. Je nach individueller Technologie des lokalen OPAC können vertauschte Buchstaben automatisch in die richtige Reihenfolge gebracht oder der jeweilige Wortstamm ergänzt werden.

Mit dem innerhalb der einfachen Suche des OPACs eingetragenen Begriff werden die wichtigsten Felder der Datenbank – Autor, Titel, Verlagsort, Verlag, Erscheinungsjahr – abgesucht, was häufig zu großen und ungenauen Treffermengen führt. Diese müssen durch die Nutzung spezifischer Funktionalitäten des OPACs im nächsten Schritt gezielt eingeschränkt werden (s. S. 31ff.). Die einfache Suche eignet sich insbesondere für einen allerersten Überblick über die in einem OPAC oder in einer bibliographischen Datenbank nachgewiesene Literatur. *Nicht* geeignet ist diese Methode für eine strukturierte und differenzierte Suche.

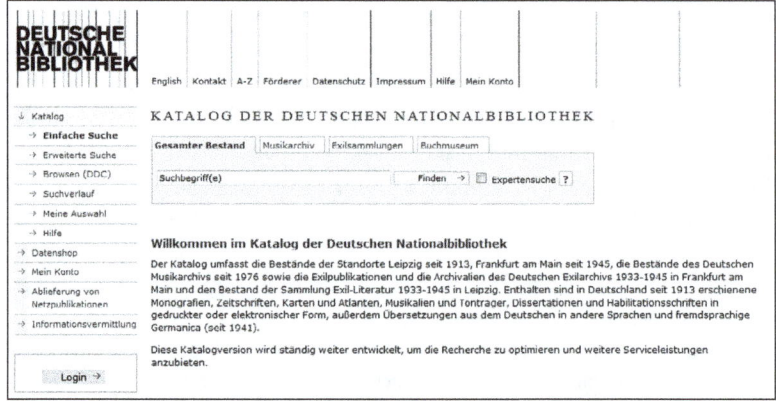

Abb. 7: OPAC – einfache Suche (Beispiel: OPAC der Deutschen Nationalbibliothek).

3.1.2 Erweiterte Suche

Einen differenzierten Zugriff auf die Daten in einem OPAC oder einer bibliographischen Datenbank ermöglicht hingegen die erweiterte Suche (Abb. 8). Hier stehen in der Regel vielfältige Suchfelder zur Verfügung, wie beispielsweise *Personen* (Autor, Verfasser, Herausgeber etc.), *Titel, Schlagwörter, ISB-Nummer, Verlag, Erscheinungsjahr* etc. In der erweiterten Suche ist es möglich, einerseits mit einzelnen oder kombinierten Einträgen in den bibliographischen Daten zu recherchieren, andererseits mit thematischer Stichwort- oder Schlagwortsuche.

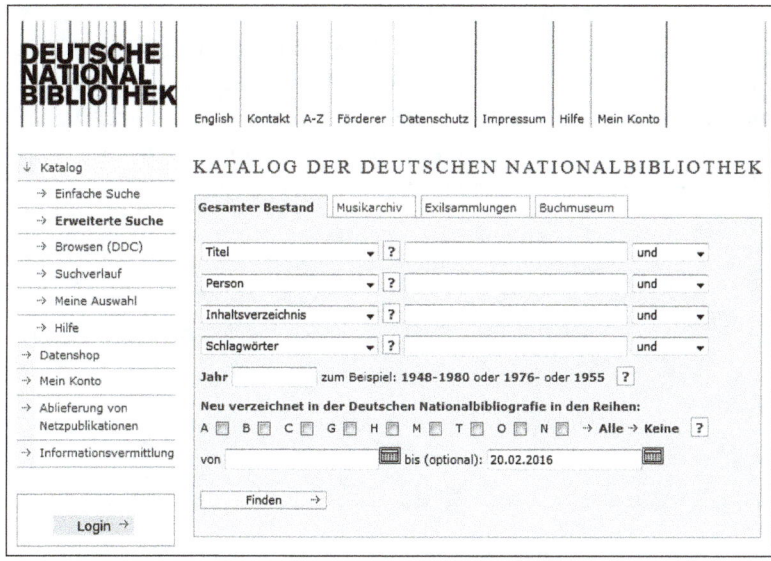

Abb. 8: OPAC – erweiterte Suche (Beispiel: OPAC der Deutschen Nationalbibliothek).

3.1.3 Boolesche Operatoren: die Logik macht den Unterschied

Eine grundlegende Relevanz für die Formulierung von Suchanfragen und für die Beurteilung von Suchergebnissen in wissenschaftlichen Datenbanken besitzt die Kenntnis der *Booleschen Operatoren*. Benannt nach dem englischen Mathematiker George Boole (1815–1864) handelt es sich um die logischen Verknüpfungen *AND*, *OR* und *NOT*, mit denen – in einfacher und erweiterter Suche, aber auch in der Expertensuche – die Relation der gewählten Suchbegriffe zueinander exakt definiert werden kann. Bei der Eingabe der Operatoren gelten in der Regel Großschreibung und englische Sprachform. Je nachdem, welche logische Verknüpfung gewählt wird, werden unterschiedliche Trefferzahlen erzielt.

Bei der Eingabe zweier oder mehrerer einzelner Suchbegriffe findet in der Regel eine automatische Verknüpfung mit dem Booleschen Operator *AND* statt, was zu einer signifikanten Einschränkung der Treffermenge führt, da in den Ergebnissen beide oder mehrere Suchbegriffe enthalten sein müssen. Im Falle der Verknüpfung zweier oder mehrerer Suchbegriffe mit dem Operator *OR* dagegen lässt sich eine große Trefferzahl erzielen, da die jeweilige Teilmenge lediglich einen der ausgewählten Begriffe enthalten muss. Zur Einschränkung einer größeren Treffermenge führt auch die Verknüpfung zweier oder mehrerer Suchbegriffe mit dem Operator *NOT*, da hiermit die Kombination der gewählten Begriffe ausgeschlossen wird.

logische Verknüpfungen

Beispielsweise führt die Recherche mit den Begriffen *Griechenland* OR *Rom* zur *Vereinigungs*menge, in denen entweder *Griechenland* oder *Rom* vorkommt. Die Verknüpfung mit AND hingegen führt zur *Schnitt*menge, in der sowohl *Griechenland* als auch *Rom* vorkommt. Die Verknüpfung mit NOT schließlich definiert die Treffer der Restmenge, in denen *Griechenland* vorkommt und nicht *Rom* (Abb. 9).

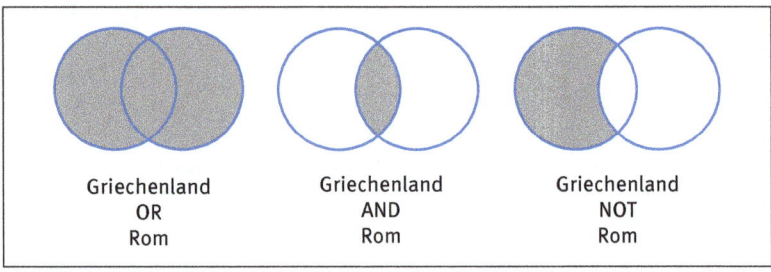

Abb. 9: Boolesche Operatoren.

| Tipp | In der Regel ist in den Suchfeldern von OPACs die *AND*-Verknüpfung bereits voreingestellt. Möchten Sie eine andere logische Verknüpfung wählen, ist diese manuell einzustellen. |

3.1.4 Trunkierung: durch (Ab-)Kürzungen schneller zum Rechercheziel

Trunkierungszeichen

Grundlegend für die gezielte Modellierung der einfachen und erweiterten Suche bei der Literaturrecherche ist die Beherrschung der *Trunkierung*. Unter *Trunkierung* (engl. *truncation* = Verkürzung) versteht man die Verkürzung eines Suchbegriffes durch fest definierte Trunkierungszeichen. Grundsätzlich unterscheidet man zwischen *Linkstrunkierung* und *Rechts-* bzw. *Endtrunkierung*. Ziel der Trunkierung ist es, bei der Recherche nach einem bestimmten Begriff auch dessen Varianten zu erfassen. Die häufigsten Trunkierungszeichen sind: * für beliebig viele zu ersetzende Zeichen und ? für exakt ein zu ersetzendes Zeichen. Beide Trunkierungszeichen können auch in Kombination verwendet werden. Da es keine strenge Einheitlichkeit der Trunkierungsmöglichkeiten und der Trunkierungszeichen gibt, ist im Zweifelsfall das Hilfemenü des jeweiligen OPACs oder der individuellen Datenbank zu konsultieren.

| Tipp | Beispielsweise findet die Rechtstrunkierung *demokrat** die Begriffe *demokratisch*, *Demokratie*, *Demokratieverständnis*, die Linkstrunkierung **krieg* die Begriffe *Bürgerkrieg*, *Gallischer Krieg*, *Trojanerkrieg*. |

3.1.5 Stichwortsuche

In einer ersten sondierenden, noch unspezifischen OPAC- oder Datenbankabfrage im Rahmen einer einfachen oder erweiterten Suche wird meistens mit Stichwörtern gesucht, die natürlich-sprachlich, also nicht-kontrolliert sind und sich aus dem jeweiligen Thema spontan ergeben. Um abweichende Formen der gewählten Stichwörter zu erfassen, empfiehlt sich auch hier die Methode der Trunkierung. Wenn ein gewähltes Stichwort in einem der abgesuchten Datenbankfelder, beispielsweise im Titel, enthalten ist, werden die vollständigen bibliographischen Angaben in der Trefferliste angezeigt. Wie aus einer ersten Stichwortsuche immer spezifischere Recherchen entwickelt werden können, wird im Zusammenhang mit der Schlagwortsuche beschrieben (s. S. 31f.).

unspezifische Suche

3.1.6 Freitextsuche

Eine Stichwortsuche kann sowohl innerhalb einer einfachen als auch einer erweiterten Suche durchgeführt werden. Beide Optionen funktionieren analog, indem in der Regel die meisten relevanten Felder einer Datenbank nach dem jeweiligen Stichwort abgesucht werden. Wie die einfache Suche empfiehlt sich die Freitextsuche im Rahmen der erweiterten Suche insbesondere bei ersten, noch unspezifischen Suchanfragen.

erster Überblick

Bei der Freitextsuche kann man mit einzelnen Stichwörtern oder mit Kombinationen mehrerer Begriffe arbeiten und dabei Trunkierungen verwenden. Identifiziert man innerhalb einer ersten heterogenen, meistens umfangreicheren Trefferliste schließlich Titel, die dem gewünschten Rechercheziel besonders nahe kommen, sollte die jeweilige Sacherschließung in Form der Schlagwörter analysiert werden (s. S. 31f.). Erst die Kenntnis dieser normierten Begriffe ermöglicht es, in den nächsten Schritten immer spezifischere – und damit effizientere – Suchanfragen zu formulieren.

3.1.7 Schlagwortsuche: mit Präzision zum Rechercheziel

Schlagwörter sind ein streng reglementiertes, normiertes Vokabular deutscher Begriffe, mit denen beispielsweise in OPACs und Verbunddatenbanken die Inhalte insbesondere wissenschaftlicher Monographien beschrieben werden – unabhängig von deren Sprache oder dem Wortlaut des Titels. Entsprechend verfahren in ihren jeweiligen Landessprachen wissenschaftliche Bibliotheken weltweit. Daher ist die gegenwärtig wichtigste Option innerhalb der erweiterten Suche die Suche mit Schlagwörtern.

Gemeinsame Normdatei (GND)

Von der unspezifischen Stichwortsuche scharf zu unterscheiden ist die präzise Schlagwortsuche. Zwar ermöglichen es beide Suchstrategien, Literatur thematisch zu identifizieren, doch funktionieren sie ganz unterschiedlich. In allen deutschsprachigen wissenschaftlichen Bibliotheken wird Literatur nach fest definierten Regeln unter Verwendung der *Gemeinsamen Normdatei* (*GND*) erschlossen. Würde das nicht passieren, wäre es nicht möglich, Literatur zu bestimmten Themen systematisch und eindeutig aufzufinden – es sei denn, man kennt den Autor oder exakten Titel des Buches.

Tipp

> Beispielsweise findet man über die Schlacht bei den Thermopylen mit dem Schlagwort *Schlacht bei den Thermopylen <480 v. Chr.>* relevante Publikationen, deren Titel jedoch keineswegs eindeutig auf die Schlacht bei den Thermopylen zu beziehen sind: *Exemplarisches Heldentum* (Abb. 10), *300*, *Thermopylai*.
> Bei der Schlagwortsuche werden auch synonyme Formen berücksichtigt: Alle Titel, die mit dem Schlagwort *Augustus* verknüpft sind, lassen sich beispielsweise auch mit den Synonymen *Gaius Octavius* oder *Octavianus* auffinden.

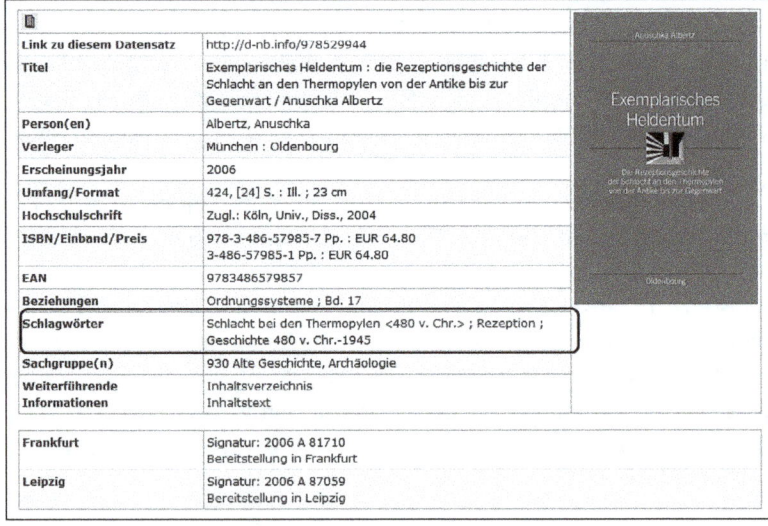

Abb. 10: Schlagwortsuche (Beispiel: OPAC der Deutschen Nationalbibliothek).

3.1.8 Register und Index: Blick hinter die Kulissen

OPACs wissenschaftlicher Bibliotheken oder bibliographische Fachdatenbanken verfügen häufig über Register oder Indizes. Insbesondere am Beispiel der Suche nach der korrekten Ansetzung eines Schlagwortes, der exakten Identifizierung eines Autors oder einer Körperschaft ist die Konsultation eines Registers oder Indexes äußerst hilfreich. Ferner lassen sich Register oder Indizes systematisch durchblättern, um einen vollständigen Überblick auch über verwandte Termini zu erhalten (Abb. 11).

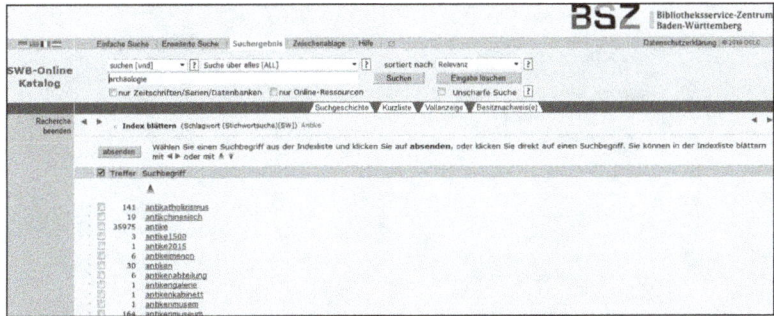

Abb. 11: Register und Index (Beispiel: OPAC des Südwestdeutschen Bibliotheksverbunds).

3.1.9 Drill-Down-Funktion und Facetten: gezielte Auswahl

Ist innerhalb der einfachen oder erweiterten Suche eine beliebige Recherche gestartet worden, wird eine Trefferliste generiert, die in der Regel nach dem Erscheinungsjahr sortiert ist. Insbesondere bei mehreren hundert Treffern ist es notwendig, im nächsten Schritt gezielte Spezifizierungen vorzunehmen. Diese Möglichkeit bietet eine Drill-Down-Funktion (*to drill down* = aufreißen, bohren) mit Hilfe so genannter Facetten. Wichtige Facetten sind beispielsweise Medientyp, Erscheinungszeitraum, Sprache, Autor, Standort und – besonders wichtig – Schlagwörter. Auf diese Weise lassen sich aus den mehrere hundert Treffer umfassenden Ergebnissen der Suche mit dem Stichwort *Antike* effektive Einschränkungen mit dem aus den angebotenen Facetten ergänzten, weiteren Schlagwort *Griechenland <Altertum>* oder *Römisches Reich* vornehmen (Abb. 12).

Auswahl aus Trefferlisten

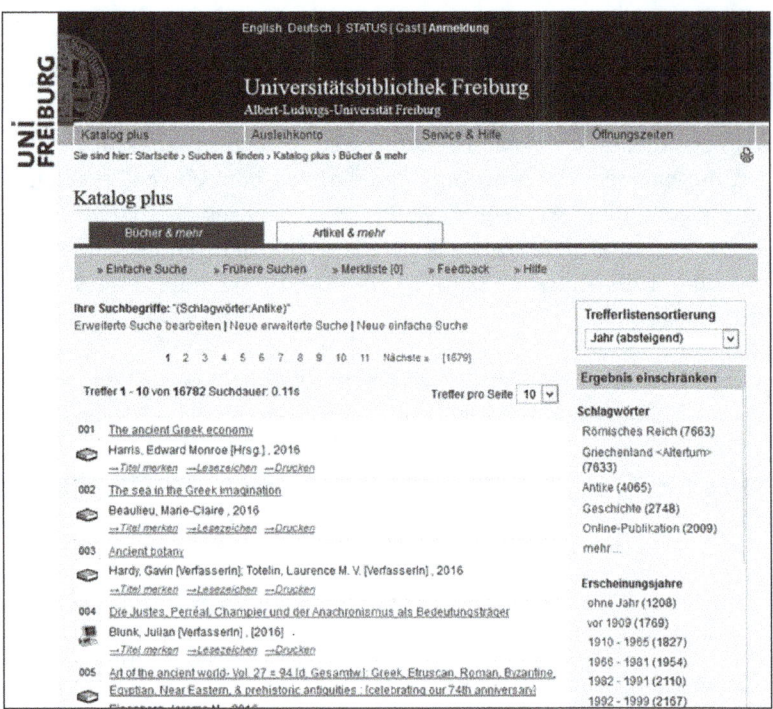

Abb. 12: Drill-Down-Funktion und Facetten (Beispiel: OPAC der Universitätsbibliothek Freiburg).

3.1.10 Catalog-Enrichment: mehr als bibliographische Daten

Inhaltsverzeichnis, Rezensionen

Sobald man die für die eigene Fragestellung interessantesten Titel identifiziert hat, sollten sämtliche gebotene Informationen genau analysiert werden. Moderne OPACs präsentieren nicht nur die bibliographischen Daten der formalen und inhaltlichen Katalogisierung der durch eine wissenschaftliche Bibliothek erworbenen Literatur und Medien, wie beispielsweise Autor, Titel, Erscheinungsort, Erscheinungsdatum, Verlag, ISBN, Schlagwörter etc. Die Katalogisate sind häufig angereichert durch weitere relevante Informationen über eine Publikation, wie beispielsweise Buchcover, Inhaltsverzeichnis, Klappentext, Rezensionen etc. – man spricht von *Catalog-Enrichment*. Insbesondere Rezensionen spielen bei der wissenschaftlichen Recherche eine Schlüsselrolle, denn mit ihrer Hilfe erfährt man, ob ein für die Anfertigung eines eigenen wissenschaftlichen Textes ausgewähltes Buch den eigenen Vorstellungen wie wissenschaftlichen Standards entspricht.

3.1.11 Discovery-Systeme: entdecke das Unbekannte

Gegenwärtig durchläuft die technische Weiterentwicklung der klassischen OPACs wissenschaftlicher Bibliotheken einen folgenreichen Paradigmenwechsel. Waren traditionelle OPACs durch lokale Besonderheiten häufig wenig komfortabel in ihrer Benutzung, so orientiert sich der OPAC der Zukunft zunehmend an Technologien des Web 2.0 und dem Nutzungskomfort von Internet-Suchmaschinen: Er verwandelt sich zu einer leistungsfähigen Literatur- und Mediensuchmaschine der lokalen Bibliothek.

OPAC und Web 2.0

Diese Erweiterung des klassischen OPACs zum globalen Wissensportal der individuellen Bibliothek wird unter anderem realisiert durch sogenannte Discovery-Systeme. Damit diese Services effizient für die altertumswissenschaftliche Recherche eingesetzt werden können, ist eine Kenntnis der Möglichkeiten und Grenzen dieser Systeme im konkreten Konzept des OPACs der lokalen Bibliothek notwendig. Gegenwärtig finden an deutschen wissenschaftlichen Bibliotheken zeitgleich unterschiedliche Entwicklungen statt: Manche Bibliotheken bieten ausschließlich den klassischen OPAC für die Recherche insbesondere selbstständig erschienener Literatur im jeweiligen lokalen Bibliotheksbestand an, andere Bibliotheken sind auf Discovery-Systeme umgestiegen. Im Falle der Nutzung von Discovery-Systemen existieren unterschiedliche Konzepte: Der *globale Index* eines Discovery-Systems kann *parallel* zum klassischen OPAC als Nachweisinstrument der Bestände der jeweiligen Bibliothek vor Ort angeboten werden, die Daten des OPACs können aber auch in den Discovery-Index integriert werden.

lokale Unterschiede von OPAC-Konzepten

Für die praktische Literaturrecherche nicht nur in den Altertumswissenschaften ist zu beachten, dass durch Anwendung spezifischer bibliothekarischer Regelwerke in Formal- und Sacherschließung einerseits, durch hochdifferenzierte Kategorienschemata des lokalen Index andererseits, die bibliographischen Daten klassischer OPACs außerordentlich hochwertig sind. Im Falle eines meist mehrere hundert Millionen Datensätze umfassenden globalen Index eines Discovery-Systems dagegen sind die einzelnen Datensätze in der Regel sehr viel heterogener. Für eine spezifische Literaturrecherche empfiehlt sich daher die Arbeit in einem Discovery-System nicht immer – zumal die einschlägigen bibliographischen Datenbanken der Altertumswissenschaften darin in der Regel nicht integriert sind.

Grenzen von Discovery-Systemen

3.2 Informieren

3.2.1 Recommender-Dienste: Empfehlungen des Hauses, bitte!

Wurde ein für die eigene Fragestellung relevanter Titel im lokalen OPAC ermittelt, können neben zusätzlichen Informationen aus dem *Catalog-Enrichment* (Inhaltsverzeichnis, Rezension etc.) auch weitere Hinweise auf verwandte Literatur gewonnen werden. Häufig bieten OPACs so genannte Recommender- oder Empfehlungsdienste an, bei denen das Rechercheverhalten der Katalognutzer statistisch analysiert wird, um weitere Empfehlungen automatisch zu generieren. Ein in OPACs weit verbreiteter Empfehlungsdienst ist *BibTip* (Abb. 13).

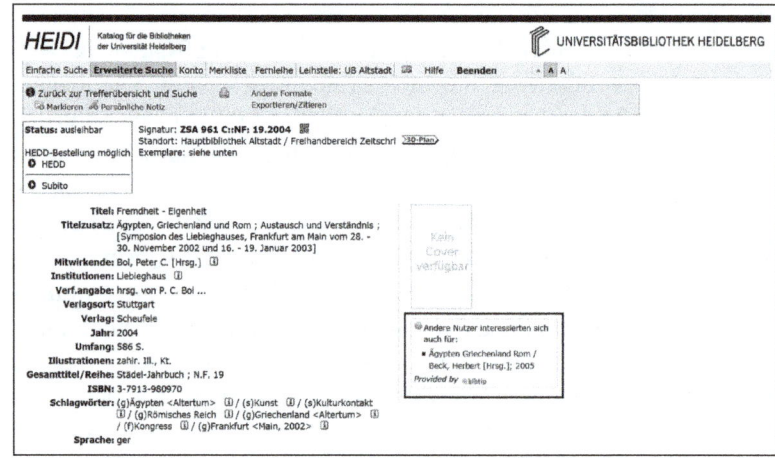

Abb. 13: Empfehlungsdienst *BibTip* (Beispiel: OPAC der Universitätsbibliothek Heidelberg).

3.2.2 Alerting-Dienste: Alarm für neue Literatur!

RSS-Feeds

Da wissenschaftliche Bibliotheken permanent aktuelle Forschungsliteratur erwerben, katalogisieren und erschließen, kommt es nicht selten vor, dass während der Ausarbeitung eines eigenen wissenschaftlichen Textes relevante Publikationen neu erscheinen, die sofort rezipiert werden müssen. Um die Informationen darüber zeitnah zu erhalten, kann man in OPACs oder bibliographischen Fachdatenbanken individuelle Suchanfragen oder Interessenprofile gezielt hinterlegen. Auf diese Weise wird man automatisch per RSS-Feed oder E-Mail benachrichtigt (*to alert* = alarmieren), sobald ein neuer Titel verzeichnet ist, der dieser Suchanfrage entspricht.

3.2.3 Mobile Anwendungen: überall informiert werden

Mit zunehmender Leistungsfähigkeit mobiler Endgeräte ist die wissenschaftliche Recherche in OPACs oder bibliographischen Fachdatenbanken auch über Smartphones oder Tablet-PCs möglich. Entsprechend werden selbst komplexere Funktionalitäten der OPACs für mobile Anwendungen angepasst.

Umgekehrt können bibliographische oder bibliotheksrelevante Informationen über QR-Codes an Smartphones oder Tablet-PCs übertragen werden – sie finden sich beispielsweise an Lesesaal-Regalen in der Bibliothek.

QR-Code

3.3 Merken, Exportieren und Weiterverarbeiten

Ziel einer jeden wissenschaftlichen Recherche ist es, die für die eigene Fragestellung relevanten Ergebnisse in den individuellen Arbeitsprozess effizient zu integrieren. Selbstverständlich kann man die recherchierten Informationen ganz traditionell handschriftlich oder in einem digitalen Dokument notieren und auf Papier ausdrucken. Doch bieten OPACs und bibliographische Fachdatenbanken inzwischen sehr viel komfortablere Möglichkeiten, Rechercheergebnisse innerhalb eines barrierefreien digitalen Arbeitsprozesses auszuwerten und weiter zu verarbeiten. Wenn auch nicht jeder OPAC oder jede bibliographische Datenbank über alle technisch möglichen Funktionen verfügt, so sollten diese dennoch dem Benutzer grundsätzlich bekannt sein. Die Dynamik der Weiterentwicklung digitaler Medien wie wissenschaftlicher Kataloge oder Datenbanken ist inzwischen so groß, dass manche der in dieser Einführung präsentierten Produkte über bestimmte der hier beschriebenen Funktionen zwar aktuell möglicherweise noch nicht verfügen, mit der Publikation einer neuen Version oder einem Update möglicherweise aber schon.

aus OPAC oder bibliographischer Datenbank in den eigenen Text

3.3.1 Merken

Die Recherche in einem OPAC oder einer bibliographischen Fachdatenbank kann innerhalb unterschiedlicher Rahmenbedingungen erfolgen: Entweder fragt man nur punktuell Informationen ab oder man führt mit einer klaren Zielvorstellung eine zeitintensivere, strukturierte systematische Recherche durch. Im letzten Fall empfiehlt sich die persönliche Registrierung in der jeweiligen Datenbank. Meistens können nur angemeldete Nutzer die volle Funktionalität von OPACs oder bib-

Speichern von Recherchen oder Trefferlisten

liographischen Datenbanken nutzen: Dazu gehören beispielsweise individuelle Sucheinstellungen oder die dauerhafte Speicherung von Rechercheanfragen und Merklisten. Diese Merklisten können bequem per Email verschickt, auf eigene Datenträger gespeichert oder in Literaturverwaltungsprogramme exportiert werden.

3.3.2 Email

Unabhängig von der Einrichtung eines persönlichen Accounts in einem OPAC oder einer bibliographischen Fachdatenbank lassen sich einzelne Rechercheergebnisse oder umfangreiche Merklisten an beliebige Emailadressen versenden. Haben Sie interessante Publikationen in einer Datenbank identifiziert, können Sie diese entweder an die eigene Emailadresse versenden, um sie von dort selbst weiter zu verarbeiten – oder aber auch an Kommilitoninnen und Kommilitonen verschicken.

3.3.3 Download

Eine sinnvolle Methode, in OPACs oder bibliographischen Fachdatenbanken recherchierte Informationen am individuellen elektronischen Arbeitsplatz oder auf unterschiedlichen Datenträgern dauerhaft zu speichern, ist der direkte Download in unterschiedlichen Formaten. Auf dieser Grundlage ist es möglich, die gewonnenen Informationen in eigenen wissenschaftlichen Texten gezielt weiter zu verarbeiten.

3.3.4 Export in Literaturverwaltungsprogramme

Neben dem klassischen Download bieten OPACs und bibliographische Fachdatenbanken den Datenexport in Literaturverwaltungsprogramme an. Ist für den Download beispielsweise im PDF-Format in der Regel lediglich der Acrobat-Reader notwendig, so müssen Literaturverwaltungsprogramme wie *Zotero* oder *Citavi* eigens installiert und konfiguriert werden (s. S. 175ff.).

3.3.5 OPAC 2.0, Soziale Netzwerke & Co.

Teilen Sie Ihre Informationen!

Die Verbreitung und hohe Akzeptanz von Social Software in unterschiedlichen Anwendungsbereichen sowie die Entwicklung zahlreicher interaktiver Internet-Applikationen beeinflussen zunehmend auch die Funktionalität von OPACs und bibliographischen Fachdatenbanken. Diese bieten häufig nicht nur die Möglichkeit an, Rechercheergebnisse in Sozialen Netzwerken wie Facebook oder Twitter mit anderen zu teilen, sondern erlauben Studierenden und Forschenden sogar, im Rahmen von *Social-* oder *Collaborative Tagging* Literatur gemeinsam frei zu verschlagworten.

3.3.6 Linkresolver: Dürfen wir Sie verbinden, bitte?

Linkresolver stellen zwar keine speziellen Funktionalitäten lokaler OPACs dar, besitzen aber bei der Literaturrecherche in bibliographischen Fachdatenbanken oder Virtuellen Fachbibliotheken eine zentrale Bedeutung. Ihre Funktion besteht darin, durch automatische Verfügbarkeitsprüfung am lokalen OPAC Bestandsinformationen, Zugangswege und Lizenzbestimmungen zu prüfen und gegebenenfalls direkt mit dem Volltext zu verlinken. Wenn Sie also einen für Ihre Fragestellung relevanten Text in einer bibliographischen Fachdatenbank oder einer Virtuellen Fachbibliothek ermittelt haben, müssen Sie dessen bibliographische Daten nicht eigens in den lokalen OPAC eingeben, um festzustellen, ob der gewünschte Text vor Ort zur Verfügung steht. Die Software eines Linkresolvers bietet die Verlinkung

- auf den bibliographischen Datensatz im lokalen OPAC, damit Sie sofort erkennen, ob und unter welcher Signatur der gesuchte Text in Ihrer Bibliothek vorhanden ist,
- auf den elektronischen Volltext, sofern dieser existiert und von Ihrer Bibliothek erworben oder lizenziert ist,
- zur Online-Fernleihe Ihrer Bibliothek, die Sie nutzen können, falls der gesuchte Text vor Ort weder gedruckt noch elektronisch vorhanden ist,
- zu einem kostenpflichtigen Dokumentlieferdienst, falls Sie den gesuchten Text besonders rasch benötigen,
- auf Internet-Suchmaschinen wie Google Scholar.

Verbreitete Linkresolver sind *Ex Libris SFX* und *Ovid LinkSolver*. Es gibt aber auch lokale Produkte, die überregional genutzt werden, wie beispielsweise *UB Freiburg-Links*.

4 Bibliothekskataloge

bestandsabhängige Verzeichnisse

Bibliothekskataloge sind in der Regel der erste Einstieg in die Recherche nach (altertums-) wissenschaftlicher Literatur. Bibliothekskataloge sind *bestandsabhängig* und verzeichnen im Gegensatz zu *bestandsunabhängigen* Fachbibliographien nur diejenige Literatur, die sich im Besitz der jeweiligen Bibliothek befindet. Dennoch können Bibliothekskataloge selbstverständlich auch für die bibliographische Arbeit konsultiert werden: Entscheidend ist dabei allerdings, dass diese Bibliothekskataloge den Bestand einer für das jeweilige altertumswissenschaftliche Fach relevanten Bibliothek abbilden.

Schwerpunkt: selbstständig erschienene Literatur

Klassische Bibliothekskataloge, deren oft außergewöhnlicher Reichtum durch jahrhundertelange Sammeltraditionen vieler Bibliotheken historisch begründet ist, verzeichnen in der Regel ausschließlich den Bestand an *selbstständig* erschienener Literatur, d. h. Monographien, Sammelbände und Zeitschriften, die eine Bibliothek tatsächlich besitzt. Dieser Umstand ist bei der Planung einer altertumswissenschaftlichen Recherche unbedingt zu beachten: Die zu berücksichtigende unselbstständig erschienene Literatur, d. h. Aufsätze in Zeitschriften und Sammelbänden, sind in klassischen Bibliothekskatalogen in der Regel nicht aufzufinden.

Entsprechend den vorgeschlagenen Recherchefahrplänen, die zunächst in einem gestuften Verfahren schwerpunktmäßig selbstständig erschienene Literatur zum gewünschten Thema erfassen möchten, werden im Folgenden die wichtigsten Typen von Bibliothekskatalogen vorgestellt. Es empfiehlt sich, diese nacheinander abzufragen (s. Abb. 4–6).

4.1 OPACs der Bibliotheken vor Ort

Wie gut kennen Sie Ihre Universitätsbibliothek?

Jede altertumswissenschaftliche Literaturrecherche sollte praktischerweise in der Bibliothek vor Ort beginnen, in der Regel in der jeweiligen Universitätsbibliothek. Mit dieser ist man bereits vertraut, kennt die Standorte der Literatur, ihre Besonderheiten und insbesondere auch ihre fachlichen Ansprechpartner, die Fachreferentinnen und Fachreferenten.

OPAC

Zu den wichtigsten Aufgaben einer Bibliothek gehört der frei zugängliche Nachweis der von ihr gesammelten und bereitgestellten Literatur. Das geschieht heute im elektronischen Bibliothekskatalog, dem OPAC, der in der Regel nicht nur Literatur und Medien der zentralen Universitätsbibliothek verzeichnet, sondern gleichermaßen Sammlungen dezentraler Fachbibliotheken oder anderer wissenschaftlicher Bibliotheken vor Ort. Darüber hinaus kann ein OPAC auch mit einem Discovery System verbunden sein (s. S. 35). OPACs sind so unterschiedlich wie die Bibliotheken, deren Bestand sie verzeichnen. Daher können hier nur grundsätzliche Hinweise zum Umgang mit diesen gegeben werden.

Der OPAC einer Bibliothek basiert in der Regel auf den unterschiedlichsten Katalogen aus der Zeit *vor* dem digitalen Medienwandel, wie beispielsweise Zettelkataloge, Bandkataloge, Mikrofichekataloge. Die häufig über viele Jahrhunderte gewachsenen Bibliotheken haben oft immer neue Gesamtkataloge angelegt, teilweise auch separate Kataloge für unterschiedliche Sammlungen, Standorte oder Medientypen. Diese gewachsene Katalogvielfalt konnte erst im digitalen Zeitalter allmählich vereinheitlicht werden, indem historische Kataloge digitalisiert oder die in diesen verzeichneten Titel im gemeinsamen OPAC zusammengeführt wurden. Dennoch kann man auch heute noch nicht selbstverständlich davon ausgehen, dass jede Bibliothek ihren gesamten Literaturbestand bereits im OPAC elektronisch nachgewiesen hat. Für die Recherche ist daher die genaue Kenntnis über den darin tatsächlich nachgewiesenen Bestand zwingend notwendig.

Grundlagen eines OPACs

Tipp

> In der Regel besitzen Bibliotheken mit langer Geschichte auch zahlreiche historische Sondersammlungen, wie beispielsweise Papyri, Handschriften, Alte Drucke oder Graphik, die für altertumswissenschaftliche Fragestellungen von großer Bedeutung sein können. Diese sind häufig ebenfalls in separaten Katalogen verzeichnet.

4.2 Verbundkataloge: große Brüder der OPACs der Bibliotheken vor Ort

Die OPACs lokaler wissenschaftlicher Bibliotheken sind in der Regel Teil von überregionalen Verbundkatalogen, in denen zahlreiche Bibliotheken ihre Literatur und Medien nach einheitlichen bibliotheksfachlichen Standards gemeinsam katalogisieren. Was für lokale OPACs gilt, gilt für Verbundkataloge entsprechend: Sie verzeichnen bisher nur in Ausnahmen *unselbstständig* erschienene Literatur (s. S. 22).

selbstständig erschienene Literatur

Die bibliographische Recherche *selbstständig* erschienener altertumswissenschaftlicher Literatur in Verbundkatalogen besitzt den Vorteil, dass man aus einem sehr viel größeren Datenpool schöpfen kann als lediglich aus dem OPAC der Bibliothek vor Ort. Die Recherchefunktionalitäten der OPACs lokaler Bibliotheken und überregionaler Verbundkataloge lassen sich unmittelbar miteinander vergleichen.

lokale Verfügbarkeit oder Fernleihe?

Ergibt die Recherche im Verbundkatalog ein für die eigene Fragestellung relevantes Buch, so lässt sich anhand der Nachweisinformationen unmittelbar feststellen, welche Bibliothek des jeweiligen Bibliotheksverbundes den Titel vor Ort besitzt. Sollte der gewünschte Titel nicht im Besitz der lokalen Universitätsbibliothek sein, lässt sich im nächsten Schritt in der Regel über die Online-Fernleihe des Verbundkataloges oder über das Fernleihportal der Bibliothek vor Ort eine Bestellung des gewünschten Titels aus einer anderen Bibliothek des Verbundes auslösen (s. S. 44f.).

deutsche Bibliotheksverbünde

In Deutschland existieren gegenwärtig folgende 6 Bibliotheksverbünde mit ihren jeweiligen Verbundkatalogen:
- *BVB*: Bibliotheksverbund Bayern mit Gateway Bayern
- *GBV*: Gemeinsamer Bibliotheksverbund mit Gemeinsamen Verbundkatalog (GVK) der Bundesländer Bremen, Hamburg, Mecklenburg-Vorpommern, Niedersachsen, Sachsen-Anhalt, Schleswig-Holstein, Thüringen und der Stiftung Preußischer Kulturbesitz
- *HeBIS*: Hessisches Bibliotheksinformationssystem mit HeBIS-Portal
- *hbz*: Hochschulbibliothekszentrum des Landes Nordrhein-Westfalen mit hbz-Verbundkatalog
- *KOBV*: Kooperativer Bibliotheksverbund Berlin-Brandenburg mit KOBV-Portal
- *SWB*: Südwestdeutscher Bibliothekverbund mit SWB Verbundkatalog

deutschsprachiges Ausland

Aus dem deutschsprachigen Ausland sind folgende Verbundkataloge zu nennen:
- *swissbib*: Katalog aller Schweizer Hochschulbibliotheken, der Schweizerischen Nationalbibliothek, zahlreicher Kantonsbibliotheken und weiterer Institutionen
- ÖBV: Österreichischer Bibliothekenverbund mit Suchmaschine

Vergleichbare Verbundkataloge existieren in den meisten Ländern, die über ein gut organisiertes wissenschaftliches Bibliothekswesen verfügen. Einen Überblick bietet der Karlsruher Virtuelle Katalog (s. S. 43).

WorldCat

Wegen seiner Bekanntheit sei schließlich noch auf den größten Verbundkatalog der Welt, den *WorldCat*, verwiesen, der etwa zwei Milliarden Besitznachweise von Literatur und Medien aus Bibliotheken der ganzen Welt umfasst. Für die hochspezialisierte altertumswissenschaftliche Literaturrecherche ist dieser Katalog jedoch wenig geeignet, da die Katalogdaten häufig uneinheitlich sind und eine sachliche Erschließung in der Regel nur rudimentär vorhanden ist.

Verbundkataloge gibt es ferner zu speziellen Medientypen, wie die *Zeitschriftendatenbank* (*ZDB*) und die *Elektronische Zeitschriftenbibliothek* (*EZB*) für wissenschaftliche Zeitschriften (s. S. 48ff.), oder bezogen auf bestimmte Fächer, wie *Kubikat*, der Fachverbundkatalog des Kunsthistorischen Instituts Florenz, des Zentralinstituts für Kunstgeschichte München, des Deutschen Forums für Kunstgeschichte Paris und der Bibliotheca Hertziana Rom (s. S. 99).

4.3 Virtuelle Kataloge

Altertumswissenschaftliche Literatur und Medien finden sich in wissenschaftlichen Bibliotheken in ganz Deutschland. Für eine flächendeckende und lückenlose Recherche müsste daher entweder im OPAC jeder fachlich in Frage kommenden Bibliothek oder aber in sämtlichen Verbundkatalogen nacheinander recherchiert werden. Diese komplexe Nachweissituation wird durch Virtuelle Kataloge oder so genannte Metakataloge respektive Meta-Suchmaschinen vereinheitlicht, da hierbei unter einer gemeinsamen Oberfläche mit einer einzigen Suchanfrage mehrere unterschiedliche Kataloge parallel recherchierbar gemacht werden.

Der wichtigste Metakatalog in Deutschland ist der *Karlsruher Virtuelle Katalog* (*KVK*). Mit seiner Hilfe ist es möglich, parallel nicht nur in sämtlichen deutschen Verbundkatalogen zu recherchieren, sondern auch in den Verbundkatalogen Österreichs, der Schweiz sowie den wichtigsten Verbundkatalogen und Nationalbibliotheken weltweit (Abb. 14). In die Metasuche des *KVK* sind ferner integriert: Spezialdatenbanken wie die Verzeichnisse Deutscher Drucke des 16. (*VD 16*) und 17. (*VD 17*) Jahrhunderts oder die von der Deutschen Forschungsgemeinschaft (DFG) im Rahmen von Nationallizenzen für deutsche Universitäten finanzierten Datenbanken für eBooks und eJournals, schließlich die wichtigsten Buchhandelsverzeichnisse, wie beispielsweise Amazon oder das *Zentrale Verzeichnis Antiquarischer Bücher* (*ZVAB*).

Karlsruher Virtueller Katalog (KVK)

In den Altertumswissenschaften empfiehlt sich die Literaturrecherche im KVK insbesondere für die überregionale Recherche nach selbstständig erschienener Literatur, wenn man im OPAC der Universitätsbibliothek vor Ort oder im regionalen Verbundkatalog noch nicht genügend Ergebnisse erzielt hat.
Sofern man über den *KVK* in deutschen Bibliothekskatalogen recherchiert, eignet sich die Methode der Schlagwortsuche, wählt man dagegen vorzugsweise internationale Bibliothekskataloge aus, so ist der Suche im Freitext mit thematisch relevanten Stichworten in unterschiedlichen Sprachen der Vorzug zu geben.

Tipp

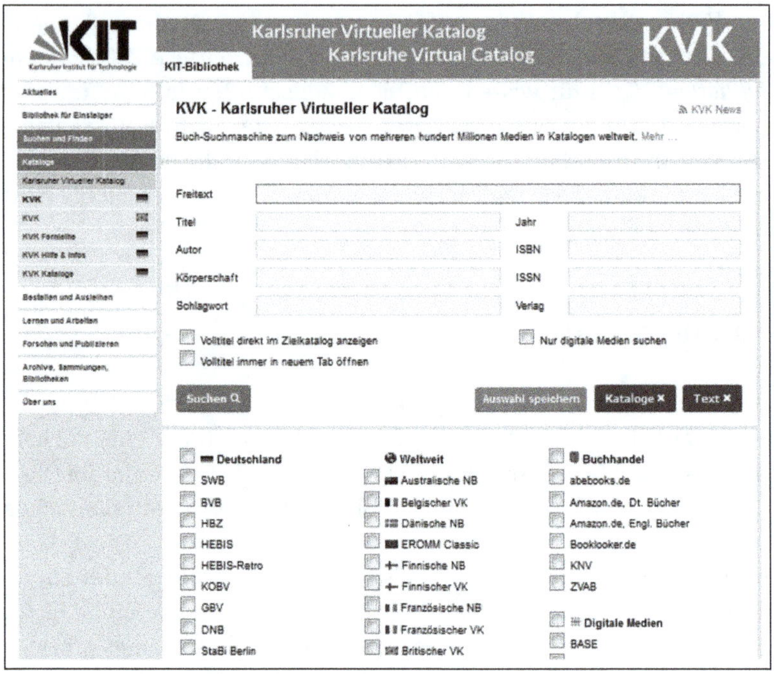

Abb. 14: Karlsruher Virtueller Katalog (KVK).

Grenzen der Suche in Metakatalogen

Metakataloge spielen im Zusammenhang mit altertumswissenschaftlicher Literaturrecherche eine wichtige Rolle, wie am Beispiel von *PropylaeumSEARCH* im Rahmen des Fachinformationsdienstes Altertumswissenschaften *Propylaeum* deutlich wird (s. S. 63ff.). Grundsätzlich sollte die Literaturrecherche in Metakatalogen jedoch die Arbeit in den einzelnen Verbunddatenbanken, lokalen OPACs oder bibliographischen Spezialdatenbanken keinesfalls ersetzen, da die Gefahr besteht, dass die Suche in Metakatalogen durch die Verwendung unterschiedlicher Regelwerke oder Datenformate in den parallel durchsuchten, heterogenen Einzelkatalogen nicht immer unterstützt wird.

4.4 Fernleihe und Dokumentlieferdienste

Fernleihportal

Da die Fülle der kontinuierlich erscheinenden altertumswissenschaftlichen Fachliteratur nicht von jeder wissenschaftlichen Bibliothek auch nur annähernd vollständig erworben werden kann, bieten die lokalen Bibliotheken den Service der Fernleihe. Hat die spezifische Recherche in überregionalen Verbunddatenbanken oder Metakatalogen ergeben, dass ein benötigtes Werk vor Ort nicht vorhanden ist, besteht die Möglichkeit, dieses per Fernleihe aus derjenigen Bibliothek, die es in Deutschland besitzt, zu bestellen. Voraussetzung für die Durchführung einer Fernleihbestellung ist ein reguläres Bibliothekskonto. Da mit der Anlieferung des gewünschten Buches für die bestellende Bibliothek Kosten verbunden sind, wird für eine Fernleihbestellung eine geringe Gebühr erhoben. Die lokale Bibliothek bietet gewöhnlich ein Fernleihportal an, das mit dem OPAC verknüpft ist, auf den überregionalen Verbundkatalogen basiert und in dem die Recherche durchgeführt werden kann.

Dokumentlieferdienste stellen eine Alternative zur konventionellen Fernleihe von Büchern oder Artikeln aus wissenschaftlichen Zeitschriften dar. Im deutschsprachigen Raum ist *subito – Dokumente aus Bibliotheken e. V.* der wichtigste Anbieter. Man kann hierbei selbst in Datenbanken recherchieren, Bestellungen auslösen und sich die gewünschten Dokumente in maximal 72 Stunden per Email, Post oder Fax direkt an den Arbeitsplatz liefern lassen. Dokumentlieferdienste verursachen in der Regel höhere Kosten als die Fernleihe der Bibliotheken. Sofern die jeweilige lokale Universitätsbibliothek keine Belieferung für Bedienstete der Hochschule über Dokumentlieferdienste anbietet, kann eine direkte Registrierung bei *subito* vorgenommen werden.

Dokumentlieferdienst

> Vor der Bestellung eines Buches oder eines Artikels über Fernleihe oder Dokumentlieferdienst sollte geprüft werden, ob der benötigte Text nicht über *Google books* oder innerhalb von Volltextdatenbanken zur Verfügung steht.

Tipp

5 Fachübergreifende Datenbanken und zentrale Ressourcen

Nach dem Überblick über die wichtigsten Bibliothekskataloge, in denen gemäß dem vorgeschlagenen Recherchefahrplan zunächst auf lokaler und überregionaler Ebene *selbstständig* erschienene altertumswissenschaftliche Literatur recherchiert werden kann, behandelt das folgende Kapitel bibliothekarische Datenbanken mit dem Schwerpunkt auf *unselbstständig* erschienener Literatur, die nicht allein für altertumswissenschaftliche Recherche von grundlegender Relevanz ist.

5.1 Datenbank-Infosystem (DBIS)

DBIS ist das zentrale Nachweisinstrument für die an deutschen Bibliotheken verfügbaren wissenschaftlichen Datenbanken, die entweder lizenziert werden oder frei im Internet zur Verfügung stehen. Neben dem Blick auf den Gesamtbestand informiert die lokale Sicht über das jeweilige Angebot der Bibliothek vor Ort. Da es in *DBIS* kein eigenes Fach *Altertumswissenschaften* gibt, müssen die altertumswissenschaftlich relevanten Ressourcen aus den jeweiligen Teilverzeichnissen der altertumswissenschaftlichen Einzeldisziplinen ausgewählt werden.

Inhalte

Das *Datenbank-Infosystem DBIS* ist das gemeinsame Verzeichnis der an 304 Bibliotheken angebotenen 11.488 Datenbanken, unter diesen 4.722 freie Datenbanken (Stand: Februar 2016). Gemäß der *DBIS* zu Grunde liegenden Definition von *Datenbank* werden nur diejenigen Angebote aufgenommen, bei denen die Daten strukturiert vorliegen und exakte Suchen erlauben. In *DBIS* nicht aufgenommen werden Linklisten, Literaturlisten im HTML- oder PDF-Format, eBooks, eJournals und Bibliotheks-OPACs. Zu den wichtigsten in *DBIS* nachgewiesenen und für die altertumswissenschaftliche Arbeit relevanten Datenbanktypen gehören: Fachbibliographien, Aufsatzdatenbanken, Volltextdatenbanken, Bilddatenbanken, biographische Datenbanken, Wörterbücher, Enzyklopädien, Nachschlagewerke.

erweiterte Suche

Innerhalb der – sehr zu empfehlenden – erweiterten Suche in *DBIS* lässt sich nach einzelnen Datenbanktypen, nach regionalen Aspekten, Fachgebieten, Nutzungsmöglichkeiten und mit Stichwörtern oder Schlagwörtern innerhalb der die einzelnen Datenbanken beschreibenden Metadaten differenziert recherchieren. Diese Suche erfolgt jedoch nur innerhalb dieser Metadaten, nicht in den Datenbanken selbst.

Tipp

Die in *DBIS* verzeichneten Datenbanken sind auch im jeweiligen OPAC der lokalen Bibliothek katalogisiert.

TOP-Datenbanken

Neben einer Sicht auf den Gesamtbestand der in *DBIS* verzeichneten Datenbanken bieten die beteiligten wissenschaftlichen Bibliotheken ihre jeweils lokale Sicht an. Hierbei lassen sich alle Datenbanken sowohl alphabetisch als auch nach einzelnen Fächern geordnet anzeigen. Da die Zahl der fachlich relevanten Datenbanken kontinuierlich steigt, werden innerhalb der jeweiligen Fachsicht häufig so genannte *TOP-Datenbanken* besonders herausgehoben. Beispielsweise sind in *DBIS* aktuell (Stand: Februar 2016) für die Archäologie 221 Datenbanken nachgewiesen, für die Klassische Philologie 253 (Abb. 15). Diese Zahlen liegen zwar noch deutlich unter denjenigen der Geschichtswissenschaften oder einzelnen modernen Philologien, es kommen aber kontinuierlich neue Produkte hinzu.

Entscheidend für die konkreten Nutzungsmöglichkeiten der einzelnen Datenbanken ist die farbige Markierung ihrer Verfügbarkeit nach einem Ampelsystem:

- *Grün:* frei im Internet
- *Gelb:* für berechtigte Nutzer (z. B. Studierende bzw. Angehörige der Universität)
- *Blau:* lokal
- *Grünes D:* Nationallizenz deutschlandweit frei
- *€:* kostenpflichtiges Pay-per-Use-Angebot

Ampelsystem

Fachgebiete	Anzahl
Allgemein / Fachübergreifend	2286
Allgemeine und vergleichende Sprach- und Literaturwissenschaft	528
Anglistik, Amerikanistik	547
Archäologie	221
Architektur, Bauingenieur- und Vermessungswesen	400
Biologie	648
Chemie	453
Elektrotechnik, Mess- und Regelungstechnik	171
Energie, Umweltschutz, Kerntechnik	319
Ethnologie (Volks- und Völkerkunde)	255
Geographie	430
Geowissenschaften	257
Germanistik, Niederländische Philologie, Skandinavistik	740
Geschichte	1796
Informatik	206
Informations-, Buch- und Bibliothekswesen, Handschriftenkunde	319
Klassische Philologie	253

Abb. 15: Datenbank-Infosystem (DBIS) – Gesamtbestand.

Im Gegensatz zu denjenigen Datenbanken, die einzelne Universitäts-, Landes- oder Staatsbibliotheken für ihre jeweilige Institution lizenzieren, finanzierte die Deutsche Forschungsgemeinschaft (DFG) seit 2004 die so genannten *Nationallizenzen* für hochwertige wissenschaftliche Datenbanken, bei denen es sich um abgeschlossene Produkte handelt. Diese werden deutschlandweit nicht nur Universitäten und wissenschaftlichen Einrichtungen zur Verfügung gestellt, sondern können auch von interessierten Privatpersonen auf Antrag genutzt werden. Die Nationallizenzen sind inzwischen als *Allianz-Lizenzen* für laufende Produkte weiterentwickelt worden.

Nationallizenzen, Allianz-Lizenzen

5.2 Zeitschriftendatenbank (ZDB)

Die *Zeitschriftendatenbank* (*ZDB*) ist die weltweit größte Datenbank für Titel- und Besitznachweise fortlaufender Sammelwerke und das zentrale Gesamtverzeichnis der in Bibliotheken im deutschsprachigen Raum vorhandenen wissenschaftlichen Zeitschriften und periodischen Veröffentlichungen. Die *ZDB* verzeichnet *nicht* die in den Zeitschriften publizierten Aufsätze.

Neben dem *Datenbank-Infosystem* (*DBIS*) als deutschlandweites Gesamtverzeichnis für Datenbanken erstellen wissenschaftliche Bibliotheken mit der *Zeitschriftendatenbank* (*ZDB*) und der *Elektronischen Zeitschriftenbibliothek* (*EZB*) kooperativ gepflegte Verzeichnisse für Zeitschriften und periodische Veröffentlichungen. Ihre Kenntnis gehört zu den Grundlagen wissenschaftlicher Recherche.

Zwar sind gedruckte und digitale Zeitschriften auch in den OPACs der lokalen Bibliotheken verzeichnet, doch spielen in den Altertumswissenschaften und der Archäologie häufig auch hoch spezialisierte, wenig verbreitete Zeitschriften eine Rolle, die in nur wenigen deutschen Bibliotheken vorhanden sind und daher nur in einem zentralen Verzeichnis wie *ZDB* oder *EZB* recherchiert werden können. Schließlich sind diese Verzeichnisse insbesondere für Studienanfänger der Altertumswissenschaften hilfreich, um einen zuverlässigen Überblick darüber zu erhalten, welche Zeitschriften in der jeweiligen Fachdisziplin überhaupt relevant sind und ob diese in der jeweiligen Heimatbibliothek zur Verfügung stehen.

Inhalt

Die *Zeitschriftendatenbank* (*ZDB*) als gemeinsames Verzeichnis der in 4400 (Stand: Juni 2015) wissenschaftlichen Bibliotheken Deutschlands und Österreichs vorhandenen 1,7 Millionen Zeitschriften, Zeitungen und Schriftenreihen dokumentiert die seit dem Jahr 1500 aus allen Ländern, in allen Sprachen in gedruckter, elektronischer oder anderer Form periodisch erscheinenden Veröffentlichungen. Damit weist die *ZDB* selbstverständlich nicht nur die aktuellen altertumswissenschaftlichen Titel vollständig nach, sondern ermöglicht auch den Zugriff auf forschungsgeschichtlich relevante Titel – besitzen doch die Altertumswissenschaften eine reiche Tradition, die von der modernen Wissenschaftsgeschichte erforscht wird.

Rechercheoptionen

Die Funktionalität des *ZDB*-OPAC entspricht einerseits einem klassischen Bibliotheks-OPAC, wie an der einfachen und erweiterten Suche oder den einzelnen Suchkategorien deutlich wird, andererseits einem Verbundkatalog, wie der Nachweis der jeweiligen Titel in einzelnen Bibliotheken des *ZDB*-Verbundes zeigt (Abb. 16).

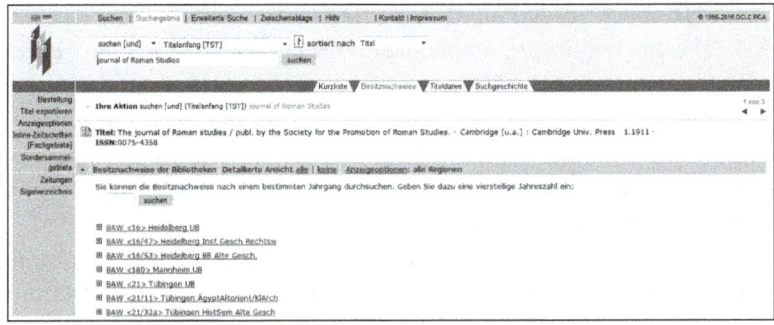

Abb. 16: Zeitschriftendatenbank (ZDB) mit Besitznachweisen.

Besonders interessant sind schließlich unterschiedliche thematische Abfragemöglichkeiten: So kann man sich entweder sämtliche Zeitschriften eines Fachinformationsdienstes (s. S. 59ff.), beispielsweise der Klassischen Archäologie, im Überblick anzeigen lassen. Oder aber man wählt die betreffende Notation der *Dewey Decimal Classification* (*DDC*), der international am weitesten verbreiteten Universalklassifikation, aus, um einen Überblick über die Zeitschriften des Faches zu erhalten. Auf beiden Wegen wird die *ZDB* zu einem hilfreichen Instrument beim Studium von fachlich relevanten Zeitschriften der einzelnen altertumswissenschaftlichen Disziplinen.

systematische Recherche

> Die *ZDB* verzeichnet auch Zeitschriften, die als digitale Paralleledition zu Druckausgaben erscheinen.

Tipp

5.3 Elektronische Zeitschriftenbibliothek (EZB)

> Die *Elektronische Zeitschriftenbibliothek* (*EZB*) ist das Pendant zur *ZDB* für elektronische Zeitschriften. Wie die *ZDB* verzeichnet auch die *EZB nicht* die in den Zeitschriften publizierten Aufsätze.

Die *Elektronische Zeitschriftenbibliothek* (*EZB*) ist wie die *ZDB* eine von 611 wissenschaftlichen Bibliotheken aus 9 Ländern gemeinsam erstellte Datenbank (Stand: Juni 2016) zur Katalogisierung von frei verfügbaren und lizenzpflichtigen eJournals zu sämtlichen Fachgebieten in einer einheitlichen verlagsübergreifenden Plattform (Abb. 17). Die *EZB* umfasst 85.818 Titel, von denen 53.214 im Volltext frei zugänglich sind (Stand: Juni 2016). Damit ist sie die weltweit umfangreichste Datenbank für elektronische Zeitschriften im Wissenschaftsbereich.

Inhalt

Im Hinblick auf die Altertumswissenschaften verzeichnet die *EZB* 985 Zeitschriften für die Archäologie, 416 Zeitschriften für die Klassische Philologie und Byzantinistik (Stand: Februar 2016). Es ist davon auszugehen, dass durch die weitere Digitalisierung der Altertumswissenschaften und die Verbreitung des Open-Access-Gedankens das Angebot altertumswissenschaftlicher eJournals in den nächsten Jahren kontinuierlich ansteigen wird.

Ampelsystem

Wie in *DBIS* gibt die farbige Markierung nach einem Ampelsystem über die Verfügbarkeit der Volltexte der einzelnen eJournals Auskunft:
- *Grün*: frei zugänglich
- *Gelb*: für berechtigte Nutzer (Studierende bzw. Angehörige der Universität) zugänglich
- *Rot*: nicht zugänglich (mögliche Ausnahme: Inhaltsverzeichnisse, Abstracts)
- *Gelb&Rot*: für berechtigte Nutzer nur teilweise zugänglich

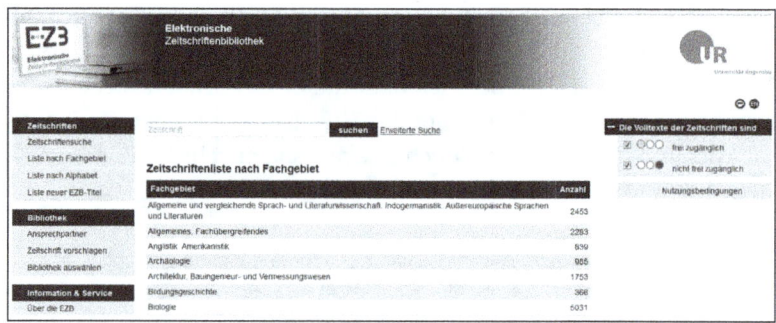

Abb. 17: Elektronische Zeitschriftenbibliothek (EZB) mit Ampelsystem.

Rechercheoptionen

Wie *DBIS* und *ZDB* bietet auch die *EZB* unterschiedliche Recherche- und Anzeigeoptionen. Neben der Möglichkeit, sich die eJournals in einer alphabetischen Gesamtliste anzeigen zu lassen, kann man eine – ebenfalls alphabetische – Fächersicht erzeugen. Die erweiterte Suche ermöglicht darüber hinaus eine Suche mit Stichwörtern oder Schlagwörtern sowohl über den Gesamtbestand als auch über die fachspezifischen eJournals.

5.4 JSTOR

Eine der wichtigsten Volltextdatenbanken für internationale wissenschaftliche Zeitschriften aller Fachbereiche ist *JSTOR*. Zu den *Arts & Sciences Collections* gehören auch die Altertumswissenschaften.

Wenn auch die in *JSTOR* enthaltenen einzelnen Zeitschriften jeweils von ihrer ersten Ausgabe digitalisiert sind, so fehlen doch die aktuellen Jahrgänge – diese *moving wall* kann bis zu elf Jahrgänge umfassen. Im Falle zentraler Fachorgane sind Bibliotheken allerdings bemüht, diese Lücken durch separate Abonnements für die aktuellen Jahrgänge zu schließen.

moving wall

Wenn auch die *Advanced Search* differenzierte formale Rechercheoptionen bietet, beispielsweise nach Publikationstyp, Sprachen oder Erscheinungsjahr, so fehlt eine inhaltliche Erschließung der Artikel durch normierte Schlagworte, wie sie in Bibliothekskatalogen üblich ist. Eine inhaltliche Recherche kann daher ausschließlich als Stichwortsuche realisiert werden, wobei nach den gewählten Begriffen entweder innerhalb des Aufsatztitels oder in den Volltexten der Artikel selbst gesucht werden kann.

Stichwortsuche statt Schlagwortsuche

Die gefundenen Artikel lassen sich zur weiteren Bearbeitung herunterladen oder ausdrucken.

Durch das Fehlen von Verschlagwortung und Fachthesauri müssen für die thematische Recherche Suchbegriffe in jeweils unterschiedlichen Sprachen ausgewählt werden.

Tipp

5.5 Directory of Open Access Journals (DOAJ)

Das *Directory of Open Access Journals (DOAJ)* verzeichnet wissenschaftliche Zeitschriften inklusive der einzelnen Artikel, die im Open Access publiziert werden und daher im Volltext frei zugänglich sind.

Im Bereich der wissenschaftlichen Zeitschriften hat sich der Gedanke des Open Access (s. S. 13ff.), der kostenlosen Zugänglichkeit wissenschaftlicher Inhalte, inzwischen besonders breit etabliert. Verzeichnet auch die *Elektronische Zeitschriftenbibliothek (EZB)* neben den lizenzpflichtigen wissenschaftlichen Zeitschriften frei zugängliche Titel, so beschränkt sich das *Directory of Open Access Journals (DOAJ)*

ausschließlich auf diejenigen Zeitschriften aller Wissenschaftsgebiete, die im Open Access publiziert werden. Im Unterschied zur *EZB*, mit der es entsprechend inhaltliche Überschneidungen gibt, können im *DOAJ* auch die einzelnen der etwa 2 Millionen Artikel recherchiert werden.

Für die Altertumswissenschaften steht unter den 10.640 Zeitschriften aller Wissenschaftsfächer (Stand: Juni 2015) inzwischen eine kontinuierlich wachsende Zahl an Open-Access-Zeitschriften zur Verfügung: 3 Titel für die Alte Geschichte, 70 Titel für die Archäologie, 11 Titel für die Klassische Philologie. Vor dem Hintergrund der sich auch innerhalb der Altertumswissenschaften verbreitenden Open-Access-Bewegung (s. S. 13ff.) ist zu erwarten, dass die im Open Access publizierten Zeitschriften weiter zunehmen werden.

5.6 Internationale Bibliographie der geistes- und sozialwissenschaftlichen Zeitschriftenliteratur (IBZ)

Die *Internationale Bibliographie der geistes- und sozialwissenschaftlichen Zeitschriftenliteratur (IBZ)* ist die international führende Bibliographie unselbstständig erschienener Publikationen in den Geistes- und Sozialwissenschaften. Da sie auch die altertumswissenschaftlichen Kernzeitschriften umfasst, eignet sie sich gut für eine interdisziplinäre Recherche.

Da *Zeitschriftendatenbank* (*ZDB*) und *Elektronische Zeitschriftenbibliothek* (*EZB*) lediglich die Zeitschriften, nicht aber die darin publizierten Artikel verzeichnen, ist eine traditionsreiche Spezialbibliographie, die seit 1896 gedruckt veröffentlichte *Internationale Bibliographie der geistes- und sozialwissenschaftlichen Zeitschriftenliteratur (IBZ)*, zu konsultieren (Abb. 18). Die Online-Ausgabe berücksichtigt Zeitschriften aus 40 Ländern in mehr als 40 Sprachen und weist (Stand: Februar 2016) über 3,9 Millionen Aufsätze aus 11.500 gedruckten und elektronischen Zeitschriften ab 1983 nach. Die jährliche Aktualisierung der Datenbank bewegt sich im Umfang von etwa 120.000 neuen Titeln.

Verschlagwortung

Der besondere Vorzug der *IBZ* liegt in der Verschlagwortung der Aufsätze gemäß bibliothekarischen Regelwerken in Deutsch und Englisch. Ferner verfügt die *IBZ* über die üblichen Exportfunktionen (s. S. 38) sowie die Möglichkeit der lokalen Verfügbarkeitsanalyse über einen *Linkresolver* (s. S. 39). Im Falle von Artikeln aus eJournals wird bereits in der *IBZ* mit Hilfe des Ampelsymbols signalisiert, ob die lokale Bibliothek den Zugriff auf den Volltext – beispielsweise in *JSTOR* – ermöglicht. Auf diese Weise wird die Grenze zwischen der

IBZ als bibliographischer Datenbank und den mit dieser verknüpften einzeln oder in Volltextdatenbanken lizenzierten eJournals immer fließender.

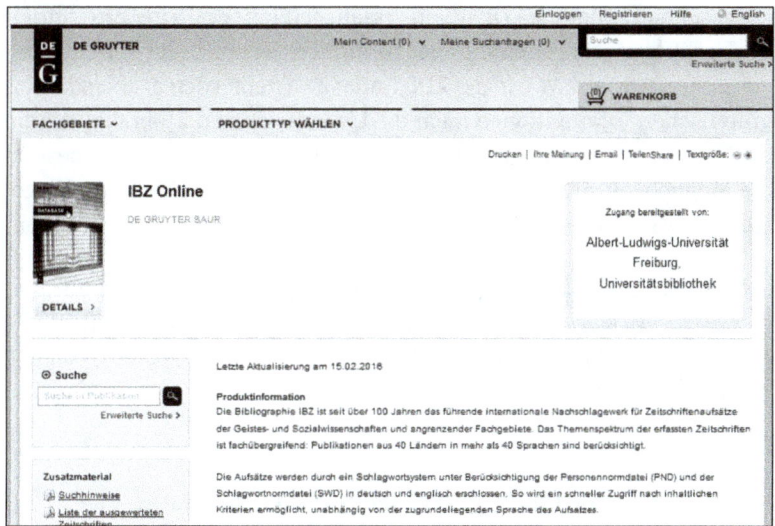

Abb. 18: Internationale Bibliographie der geistes- und sozialwissenschaftlichen Zeitschriftenliteratur (IBZ).

5.7 Online Contents Altertumswissenschaften (OLC-SSG Altertumswissenschaften)

OLC-SSG Altertumswissenschaften ist ein zentrales Verzeichnis relevanter unselbstständig erschienener Literatur aus dem gesamten Bereich der Altertumswissenschaften. Es basiert auf der Auswertung der Inhaltsverzeichnisse der von den altertumswissenschaftlichen Fachinformationsdienst-Bibliotheken bereit gestellten Zeitschriften. In diesem fachlichen Schwerpunkt liegt der Mehrwert gegenüber der *IBZ*.

Da die *Zeitschriftendatenbank* (ZDB) und die *Elektronische Zeitschriftenbibliothek* (EZB) lediglich die Zeitschriften, nicht aber die einzelnen Aufsätze verzeichnen, ist neben der fachübergreifenden *Internationalen Bibliographie der geistes- und sozialwissenschaftlichen Zeitschriftenliteratur* (IBZ) außerdem die altertumswissenschaftliche Spezialbibliographie für Zeitschriftenaufsätze, *OLC-SSG Altertumswissenschaften*, zu konsultieren. Sie ist der fachspezifische Ausschnitt aus der interdisziplinären Datenbank *Online Contents*. Die für die einzelnen Disziplinen verantwortlichen Fachinformationsdienst-Bibliotheken (s. S. 59ff.)

werten gegenwärtig 327 Zeitschriftentitel ab dem Erscheinungsjahr 1993 aus. Die täglich aktualisierte Datenbank weist derzeit etwa 165.000 Aufsätze und Rezensionen nach (Stand: Mai 2016).

Suchmaske sowie Recherchefunktionen sind vergleichbar mit einem klassischen Bibliotheks-OPAC. So lassen sich innerhalb der erweiterten Suche differenzierte Suchanfragen formulieren, auch unter Verwendung von Schlagwörtern. Wie in der ZDB findet sich neben den exakten bibliographischen Informationen auch die Liste derjenigen Bibliotheken, die die Zeitschrift mit dem gesuchten Aufsatz besitzen. In der Regel besteht die Möglichkeit, über einen *Linkresolver* (s. S. 39) zu prüfen, ob der gewünschte Titel jeweils im Bestand der lokalen Bibliothek vorhanden ist.

Tipp

> Da *die Online Contents Altertumswissenschaften* in die Verbunddatenbank des *Gemeinsamen Bibliotheksverbundes* (*GBV*) integriert sind, haben die Nutzer der in diesem Verbund zusammengeschlossenen Bibliotheken die Möglichkeit, im Bedarfsfall sofort eine Fernleihbestellung auszulösen.

5.8 Internationale Bibliographie der Rezensionen geistes- und sozialwissenschaftlicher Literatur (IBR)

Die *Internationale Bibliographie der Rezensionen geistes- und sozialwissenschaftlicher Literatur* (*IBR*) ermöglicht die gezielte Recherche oft nur schwer aufzufindender, verstreut publizierter Rezensionen altertumswissenschaftlicher Literatur.

fachliche Bewertung wissenschaftlicher Literatur

Eine spezielle Gattung unselbstständig erschienener Literatur ist die Textsorte der Rezension. Wenn Sie eine Monographie zu Ihrem Thema gefunden haben, auf die Sie sich wesentlich stützen wollen, sollten Sie deren Qualität kennen. Die fachliche Bewertung wissenschaftlicher Literatur findet in Rezensionen statt, die in zahlreichen Zeitschriften, zunehmend auch online, publiziert werden und in der Regel äußerst schwer aufzufinden sind. Die *IBR* ist der zentrale Nachweis von etwa 1,5 Millionen geistes- und sozialwissenschaftliche Rezensionen aus 5.500 internationalen wissenschaftlichen Zeitschriften zu seit 1983 erschienenen Werken und wird monatlich aktualisiert (Stand: Februar 2016).

Die Funktionalität der *IBR* ist unmittelbar mit der *Internationalen Bibliographie der geistes- und sozialwissenschaftlichen Zeitschriftenliteratur* (*IBZ*) vergleichbar. Sie verfügt über die bekannten Rechercheoptionen (s. S. 27ff.) sowie eine Verschlagwortung der Rezensionen in Deutsch und Englisch. Die Weiterverarbeitung der Rechercheergebnisse wird auch hier über die üblichen Exportfunktionen gewährleistet. Ein *Linkresolver* (s. S. 39) ermöglicht die sofortige Verfügbarkeitsanalyse im lokalen OPAC, im Falle der in eJournals publizierten Rezensionen wird bereits in der *IBR* mit Hilfe des Ampelsymbols signalisiert, ob die Bibliothek vor Ort den Zugriff auf den Volltext ermöglicht.

5.9 Bryn Mawr Classical Review (BMCR)

Insbesondere für die englischsprachigen Publikationen altertumswissenschaftlicher Forschungsliteratur ist das Online-Rezensionsjournal für die Altertumswissenschaft, *Bryn Mawr Classical Review (BMCR)*, zu konsultieren, in dem täglich neue Literatur besprochen wird.

Das 1990 am Bryn Mawr College in Philadelphia (Pennsylvania) gegründete und seit 1999 online publizierte *Bryn Mawr Classical Review (BMCR)* gehört zu den ältesten Online-Rezensionsjournalen in den Geisteswissenschaften (Abb. 19). Es bietet durch ein Peer-Review-Verfahren begutachtete Rezensionen der Scientific Community im Open Access an und lädt qualifizierte Wissenschaftler weltweit zur aktiven Mitarbeit ein. Während aktuelle Rezensionen abonniert werden können, archiviert die Webseite zugleich die seit 1990 erschienenen Rezensionen. Wenn diese auch grundsätzlich die internationale altertumswissenschaftliche Literatur berücksichtigen, so liegt ein gewisser Schwerpunkt dennoch auf den englischsprachigen Forschungsbeiträgen. Die von der Webseite bereitgestellte Volltextsuche ist eine Google-gestützte Stichwortsuche. Seit 2008 erscheinen die im Review publizierten Rezensionen parallel im *BMCR* Blog, die dort auch unmittelbar kommentiert werden können.

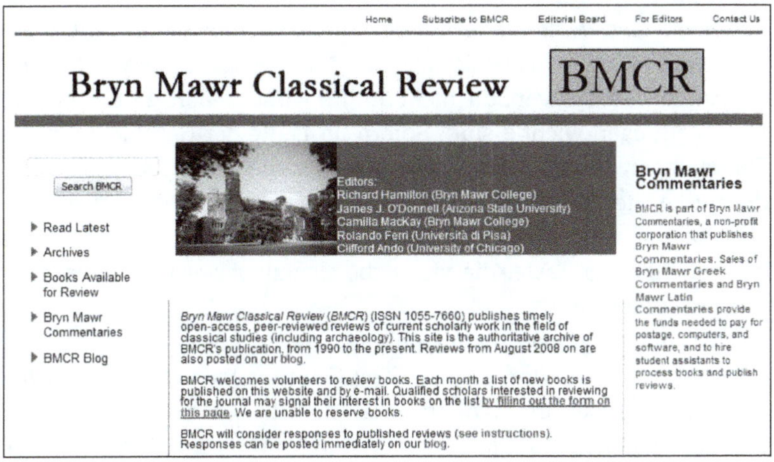

Peer-Review

Abb. 19: Bryn Mawr Classical Review (BMCR).

6 Altertumswissenschaften in Deutschland: Bibliotheken, Fachinformationsdienste, Virtuelle Fachbibliotheken und Internetportale

6.1 Bibliotheken

<small>Universitäts-
bibliothek,
Fachbibliothek</small>

Diese Einführung ist so aufgebaut, dass Sie systematisch lernen, schrittweise altertumswissenschaftliche Literatur für Ihr Referat, Ihre Hausarbeit oder Ihre Examensarbeit zu recherchieren. Hierbei empfiehlt sich grundsätzlich, die bibliographische Arbeit an der lokalen Universitätsbibliothek sowie der jeweiligen Fachbibliothek (Seminarbibliothek, Institutsbibliothek, Bereichsbibliothek) zu beginnen, da man auf diese Weise die gewünschte Literatur häufig sofort zur Verfügung hat.

Wie gut die Versorgung mit altertumswissenschaftlicher Literatur an einer Universitätsbibliothek ist, hängt allerdings auch davon ab, welches Gewicht die Altertumswissenschaften innerhalb des Fächerspektrums der einzelnen Universität besitzen. Daher erfordert wissenschaftliche Arbeit auch immer die Kenntnis der deutschen und in vielen Fällen auch der internationalen Bibliotheks- und Forschungslandschaft, denn altertumswissenschaftliche Bibliotheken sind stets Teil altertumswissenschaftlicher Forschungseinrichtungen.

<small>Staats-, Landes- oder
Regionalbibliotheken</small>

Für die Bearbeitung altertumswissenschaftlicher Fragestellungen können in Deutschland neben den Universitätsbibliotheken unterschiedliche Bibliothekstypen relevant sein. Staats-, Landes- oder Regionalbibliotheken besitzen häufig eine reiche, manchmal Jahrhunderte alte Geschichte und verfügen über Sammlungen mit Schwerpunkten im Bereich klassischer Wissenschaftsfächer, zu denen traditionell die Altertumswissenschaften gehören. Insbesondere für die Klassische Philologie sind diese Bibliotheken wichtig, da ihre Sammlungen beispielsweise Editionen aus der Zeit der Wiederentdeckung von Werken der Antike beherbergen, die nicht nur für wissenschaftsgeschichtliche Fragestellungen wichtig sind. Sofern im Laufe der Geschichte in die Sammlungen dieser Bibliotheken auch ehemalige Klosterbibliotheken, die antike Literatur in handschriftlichen Kopien mittelalterlicher Mönche überliefern, gelangt sind, finden sich sogar Zeugen griechischer oder lateinischer Texte, die vielleicht niemals zuvor philologisch erforscht worden sind.

<small>Nationalbibliothek</small>

Schließlich gibt es in Deutschland, wie auch in anderen Ländern, eine *Nationalbibliothek*, die seit ihrer Gründung als *Deutsche Bücherei* 1912 in Leipzig sämtliche in Deutschland oder in deutscher Sprache erschienenen Publikationen sammelt und auf diese Weise das wissenschaftliche und kulturelle Erbe der Nation dauerhaft archiviert. Für spezielle wissenschaftsgeschichtliche Fragestellungen im Bereich der Altertumswissenschaften auf der Basis deutschsprachiger Forschung kann es daher notwendig sein, Literatur an den heutigen Standorten der Nationalbibliothek in Frankfurt und Leipzig einzusehen.

> **Tipp**
>
> Für eine systematische altertumswissenschaftliche Literaturrecherche ist es hilfreich, die für die Altertumswissenschaften relevante Struktur des wissenschaftlichen Bibliothekswesens sowie der altertumswissenschaftlichen Forschungslandschaft zu kennen, da jede Forschungseinrichtung über eine entsprechende Bibliothek verfügt, in deren OPAC auch bibliographische Spezialrecherchen durchgeführt werden können.

6.2 Verteilte retrospektive Nationalbibliothek – *Handbuch der historischen Buchbestände in Deutschland, Österreich und Europa* und *Sammlung Deutscher Drucke (SDD)*

Da die *Deutsche Bücherei* das gesamte deutsche Schrifttum erst ab dem Jahr 1913 sammelt, wurde insbesondere für die klassischen geisteswissenschaftlichen Fächer das Fehlen einer zentralen Archivbibliothek für die Jahrhunderte seit Einführung des Buchdrucks als großer Mangel spürbar. Der Grund dafür liegt in den Besonderheiten der deutschen Geschichte: Vor der Gründung eines deutschen Nationalstaates unter Führung Preußens im 19. Jahrhundert existierten auf dem Territorium des Heiligen Römischen Reiches deutscher Nation seit dem Mittelalter die unterschiedlichsten Herrschaftsgebiete, die eine außergewöhnlich reiche, aber stark zersplitterte Bibliothekslandschaft entstehen ließen. Besonders alte Sammlungen besaßen beispielsweise Klöster, Städte, Universitäten oder Fürsten. Mit der Säkularisation um die Wende zum 19. Jahrhundert gelangten die gelehrten mittelalterlichen Klosterbibliotheken in den Besitz weltlicher Bibliotheken, wo sie sich noch heute befinden.

Bibliothekslandschaft und Bibliotheksgeschichte

Für geisteswissenschaftliche Forschung im Allgemeinen, für altertumswissenschaftliche Disziplinen im Besonderen, ist die in historischen Bibliotheken oder historischen Sammlungen moderner Bibliotheken überlieferte Literatur von grundlegender Bedeutung: einerseits als Dokumentation der Forschungsgeschichte, andererseits als Forschungsgegenstand selbst. Die Problematik, die von der Geisteswissenschaft erkannt wurde, lag in der unzureichenden Nachweissituation dieser wertvollen Bestände. Bernhard Fabian hatte diese Situation

historische Sammlungen

in seinem 1983 erschienenen Werk *Buch, Bibliothek und geisteswissenschaftliche Forschung* prägnant beschrieben und damit eine Reihe von einflussreichen Projekten initiiert, durch die geisteswissenschaftliche Forschung heute auf einer ganz anderen Grundlage steht.

Handbuch der Historischen Buchbestände

Eines dieser Projekte war die Erarbeitung des *Handbuchs der Historischen Buchbestände in Deutschland, Österreich und Europa*, das zwischen 1992 und 2000 von Bernhard Fabian herausgegeben wurde. Dieses Handbuch ist heute für jeden historisch arbeitenden Geisteswissenschaftler, insbesondere auch für Altertumswissenschaftler, unverzichtbar. Nur hier ist ein zuverlässiger Überblick über die Geschichte der oft Jahrhunderte alten Sammlungen historischer Bibliotheken zu gewinnen. Insbesondere beispielsweise für die Frage der Überlieferung der antiken Literatur in Mittelalter und Neuzeit nördlich der Alpen können hier die oftmals verwischten Spuren konkret verfolgt werden.

Verteilte Nationalbibliothek

Eine andere, zukunftsweisende Idee war Fabians Konzept einer Verteilten Nationalbibliothek, mit der die aus den Besonderheiten der deutschen Geschichte resultierenden signifikanten Lücken in der Überlieferung der gedruckten deutschen Literatur gezielt geschlossen werden könnten. Dabei sollten fünf deutsche Bibliotheken, die in definierten Zeitsegmenten die reichsten historischen Bestände besaßen und damit die beste Grundlage für eine Vervollständigung boten, rückwirkend sämtliche gedruckten Werke des deutschen Sprach- und Kulturraumes vom Beginn des Buchdruckes bis heute sammeln, bibliographisch erschließen und erforschen. Im Jahr 1989 schlossen sich neben der Deutschen Nationalbibliothek fünf weitere Bibliotheken zur *Arbeitsgemeinschaft Sammlung Deutscher Drucke* (*AG SDD*) zusammen, die bis heute für folgende Epochen des Buchdrucks verantwortlich sind (Abb. 20):

Sammlung Deutscher Drucke

- 1450–1600: Bayerische Staatsbibliothek München
- 1601–1700: Herzog August Bibliothek Wolfenbüttel
- 1701–1800: Niedersächsische Staats- und Universitätsbibliothek Göttingen
- 1801–1870: Universitätsbibliothek Johann Christian Senckenberg Frankfurt am Main
- 1871–1912: Staatsbibliothek zu Berlin – Preußischer Kulturbesitz
- 1913ff.: Deutsche Nationalbibliothek Leipzig/Frankfurt am Main

Tipp

Für die Altertumswissenschaften, insbesondere für die Klassische Philologie, sind diese Bibliotheken mit ihren kostbaren Sammlungen, die zu Teilen inzwischen auch digitalisiert sind, von großer Bedeutung: So findet man in der Bayerischen Staatsbibliothek sowohl die Werke der Humanisten, deren Ziel es nicht allein war, durch ihren bewussten Griff *ad fontes* die griechische und lateinische Literatur der Antike der Vergessenheit zu entreißen, als auch die Werke der neulateinischen

Dichter, die ein neues Kapitel der lateinischen Literaturgeschichte aufschlugen. Da das Lateinische bis weit in die Epoche der Aufklärung des 18. Jahrhunderts auch den deutschen Buchmarkt dominierte, stellen die Sammlungen der Herzog August Bibliothek Wolfenbüttel und der Staats- und Universitätsbibliothek Göttingen wichtige Quellen für das Fortleben der Latinität in der Neuzeit dar.

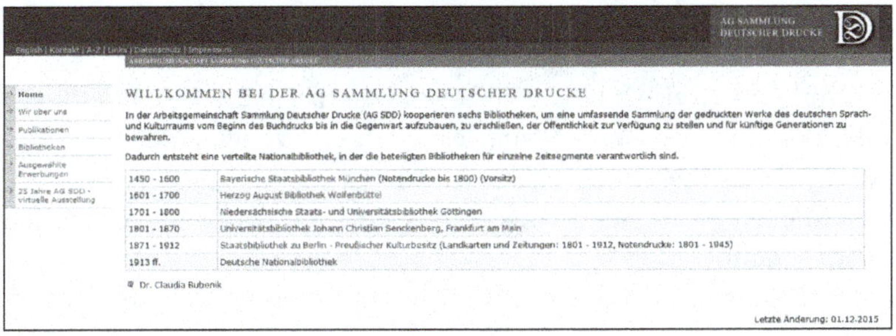

Abb. 20: Arbeitsgemeinschaft Sammlung Deutscher Drucke (AG SDD).

Die von den Bibliotheken der Arbeitsgemeinschaft Sammlung Deutscher Drucke erarbeiteten Bibliographien, in denen das schriftliche kulturelle Erbe Deutschlands dokumentiert und künftig im Volltext zugänglich gemacht wird, werden im Teil *Advanced* vorgestellt: *Verzeichnis der Drucke des 16. Jahrhunderts* (VD16), *Verzeichnis der Drucke des 17. Jahrhunderts* (VD17), *Verzeichnis der Drucke des 18. Jahrhunderts* (VD18).

VD 16
VD 17
VD 18

6.3 Verteilte nationale Forschungsbibliothek – von den Sondersammelgebieten (SSGs) zu den Fachinformationsdiensten für die Wissenschaft (FIDs)

Das Konzept der verteilten retrospektiven Nationalbibliothek steht im Zusammenhang mit dem Gedanken der verteilten nationalen Forschungsbibliothek. Beide Strukturen ergänzen sich und sind bei der altertumswissenschaftlichen Literaturrecherche zu berücksichtigen. Da die Umwandlung des traditionellen Systems der Sondersammelgebiete (*SSGs*) in die neue Struktur der Fachinformationsdienste (*FIDs*) gegenwärtig erst am Anfang steht, sind die aktuellen Informationen den jeweiligen Webauftritten der *FIDs* zu entnehmen.

Als durch den Zweiten Weltkrieg in Deutschland wissenschaftliche Bibliotheken zum Teil bedeutende Verluste erlitten hatten und die finanzielle Situation es selbst großen Einrichtungen nicht erlaubte, aktuelle Forschungsliteratur in weitgehender Vollständigkeit zu sammeln, rief

Deutsche Forschungsgemeinschaft

DFG

die *Notgemeinschaft der deutschen Wissenschaft*, die *heutige Deutsche Forschungsgemeinschaft* (*DFG*), im Jahr 1949 den sogenannten Sondersammelgebietsplan ins Leben, der seit 1965 als dauerhafte Einrichtung systematisch ausgebaut wurde. Dieser legte fest, welche Bibliothek in Deutschland für welche Wissenschaftsdisziplin die internationale Forschungsliteratur möglichst umfassend sammeln sollte, um sicher zu stellen, dass jedes relevante Buch wenigstens in einem einzigen Exemplar in Deutschland vorhanden ist.

Sondersammelgebiete

Auf diese Weise bildeten bisher 39 wissenschaftliche Bibliotheken mit insgesamt 110 Sondersammelgebieten eine verteilte nationale Forschungsbibliothek, auf deren Sammlungen von jeder anderen wissenschaftlichen Bibliothek Deutschlands über die Fernleihe zugegriffen werden kann.

Fachinformationsdienste

Seit dem Jahr 2013 wird dieses etablierte System der Sondersammelgebiete grundlegend modernisiert, um den gegenwärtigen Bedürfnissen der Wissenschaft sowie den veränderten Publikationsgewohnheiten, die insbesondere durch digitale Formate geprägt werden, flexibler Rechnung zu tragen. Hatten die früheren Sondersammelgebietsbibliotheken die Aufgabe, die relevante gedruckte nationale und internationale Forschungsliteratur möglichst umfassend zu sammeln (*Bestands*orientierung), so werden sich die neuen *Fachinformationsdienste für die Wissenschaft* (*FID*) enger als bisher an den konkreten Bedürfnissen der jeweiligen Fachcommunity ausrichten (*Bedarfs*orientierung) und digitale Publikationen und Dienstleistungen signifikant ausbauen.

Tipp

Dokumentiert wird das System der Sondersammelgebiete und Fachinformationsdienste auf der Seite *Webis – Sammelschwerpunkte an deutschen Bibliotheken* (Abb. 21).

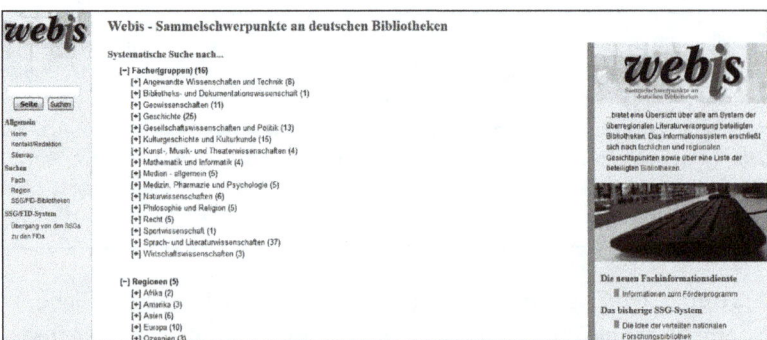

Abb. 21: Webis – Sammelschwerpunkte an deutschen Bibliotheken.

6.4 Sondersammelgebiete (SSGs) und Fachinformationsdienste (FIDs) in den Altertumswissenschaften

Auch in den Altertumswissenschaften wird das bisherige System der Sondersammelgebiete in einen Fachinformationsdienst umgewandelt. Da dieser erst seit dem Jahr 2016 aufgebaut wird, soll ein kurzer Überblick über die Sammelprofile der bisherigen altertumswissenschaftlichen Sondersammelgebiete vorangestellt werden. Das Sondersammelgebiet *Klassische Altertumswissenschaft einschließlich Alte Geschichte, Mittel- und Neulateinische Philologie* (*SSG 6.12*) wurde bisher von der Bayerischen Staatsbibliothek (BSB) München betreut und umfasste folgende Fächer und Fachgebiete:

- Altertumswissenschaft, Allgemeines
- Klassische Philologie
- Alte Geschichte und Grundwissenschaften (Numismatik, Epigraphik, Papyrologie, Onomastik, Prosopographie, Chronologie, Historische Geographie, Topographie)
- Mittel- und Neulateinische Philologie
- nicht-literarische Texte der Antike und des Mittelalters und dazugehörige Sekundärliteratur

Bayerische Staatsbibliothek (BSB)

SSG Klassische Altertumswissenschaft

Die gesammelte Literatur umfasst regional und zeitlich die gesamte griechisch-römische Antike und berücksichtigt Forschungsliteratur aller Sprachen.

Neben der *Klassischen Altertumswissenschaft* war an der Bayerischen Staatsbibliothek auch das Sondersammelgebiet *Vor- und Frühgeschichte* (SSG 6.11) angesiedelt. Auch hier wurde der zeitliche, regionale und sprachliche Rahmen umfassend gesteckt und Forschungsliteratur zur Vor- und Frühgeschichte, die mit dem Beginn der klassischen Antike beziehungsweise mit der Zugehörigkeit zum Römischen Reich endet, in sämtlichen Sprachen zu beinahe allen Regionen Europas gesammelt. Zu anderen Sondersammelgebieten gehörten *Baltische Länder* (SSG 7.44), *Skandinavien* (SSG 7.22) und *Ungarn* (SSG 7.52).

SSG Vor- und Frühgeschichte

Neben der Bayerischen Staatsbibliothek München ist die Universitätsbibliothek Heidelberg die für die Altertumswissenschaften wichtigste deutsche Bibliothek. An dieser waren bisher ebenfalls mehrere wichtige Sondersammelgebiete angesiedelt: *Klassische Archäologie, Ägyptologie* (SSG 6.14), *Allgemeine Kunstwissenschaft, Mittlere und Neuere Kunstgeschichte bis 1945* (SSG 9.10).

Universitätsbibliothek Heidelberg

Zum Sondersammelgebiet *Klassische Archäologie* (SSG 6.14) gehörten thematisch neben der klassischen griechisch-römischen Kultur

SSG Klassische Archäologie

auch die ältere minoische und mykenische Epoche, Etruskologie sowie Provinzialrömische und Christliche Archäologie. Von besonderer Bedeutung für altertumswissenschaftliches Arbeiten war schließlich der Schwerpunkt *Geschichte, Theorie und Methoden der Archäologie*.

SSG Ägyptologie

Das Sondersammelgebiet *Ägyptologie* (SSG 6.21) bot eine wichtige Ergänzung für das Sondersammelgebiet *Klassische Archäologie*, denn es widmete sich der an das Mittelmeer angrenzenden antiken Hochkultur, die bereits blühte, als sich die griechische Kultur aus minoischen und mykenischen Vorläufern erst entwickelte. Der zeitliche Rahmen dieses Sondersammelgebiets, etwa 4000 v. Chr.–400 n. Chr., reichte von der Vor- und Frühgeschichte Ägyptens über die Pharaonenzeit bis in griechisch-römische und spätantik-byzantinische Zeit und umfasste Archäologie, Geschichte, Kunst, Schrift, Sprache und Religion, wobei die koptische Kultur des christlichen Ägypten besondere Berücksichtigung fand.

SSG Allgemeine Kunstwissenschaft, Mittlere und Neuere Kunstgeschichte

Das Sondersammelgebiet *Allgemeine Kunstwissenschaft, Mittlere und Neuere Kunstgeschichte bis 1945* (SSG 9.10) kann einerseits für eher methodische oder systematische kunstwissenschaftliche Fragestellungen innerhalb der Klassischen Archäologie von Bedeutung sein, andererseits für Fragen der Rezeption antiker Kunst bis in die Gegenwart.

FID Altertumswissenschaft Propylaeum

Auch wenn das bisherige System der altertumswissenschaftlichen Sondersammelgebiete gegenwärtig durch den von der Bayerischen Staatsbibliothek München und der Universitätsbibliothek Heidelberg konzipierten *Fachinformationsdienst Altertumswissenschaft – Propylaeum* abgelöst wird (s. S. 63ff.), so bleiben doch die innerhalb der Sondersammelgebiete über Jahrzehnte sorgfältig aufgebauten Kollektionen auch für die künftige altertumswissenschaftliche Forschung relevant.

Tipp

> Für eine erste vertiefte bibliographische Recherche in den Altertumswissenschaften empfiehlt es sich, in den Online-Katalogen der zuständigen *SSG*- bzw. *FID*-Bibliotheken zu recherchieren.

6.5 Virtuelle Fachbibliotheken (ViFas)

Fernleihe und Dokumentlieferdienste

Seitdem sich das Internet immer mehr für fachwissenschaftliche Angebote geöffnet hatte, traten zur Aufgabe der Sondersammelgebietsbibliotheken, gedruckte Literatur zu sammeln und nachzuweisen, neue Handlungsfelder hinzu, beispielsweise die Entwicklung *Virtueller Fachbibliotheken* (*ViFas*). Virtuelle Fachbibliotheken sind Portale, die einen webbasierten Zugang zu den deutschlandweit und weltweit verteilten digitalen fachwissenschaftlichen Ressourcen ermöglichen und darüber hinaus vielfältige Fachservices bieten. So wird durch die bibliotheksübergreifende Recherche ein gezielter Bestandsnachweis für gesuchte Literatur möglich, um eine Fernleihe vorzubereiten (s. S. 44f.). Insbesondere die Publikation fachwissenschaftlicher Texte gemäß dem Prinzip des Open Access entwickelt sich zu einer immer wichtigeren Aufgabe der neuen Fachinformationsdienste und – sofern vorhanden und weiter gepflegt – der Virtuellen Fachbibliotheken.

6.5.1 Propylaeum – Fachinformationsdienst Altertumswissenschaften

Propylaeum ist zentrales Fachportal und Virtuelle Fachbibliothek für die Altertumswissenschaften in Deutschland. Es bietet neben einer verteilten Suche über die relevanten Bibliothekskataloge und Spezialdatenbanken strukturierte Einstiege in altertumswissenschaftliche Fachressourcen sowie weitere wissenschaftliche Services an.

Die für die Altertumswissenschaften in Deutschland zuständigen früheren Sondersammelgebietsbibliotheken, die Bayerische Staatsbibliothek München und die Universitätsbibliothek Heidelberg, tragen seit dem 1. Januar 2016 gemeinsam den Fachinformationsdienst Altertumswissenschaften *Propylaeum*, dem ein interdisziplinäres Verständnis der Altertumswissenschaften zu Grunde liegt (Abb. 22). Die Bayerische Staatsbibliothek ist für die Fächer Byzantinistik, Alte Geschichte, Klassische Philologie, Mittel- und Neulateinische Philologie und Vor- und Frühgeschichte verantwortlich, die Universitätsbibliothek Heidelberg für Ägyptologie und Klassische Archäologie. Obwohl die Altorientalistik gegenwärtig nicht berücksichtigt wird, ist der *Fachkatalog Alter Orient* der Universitätsbibliothek Tübingen auch weiterhin in *PropylaeumSEARCH* integriert und es werden die bibliographischen Daten der *Keilschriftbibliographie online* (s. S. 91f.) mit *PropylaeumSEARCH* verlinkt.

Die bereits 2007 begründete Virtuelle Fachbibliothek *Propylaeum* konzentriert sich als Fachinformationsdienst in Zukunft auf folgende Handlungsfelder:
- Bereitstellung von Informationsressourcen
- Ausbau der fachspezifischen Informationsinfrastruktur von *Propylaeum/PopylaeumSEARCH*
- Elektronisches Publizieren im Open Access – Propylaeum-E-Publishing
- Nachhaltigkeit für exzellente Fachinformation
- Linked Open Data – *Digital Classics*
- Wissenschaftskommunikation/Öffentlichkeitsarbeit/Marketing

Bayerische Staatsbibliothek München

Universitätsbibliothek Heidelberg

Handlungsfelder

Informationsinfrastruktur

Insofern bildet *Propylaeum* die zentrale Informationsinfrastruktur des Fachinformationsdienstes Altertumswissenschaften und bietet einen zentralen Zugang zur altertumswissenschaftlichen Fachinformationsrecherche, zu Volltexten fachwissenschaftlicher Publikationen sowie zu den Werkzeugen und Diensten des Fachinformationsdienstes.

Rechercheoptionen

Es existieren mehrere übersichtliche Zugriffs- und Recherchemöglichkeiten: Neben der Option, über alle Disziplinen gleichzeitig zu recherchieren, wird auch eine jeweils fachspezifische Sicht auf die Einzeldisziplinen angeboten. Die horizontale Menüleiste am Kopf der Seite beinhaltet den direkten Zugriff auf die jeweiligen *Fächer*, die *Suche* über *PropylaeumSEARCH*, *Publizieren*, *Themen*, *Service*, *Netzwerke* und einen *Blog*.

Abb. 22: Propylaeum.

PropylaeumSEARCH

Im Sinne des Konzepts einer Virtuellen Fachbibliothek ermöglicht die Suchmaske *PropylaeumSEARCH* eine parallele, differenzierte Recherche nach altertumswissenschaftlicher Literatur und Informationsressourcen über deutschlandweit relevante Bibliothekskataloge, bibliographische Fachdatenbanken, Digitale Sammlungen/Volltexte, Internetressourcen, Nationallizenzdatenbanken (Abb. 23). Im Einzelnen werden unter anderem folgende Kataloge und Datenbanken von *PropylaeumSEARCH* erfasst:

- *Fachkatalog Altertumswissenschaften* (Bayerische Staatsbibliothek München)
- *Volltextkollektion Altertum 1800–1870* (Bayerische Staatsbibliothek München)

- *Fachkatalog Klassische Archäologie* (Universitätsbibliothek Heidelberg)
- Verbundkatalog *iDAI.biblioghraphy/ZENON* (DAI)
- *Fachkatalog Alter Orient* (Universitätsbibliothek Tübingen)
- Katalog der Bibliothek des Römisch-Germanischen Zentralmuseums Mainz (RGZM)
- *OLC-SSG Altertumswissenschaften*
- *Gnomon* Bibliographische Datenbank
- *Bielefeld Academic Search Engine (BASE)*
- *Katalog der Internetressourcen KIRKE*

Wie im Falle der Literaturrecherche in Online-Katalogen oder bibliographischen Fachdatenbanken empfiehlt es sich auch in *Propylaeum-SEARCH*, die erweiterte Suche zu verwenden, auch um von der Möglichkeit der thematischen Schlagwortsuche profitieren zu können.

erweiterte Suche und Schlagwortsuche

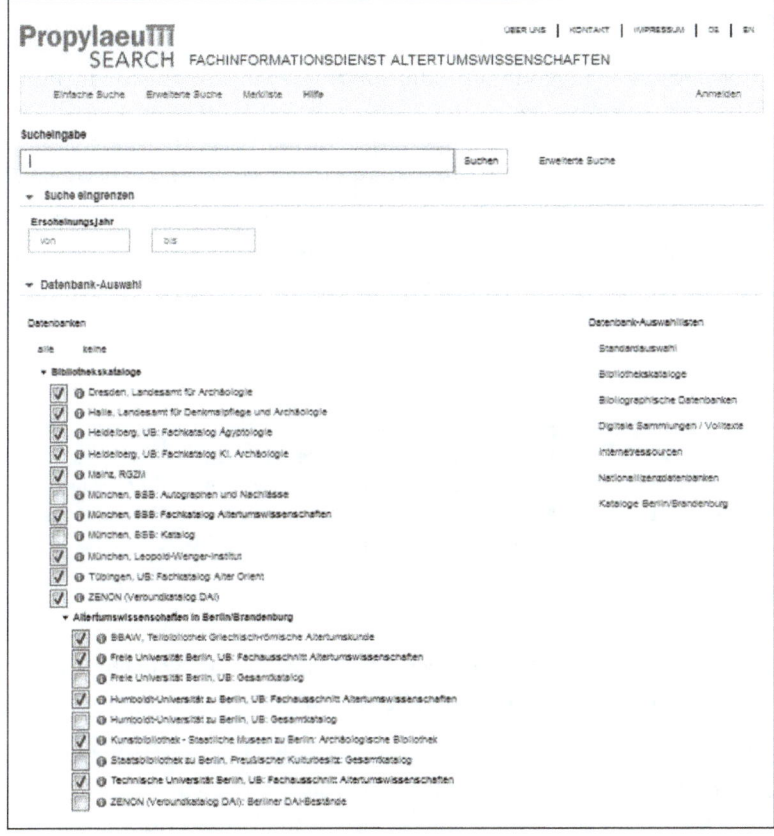

Abb. 23: PropylaeumSEARCH.

Publizieren

Publizieren ist eines der Zukunftsfelder des Fachinformationsdienstes. Die Publikationsplattform *Propylaeum-DOK* bietet Forschenden die Möglichkeit, ihre Texte kostenlos elektronisch nach den Grundsätzen des Open Access zu veröffentlichen. Eine elektronische Zweitveröffentlichung bereits gedruckter Schriften ist möglich. Den Dokumenten werden standardisierte Adressen und bibliographische Metadaten zugewiesen, so dass sie dauerhaft referenzierbar und in nationalen und internationalen Bibliothekskatalogen recherchierbar sind.

Mit dem Service *Propylaeum-eJournals* bietet der Fachinformationsdienst die Möglichkeit auf der Basis der Software *Open Journal System*, elektronische Zeitschriften zu veröffentlichen – beispielsweise im Zusammenhang mit Forschungsprojekten. Als Pendant dazu für den Bereich altertumswissenschaftlicher Monographien steht *Propylaeum-eBooks* zur Verfügung. Hier ist eine Open-Access-Veröffentlichung sowohl als Erstpublikation auf dem *goldenen Weg* als auch als Zweitveröffentlichung auf dem *grünen Weg* möglich (s. S. 13ff.). Die Einhaltung wissenschaftlicher Qualitätsstandards durch Begutachtungsverfahren ist selbstverständlich.

Forschungsdaten

Neben den Ergebnissen altertumswissenschaftlicher Forschung in Gestalt von Aufsätzen oder Monographien wird *Propylaeum* perspektivisch als Forschungsdatenrepositorium auch altertumswissenschaftliche Primär- bzw. Rohdaten archivieren. Auf diese Weise können innerhalb eines einzigen Fachportals sowohl Forschungsdaten als auch die auf diesen beruhenden Publikationen gemeinsam veröffentlicht und recherchiert werden. *Propylaeum* kooperiert dabei mit *IANUS – Forschungsdatenzentrum Archäologie & Altertumswissenschaften* (s. S. 162ff).

Tipp

> Wenn auch *PropylaeumSEARCH* die Arbeit insbesondere mit den einzelnen bibliographischen Spezialdatenbanken nicht vollständig ersetzen kann, so lässt sich doch ein differenzierter Überblick über altertumswissenschaftliche Literatur gewinnen. Einige der hier genannten Kataloge, Datenbanken und Verzeichnisse werden im Teil *Advanced* im Einzelnen vorgestellt.

6.5.2 Blick über den Tellerrand: weitere altertumswissenschaftlich relevante Virtuelle Fachbibliotheken

Webis

Mit *Propylaeum* steht das wichtigste deutsche Fachportal für die Gesamtheit altertumswissenschaftlicher Disziplinen zur Verfügung. Je nach Forschungsfrage aber, insbesondere im Hinblick auf interdisziplinäre Perspektiven, können auch weitere Virtuelle Fachbibliotheken im Rahmen einer Literatur- und Quellenrecherche konsultiert werden.

Hier empfiehlt es sich, über das Portal für die deutschen Sondersammelgebiete, *Webis*, den gesuchten Sondersammelschwerpunkt auszuwählen und zu erkunden, welche Virtuelle Fachbibliothek mit diesem verbunden ist (s. S. 60).

So sind beispielsweise in der Klassischen Archäologie Fragestellungen denkbar, die die Rezeption einer bestimmten Ikonographie durch spätere Epochen der Kunst hindurch verfolgen oder die Entwicklung bestimmter architektonischer Bauformen in nachantiker Zeit untersuchen. Da diese Thematik in die Kunstgeschichte fällt, informiert man sich auf dem Portal *Webis* über das entsprechende Sondersammelgebiet *Allgemeine Kunstwissenschaft, Mittlere und Neuere Kunstgeschichte bis 1945* an der Universitätsbibliothek Heidelberg und erfährt, dass die Virtuelle Fachbibliothek *arthistoricum.net* eine Metasuche über die wichtigsten kunstwissenschaftlichen Ressourcen ermöglicht, in denen Literatur zur Rezeption antiker Kunst und Architektur aufgefunden werden kann.

arthistoricum.net

Auch innerhalb der Klassischen Philologie sind rezeptionsgeschichtliche Fragestellungen nicht selten, beispielsweise die Untersuchung des Einflusses lateinischer Literatur auf deutsche Schriftsteller der Neuzeit. Ergänzend zur Recherche in *Propylaeum* kann in der Virtuellen Fachbibliothek Germanistik *Germanistik im Netz (GiN)* eine Metasuche über die unterschiedlichen relevanten Datenbanken und Fachressourcen durchgeführt werden.

Germanistik im Netz (GiN)

6.6 Portale

6.6.1 Propylaeum – Fachinformationsdienst Altertumswissenschaften

Propylaeum (s. S. 63ff.) ist das zentrale Fachportal für die Altertumswissenschaften in Deutschland. Es bietet neben einer verteilten Suche über relevante Bibliothekskataloge und Spezialdatenbanken im Sinne einer Virtuellen Fachbibliothek strukturierte Einstiege in weitere altertumswissenschaftliche Fachressourcen, Forschungsdaten, Publikationsservices und Themen.

6.6.2 Archäologie Online

Das Fachportal *Archäologie Online* besitzt den Schwerpunkt auf der Ur- und Frühgeschichte. Es verfügt über unterschiedliche Fachservices, die nicht nur für die Wissenschaft relevant sind, sondern zugleich eine weite Fachöffentlichkeit über archäologische Themen in den Medien informiert.

von der Linksammlung zum Fachportal

Archäologie Online ist die Weiterentwicklung der fachspezifischen Linksammlung des Instituts für Archäologische Wissenschaften (Abteilung für Urgeschichtliche Archäologie; Abteilung für Frühgeschichtliche Archäologie und Archäologie des Mittelalters) der Albert-Ludwigs-Universität Freiburg i. Br. (Abb. 24). Dieses Angebot macht deutlich, wie sich aus einem unmittelbar in der Forschung verankerten Angebot für Studierende und Lehrende vor Ort ein überregionales Fachportal entwickeln und erfolgreich etablieren kann. *Archäologie Online* umfasst nicht nur aktuelle Nachrichten, Artikel und Veranstaltungshinweise rund um die Archäologie (*Magazin*), sondern auch Rezensionen und Tagungsberichte (*Bibliothek*) sowie Videos und Podcasts (*Mediathek*). Im Bereich *Forum* können sich Fachpublikum und Laien über aktuelle Themen austauschen.

Abb. 24: Archäologie Online.

Digger – die archäologische Suchmaschine

Der *Guide* des Portals ist ein redaktionell gepflegtes, umfangreiches Linkverzeichnis für archäologische Webseiten. Die Inhalte lassen sich über einen geographischen, chronologischen und thematischen Zugang erschließen und können von den Lesern bewertet und kommentiert werden. Auf diesem Link-Katalog aufbauend bietet die archäologische Suchmaschine *Digger* die Möglichkeit, die dort erfassten Seiten im Volltext zu durchsuchen und so weitere relevante Inhalte zu finden.

Archäologie Online bietet aktuelle und zuverlässige Informationen zu wissenschaftlichen Themen mit einem Schwerpunkt auf der Ur- und Frühgeschichte und ergänzt auf diese Weise die Angebote von *Propylaeum*.

6.6.3 Hethitologie-Portal Mainz (HPM)

Das *Hethitologie-Portal Mainz* (*HPM*) ist eine zentrale Plattform, die Quellen, Dokumente und Daten zur hethitologischen Forschung sammelt, publiziert, miteinander vernetzt, um Forschungskooperationen zu erleichtern und neue Arbeitstechniken zu erproben.

Digitale Hethitologie

Das *Hethitologie-Portal Mainz (HPM): Die E-Infrastruktur für Hethitologie und verwandte Gebiete* (Abb. 25) ging aus einem DFG-Projekt der Akademie der Wissenschaften und Literatur Mainz mit der Universität Würzburg hervor. Dieses hatte zum Ziel, eine Informationsinfrastruktur für digitale Publikation keilschriftlicher Staatsverträge der Hethiter und für darauf bezogene netzbasierte Forschungskooperation zu entwickeln. Der rasche Fortschritt hethitologischer Forschungen machte eine dynamische Umgebung zur Edition von Quellen und Publikation von Forschungsergebnissen notwendig. Inzwischen hat sich das Portal zu einer durch zahlreiche Hethitologen im In- und Ausland kooperativ ausgebauten Plattform für den Nachweis vielfältiger Ressourcen zur Erforschung der hethitischen Kultur entwickelt.

Abb. 25: Hethitologie-Portal Mainz (HPM).

Im Einzelnen umfasst das Angebot des *Hethitologie-Portals Mainz* folgende Ressourcen:
- Datenbank *Konkordanz der hethitischen Keilschrifttafeln* (S. Kosak)
- *Catalog der Texte der Hethiter (CTH)* (S. Kosak, G. G. W. Müller)
- Textcorpora (Textzeugnisse der Hethiter, Altassyrische Texte, Nuzi-Texte)

- Bibliographien (z. B. Hethitische Bibliographie, Bibliothek der Forschungsstelle Mainz)
- Fotoarchive (Mainzer Photoarchiv, Altassyrische Photothek)
- eBooks
- Einführung zu XML und die Aufbereitung altorientalischer Texte für die Elektronische Datenverarbeitung
- Unicode Keilschrift Fonts
- Luwische Hieroglyphen Fonts

Schließlich ermöglicht die Dokumentation abgeschlossener und laufender hethitologischer Forschungsprojekte einen Einblick in aktuelle Trends des Fachs.

7 Googelst Du noch oder recherchierst Du schon? Allgemeine Suchmaschinen und wissenschaftliche Recherche

7.1 Allgemeine Suchmaschinen

WWW, HTTP, HPPS

Allein in dem Teil des Internet, dessen durch Hyperlinks miteinander verknüpfte Webseiten das *World Wide Web* (*WWW*) bilden, finden sich Milliarden von Dokumenten. Über die Protokolle *HTTP* oder *HTTPS* miteinander verknüpft, enthalten Webseiten unterschiedlichste Informationen wie beispielsweise Texte, Bilder, Tondokumente, Videos, Datenbanken oder Software. Der Zugriff auf die Webseiten des WWW erfolgt über Webbrowser.

Googlen

Um innerhalb der in ihrer Quantität kaum noch zu beziffernden Dokumente und Daten im World Wide Web für den täglichen Informationsbedarf navigieren zu können, werden in der Regel allgemeine Suchmaschinen wie Google genutzt, weswegen *Googeln* häufig als Synonym für eine Internetrecherche verwendet wird. Auch bei der wissenschaftlichen Recherche im Internet spielt Google inzwischen eine Rolle, die aber signifikant überschätzt wird. Um in Sekundenbruchteilen Milliarden von Webseiten und Dokumenten durchsuchen zu können, benötigen indexbasierte Suchmaschinen in der Regel Programme (1.) zur Sammlung sämtlicher relevanter Daten, (2.) zu deren Strukturierung und Indizierung sowie (3.) zur Bearbeitung der einzelnen Suchanfragen.

Surface Web, Deep Web

In die generierten Treffermengen können allerdings nur diejenigen Dokumente Eingang finden, die eine Suchmaschine überhaupt erfasst. Trotz ständig verbesserter Software für die Indizierung von Begriffen und Algorithmen für das Ranking ist nur ein kleiner Teil des World Wide Web, das *Surface Web*, für allgemeine Suchmaschinen zugänglich. Das *Deep Web* hingegen wird von Suchmaschinen nicht indexiert (Abb. 26): Hierzu gehören insbesondere (altertums-) wissenschaftliche Fachdatenbanken, für deren Nutzung man sich authentifizieren muss. Man sollte daher bei altertumswissenschaftlicher Recherche im World Wide Web auf das *Googlen* möglichst verzichten und als fachspezifische Alternativen beispielsweise Virtuelle Fachbibliotheken wie *Propylaeum* oder den direkten Zugriff auf Fachdatenbanken, die im Teil *Advanced* vorgestellt werden, wählen.

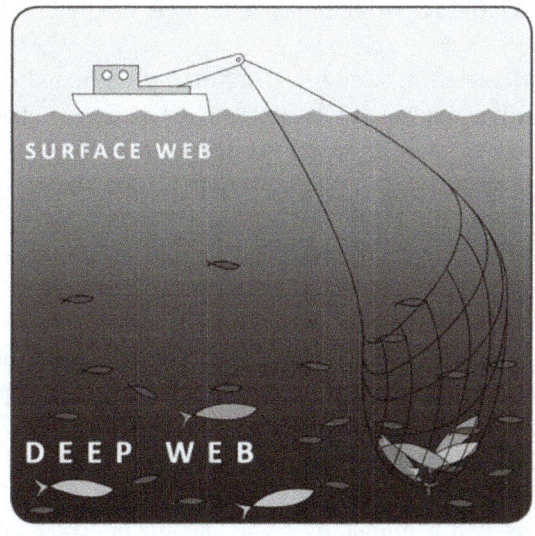

Abb. 26: Surface Web und Deep Web (Lotse-Team der Universitäts- und Landesbibliothek Münster: Skript zum Tutorial *In den Tiefen des Internet*, Stand: 12.01.2016).

Da bei wissenschaftlichen Recherchen die *Qualität* der Ergebnisse vor ihrer *Quantität* entscheidend ist, sollten nicht nur hochspezifische Fachressourcen ausgewählt, sondern auch die Formulierung präziser und zuweilen komplexer Suchanfragen angestrebt werden. Hier sind die Möglichkeiten allgemeiner Suchmaschinen innerhalb des World Wide Web begrenzt. Google bietet als Standardeinstellung einen einzigen Suchschlitz an, der in der Regel auch für wissenschaftliche Recherchen genutzt wird. Die erweiterte Suche bei Google ermöglicht zwar zahlreiche Einschränkungen, beispielsweise nach Sprachen, Dateiformaten oder Nutzungsrechten – nicht jedoch nach thematischen oder systematischen Kriterien wie nach Fachaspekten oder spezifischen Bibliothekskatalogen und Datenbanken.

Qualität statt Quantität

Ranking von Suchergebnissen

Das Geheimnis – und zugleich die Gefahr – der von einer Suchmaschine angezeigten Ergebnisse liegt schließlich in ihrem Ranking, das auf komplexen und oft nicht nachvollziehbaren Algorithmen beruht. Der Reihenfolge der Suchergebnisse – und damit der maschinell interpretierten Relevanz eines Dokumentes oder einer Ressource – können unterschiedliche Kriterien zu Grunde liegen, wie zum Beispiel:
- Position des gesuchten Begriffes bzw. der gesuchten Begriffe
- Häufigkeit des gesuchten Begriffes bzw. der gesuchten Begriffe
- Abstand der gesuchten Begriffe voneinander
- Häufigkeit der Verlinkung von Webseiten oder Dokumenten mit anderen Webseiten
- Häufigkeit des Zugriffs auf Webseiten oder Dokumente

Diese in der Regel nicht offen gelegten Kriterien des Rankings entscheiden also darüber, an welcher Position der Ergebnisliste eine durch die Suchmaschine gefundene Webseite oder ein Dokument platziert wird. Je weiter oben ein Treffer, desto größer die Chance der Auswahl durch den Rechercheur. Die Erfahrung zeigt jedoch, dass von einer Trefferliste allenfalls die ersten, wenigen Seiten durchgeblättert werden – alle übrigen Treffer bleiben folglich bei der Auswertung der Suche unberücksichtigt. Und da die jeweils angezeigte Trefferliste maschinell auf Grund formaler Kriterien generiert wird, ist die Wahrscheinlichkeit, inhaltlich wertvolle Ressourcen aufzufinden, in der Regel gering.

Suchmaschinen und Mainstream

Insbesondere das Kriterium der Häufigkeit des Aufrufs eines Dokumentes zeigt die Problematik sehr deutlich: Mainstream wird hoch gerankt, während neue, selten gefundene Ressourcen unsichtbar bleiben. Wissenschaft bedeutet aber gerade, ganz neue, unbekannte Dokumente zu entdecken und in den Erkenntnisprozess mit einzubeziehen. Der wissenschaftlichen Nutzung einer allgemeinen Suchmaschine sind daher deutliche Grenzen gesetzt.

Bibliometrie

Mit denselben Gründen sollte auch einem unreflektierten Vertrauen in die bibliometrische Analyse wissenschaftlicher Publikationen begegnet werden, die ebenfalls dahin zielt, aus der Häufigkeit der maschinell ermittelten Zitate eines wissenschaftlichen Textes durch andere wissenschaftliche Texte auf dessen fachliche Qualität zu schließen. Ein Text beispielsweise, der besonders breit im mündlichen Fachdiskurs rezipiert wird, aber seltener in Fußnoten anderer wissenschaftlicher Texte, kann maschinell natürlich nur als wenig relevant interpretiert werden.

7.2 Wissenschaftliche Suchmaschinen

7.2.1 Google Scholar

Um den Anforderungen der Wissenschaft mit dem Ziel der Suche nach wissenschaftlicher Literatur Genüge zu leisten, hat Google selbst eine Suchmaschine für Volltexte und bibliographische Angaben wissenschaftlicher Dokumente entwickelt, die auch auf das *Deep Web* zugreifen. *Google Scholar* sieht sich selbst *auf den Schultern von Riesen*, ermöglicht eine Suche nach wissenschaftlicher Literatur und indexiert im Volltext nicht nur Open-Access-Publikationen, sondern auch Verlagspublikationen und kostenpflichtige Dokumente, die nicht oder nicht vollständig online zur Verfügung stehen.

Auf den Schultern von Riesen...

Möglich ist dies, weil über sogenannte *OAI*-Schnittstellen (*Open Archives Initiative*) die Metadaten der über das Internet zugänglichen, auf Publikationsservern von wissenschaftlichen Institutionen und Verlagen archivierten Dokumente erfasst werden können.

OAI-Schnittstellen

Google Scholar generiert darüber hinaus aus den innerhalb der Volltexte enthaltenen Zitate eine Zitationsanalyse. Daher kann *Google Scholar* neben dem kostenpflichtigen *Arts & Humanities Citation Index* in der Datenbank *Web of Science* oder *Scopus* als frei zugängliche Zitationsdatenbank genutzt werden. Bei jedem Treffer erfährt man, wie oft dieser in anderen, von *Google Scholar* indexierten Dokumenten zitiert wird, woraus – bei aller gebotenen Vorsicht bei der Interpretation dieser Statistik – erste Hinweise darüber zu erhalten sind, wie fest verankert das Dokument innerhalb eines bestimmten Fachdiskurses ist.

Zitationsanalyse

> Für die Nutzung von *Google Scholar* empfiehlt es sich, unter *Einstellungen* die lokale Universitätsbibliothek auszuwählen, damit man im Falle eines lizenzpflichtigen Dokumentes direkt auf dieses zugreifen kann.

Tipp

Den einzelnen Treffern werden bei *Google Scholar* folgende Informationen zugeordnet:
- *Zitiert von:* Anzahl der von *Google Scholar* indexierten Dokumente, in denen das gefundene Dokument zitiert wird.
- *Ähnliche Artikel:* Weitere Dokumente, deren von *Google Scholar* definierte Ranking-Kriterien mit dem gefundenen Dokument übereinstimmen.
- *Alle Versionen:* Liste der unterschiedlichen Versionen des gefundenen Dokuments, beispielsweise als Volltext, Abstract, Zitation.
- *In Literaturverwaltung importieren:* Importmöglichkeit der bibliographischen Daten in ein Literaturverwaltungsprogramm.

- *Zitieren:* Umwandlung der bibliographischen Daten in Zitierformate.
- *Speichern:* dauerhafte Archivierung der bibliographischen Daten innerhalb einer Google-internen Bibliothek.
- *Bibliothekssuche:* Recherche der gefundenen bibliographischen Daten in WorldCat.
- *Linkresolver:* Zusätzlich zum WorldCat kann die lokale Universitätsbibliothek eingetragen werden.

Problematisch bei der Beurteilung der von *Google Scholar* präsentierten Ergebnisse ist die Tatsache, dass Google nicht offen legt, welche Datenbestände genau indexiert werden, und dass diesen ein sehr weiter Begriff von Wissenschaftlichkeit zu Grunde liegt. Dadurch ist es für Studierende ohne Erfahrung bei der Recherche wissenschaftlicher Literatur und Informationen oft schwierig, die von *Google Scholar* gelieferten Ergebnisse beurteilen zu können. *Google Scholar* eignet sich somit für den ersten Einstieg in die Recherche zu einem Thema, vermag jedoch differenzierte und auf Vollständigkeit zielende Recherchen in Fachdatenbanken, die über Thesauri, Klassifikationen, Abstracts und Verschlagwortung verfügen, nicht zu ersetzen.

7.2.2 Bielefeld Academic Search Engine (BASE)

Neben *Google Scholar* ist die an der Universitätsbibliothek Bielefeld entwickelte *Bielefeld Academic Search Engine* (*BASE*) eine der weltweit wichtigsten Suchmaschinen – insbesondere für die nach Grundsätzen des Open Access frei zugänglichen, auf zahlreichen institutionellen Repositorien archivierten wissenschaftlichen Dokumente aus allen Fachdisziplinen (Abb. 27). Über das *OAI Protocol for Metadata Harvesting* (*OAI-PMH*) sammelt, normalisiert und indexiert *BASE* die jeweiligen Metadaten dieser Dokumente. Gegenwärtig umfasst dieser Index, der kontinuierlich und systematisch erweitert wird, mehr als 60 Millionen Dokumente aus etwa 3.000 ausgewählten Quellen aus mehr als 100 Ländern (Stand: August 2015). Besonders attraktiv für eine breite wissenschaftliche Recherche ist das Spektrum der in *BASE* erfassten digitalen Dokumentarten: Bücher, Zeitschriften, Artikel, Dissertationen, Vorträge, Rezensionen, Audio- und Videodateien, Bilder, Noten und sogar Primärdaten. Im Vergleich zu *Google Scholar* bietet *BASE* folgende Vorzüge:
- intellektuelle, nach wissenschaftlichen Kriterien vorgenommene Auswahl der zu indexierenden Quellen

- exklusive Berücksichtigung fachlicher qualifizierter Dokumentenserver
- Transparenz der durchsuchten Datenquellen
- Erschließung von Internetquellen des *Deep Web*, die von kommerziellen Suchmaschinen nicht indexiert werden oder in deren großen Treffermengen untergehen
- personalisierter Zugriff auf die Datenbank mit der Möglichkeit der Speicherung von Suchanfragen und Rechercheergebnissen
- differenzierte Recherchemöglichkeiten
- Exportmöglichkeiten der ausgewählten Rechercheergebnisse

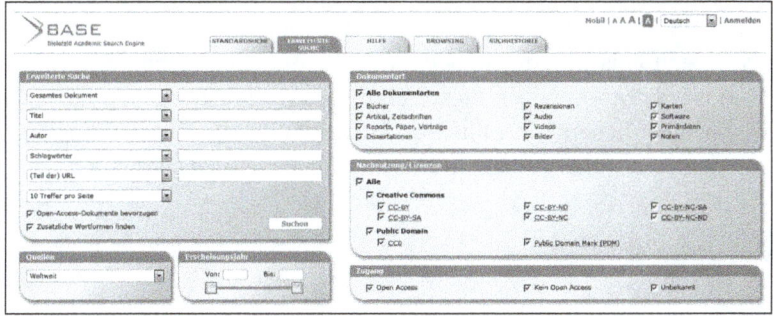

Abb. 27: *Bielefeld Academic Search Engine (BASE)* – erweiterte Suche.

Die *Bielefeld Academic Search Engine (BASE)* ist schließlich eingebettet in klassische bibliothekarische und fachliche Recherche-Umgebungen. Beispielsweise wird sie bei der Recherche im *Karlsruher Virtuellen Katalog (KVK)* berücksichtigt und ist eingebunden in Fachportale wie *PropylaeumSEARCH*. Auf diese Weise bietet *BASE* einen zentralen Baustein innerhalb der altertumswissenschaftlichen Grundlagen-Recherche, die Gegenstand des Teiles *Basics* ist. Im folgenden Teil *Advanced* liegt der Fokus auf ausgewählten Spezialressourcen, wobei sowohl Literatur- als auch Quellendatenbanken berücksichtigt werden.

Einbindung in Recherche-Umgebungen

Advanced

1 Altertumswissenschaften im Kontext

keine fachliche Differenzierung

Nachdem im Teil *Basics* grundlegende Instrumente und Ressourcen für das wissenschaftliche Arbeiten in den Altertumswissenschaften vorgestellt wurden, schließt der Teil *Advanced* nahtlos daran an und stellt die wichtigsten netzbasierten Spezialangebote vor. Dabei wird bewusst auf eine fachliche Differenzierung verzichtet und lediglich eine formale im Hinblick auf die Art der präsentierten Ressourcen vorgenommen: Beispielsweise betreffen Textdatenbanken sowohl Klassische Philologen wie auch Klassische Archäologen oder Funddatenbanken sowohl die Provinzialrömische Archäologie wie die Alte Geschichte. Es ist ein grundsätzliches Anliegen dieser Einführung, die einzelnen altertumswissenschaftlichen Disziplinen im interdisziplinären Fachverbund und von den Forschungsgegenständen und Quellen aus zu betrachten.

2 Lexika

2.1 Allgemeine Lexika und Datenbanken

2.1.1 Paulys Realencyclopädie der classischen Altertumswissenschaft (RE)

Das älteste und einflussreichste Lexikon für die gesamte Altertumswissenschaft ist die berühmte *RE*. Sie ist selbst Denkmal altertumswissenschaftlicher Forschung und hat mit dem *Kleinen Pauly* und dem *Neuen Pauly* bis in die heutige Zeit Nachfolger gefunden. Der urheberrechtlich freie Teil der Artikel ist inzwischen im Open Access in *Wikisource* verfügbar.

Publikationsgeschichte

Die zwischen 1894 und 1980 in 84 Bänden erschienene Enzyklopädie löste als bis heute weltweit umfassendstes Referenzwerk für die gesamte Altertumswissenschaft die von August Friedrich Pauly begründete *Real-Encyclopädie der classischen Alterthumswissenschaft in alphabetischer Ordnung* (1837–1864) in sechs Bänden ab und hatte ihrerseits berühmte Nachfolger. Wurde der *Ur-Pauly* noch von 17 Koautoren verfasst, so trugen zur *RE* mehr als 1100 Autoren bei. Wenn auch die Artikel nicht mehr den aktuellen Forschungsstand dokumentieren, so stellt die *RE* bis heute in ihrer Gesamtheit ein dauerhaftes Denkmal altertumswissenschaftlicher Forschung dar. Manche der von ausgewiesenen Experten verfassten Artikel konnten zuweilen die Gestalt eigenständiger Monographien einnehmen. Eine Besonderheit liegt in der Quellennähe der Artikel, die auch heute eine gute Orientierung über die wichtigsten antiken Zeugnisse zu einem Thema ermöglicht.

2.1.2 Der Kleine Pauly

Auf der Grundlage von Pauly's *Realenzyklopädie der classischen Altertumswissenschaft* (*RE*) entstand zwischen 1964 und 1975 *Der Kleine Pauly. Lexikon der Antike* in fünf Bänden. Nicht nur die 197 Mitarbeiterinnen und Mitarbeiter dieses im Vergleich zur *RE* kompakten Werkes trugen zur breiten Vielfalt der sehr viel knapper gehaltenen Artikel bei, sondern auch die thematische Erweiterung hin zu Randgebieten der Altertumswissenschaft. Ihre Quellennähe und die knappen Literaturhinweise empfehlen die einzelnen Artikel noch immer als guten Einstieg in altertumswissenschaftliche Spezialfragen.

2.1.3 Der Neue Pauly: Enzyklopädie der Antike (DNP)

Der Neue Pauly führt einerseits die Tradition der gedruckten Enzyklopädien *RE* und *Kleiner Pauly* fort, andererseits vollzieht er den Paradigmenwechsel zur internationalen Zweisprachigkeit und digitalen Verbreitung.

Die ungebrochene Wirkungsmacht der *RE* als altertumswissenschaftliches Forschungsmonument und -instrument zeigt sich gegenwärtig in der im Vergleich zum *Kleinen Pauly* wiederum erweiterten Edition als *Der Neue Pauly: Enzyklopädie der Antike* (1996ff.) in sechzehn Lexikon- und 14 Supplementbänden, die bestimmte Themenkomplexe im Überblick behandeln, wie beispielsweise *Herrscherchronologien der antiken Welt*, *Geschichte der antiken Texte* oder *Historischer Atlas der antiken Welt*. Das von den beiden Herausgebern Hubert Cancik und Helmuth Schneider koordinierte internationale Beiträgerteam gewährleistet eine außerordentliche wissenschaftliche Vielfalt sowie eine thematische Erweiterung beispielsweise hin zur orientalischen und ägyptischen Kultur, zum Judentum, Christentum oder zur Byzantinistik.

Erweiterung des Kleinen Pauly

Mit dem *Neuen Pauly* begann zugleich auch die digitale Editionsgeschichte dieses altertumswissenschaftlichen Traditionsunternehmens: Als *Brill's New Pauly* oder *New Pauly Online* steht zugleich eine englische Übersetzung der gedruckten und digitalen Edition - inklusive der Supplementbände – zur Verfügung.

2.1.4 Reallexikon der Germanischen Altertumskunde (RGA) und Germanische Altertumskunde Online (GAO): Europäische Kulturgeschichte von den Anfängen bis zum Hochmittelalter

Das Pendant zu *Paulys Realencyclopädie der classischen Altertumswissenschaft (RE)* ist im Hinblick auf Geschichte und Kultur der germanischen Völker das *Reallexikon der Germanischen Altertumskunde (RGA)* sowie seine digitale Edition *Germanische Altertumskunde Online (GAO)*.

Publikationsgeschichte

Das *Reallexikon der Germanischen Altertumskunde (RGA)* ist das Standardwerk zur Geschichte und Kultur der germanischen Völker und ihrer benachbarten Kulturen. Die erste Ausgabe, von Johannes Hoops zwischen 1911 und 1919 herausgegeben, wurde nach einem halben Jahrhundert grundlegend überarbeitet und von Heinrich Beck, Herbert Jankuhn, Dieter Geuenich und Heiko Steuer zwischen 1968 und 2008 in 35 Bänden neu herausgegeben. Die von renommierten Fachwissenschaftlern verfassten Lexikonartikel besitzen umfangreiche Literaturangaben, das gesamte Werk ist durch zwei zusätzliche Registerbände erschlossen. Daneben erschienen seit 1986 bisher 95 Ergänzungsbände mit monographischen Einzeluntersuchungen zum gesamten Themenspektrum des Reallexikons (Stand: Dezember 2015).

Germanische Altertumskunde Online (GAO)

Die überarbeitete Ausgabe bildete die Grundlage für die 2010 erschienene digitale Edition des Standardwerks unter dem Namen *Germanische Altertumskunde Online (GAO)*. Diese enthält neben den Lexikonartikeln der gedruckten Fassung sowie den Ergänzungsbänden auch Dokumente, die ausschließlich in der Datenbank publiziert werden. Die digitale Edition ermöglicht es schließlich, neue Lemmata dynamisch einzufügen und bestehende Beiträge oder bibliographische Daten zu aktualisieren. Entsprechend dem Komfort von Volltextdatenbanken sind Recherchen über den Gesamtbestand und die Navigation über gezielte Vernetzungen einzelner Lemmata möglich. Wenn die Datenbank auch nach Kriterien wie *Themenschwerpunkt*, *geographischer Raum* oder *Fachdisziplin* grundsätzlich durchsuchbar ist, so stößt diese wissenschaftlich-bibliothekarische Erschließung dennoch auf Grenzen. Ihre Weiterentwicklung könnte daher unter stärkerer Berücksichtigung der gedruckten Registerbände nicht nur inhaltlich differenzierter und begrifflich fokussierter, sondern auch normierter im Hinblick auf verwendete Fachklassifikationen und -thesauri in vergleichbaren ur- und frühgeschichtlichen Referenzprojekten ausgerichtet werden.

germanisch

Wenn auch der Begriff *germanisch* den Namen aller drei Editionen prägt, so durchlief dieser Begriff wissenschaftsgeschichtlich einen grundlegenden Wandel. Definierte *germanisch* ursprünglich in ethnischer Hinsicht eine Abgrenzung zum *Römischen, Keltischen* und *Slawischen* einerseits, in religiöser Hinsicht eine Abgrenzung zum *Christlichen* andererseits, so musste die Weiterentwicklung dieses Grundlagenwerks veränderte Forschungsperspektiven berücksichtigen. Prägen auch weiterhin Archäologie, Geschichte und Philologie seine disziplinäre Ausrichtung, so treten zu einer stark kulturgeschichtlichen Orientierung die Fächer Provinzialrömische Archäologie, Christliche Archäologie und Skandinavistik hinzu, während die traditionelle Volkskunde in den Hintergrund tritt.

Folgende geschichtliche Perioden deckt das Werk ab: Paläolithikum/Mesolithikum (bis ca. 5500 v. Chr.), Neolithikum (ca. 5500–2200 v. Chr.), Bronzezeit (ca. 2200–800 v. Chr.), Vorrömische Eisenzeit (ca. 800 v. Chr.–0), Römische Kaiserzeit (0–300 n. Chr.), Spätantike und Völkerwanderungszeit (ca. 300–500 n. Chr.), Merowingerzeit (ca. 500–751 n. Chr.), Karolingerzeit (751–919 n. Chr.), Wikingerzeit (753–1100 n. Chr.).

Epochen

Durch die inhaltliche Aktualisierung und technische Neukonzeption wird die *Germanische Altertumskunde Online (GAO)* ihre Bedeutung als wichtigstes Referenzwerk zur Erforschung der europäischen nicht-antiken und nach-antiken Kulturen bis in das hohe Mittelalter auch in Zukunft nicht verlieren. Im Hinblick auf die Möglichkeiten der Digital Humanities – insbesondere hinsichtlich der außerordentlichen Potenziale digitaler Editionen – ist eine engere Vernetzung der *GAO* mit anderen relevanten webbasierten Publikationen, bibliographischen Daten oder Forschungsdaten wünschenswert.

GAO und Digital Humanities

2.1.5 Lexikon des Mittelalters (LexMA)

Das *Lexikon des Mittelalters* (*LexMA*) ist die zentrale Enzyklopädie für Geschichte und Kultur des europäischen Mittelalters. Es schließt chronologisch und thematisch an den *Neuen Pauly (DNP)* und die *Germanische Altertumskunde Online (GAO)* an und stellt für Altertumswissenschaftler ein wichtiges Referenzwerk dar.

Für altertumswissenschaftliche Themen aus der Spätantike und Byzanz sowie für Fragestellungen zur Archäologie des Mittelalters sind mediävistische Referenzwerke unverzichtbar. Vergleichbar mit dem *Neuen Pauly (DNP)* und der *Germanischen Altertumskunde Online* (GAO) ist auch das *Lexikon des Mittelalters* (*LexMA*) zunächst gedruckt mit etwa 36.000 Artikeln in neun Bänden zwischen 1977 und 1999 pu-

International Encyclopedia for the Middle Ages (IEMA)

bliziert worden, bevor es als Online-Ausgabe erschien. Seine interdisziplinäre Anlage ermöglicht einen multiperspektivischen Zugriff auf den Zeitraum 300-1500 für den geographischen Raum Europa, Nordafrika, Naher Osten, Byzanz und die arabische Welt. Als Supplement und Ergänzung zum *LexMA* ist in der Online-Ausgabe die *International Encyclopedia for the Middle Ages* (*IEMA*) integriert.

Rechercheoptionen

Die Online-Ausgabe des *LexMA* bietet Suchbegriffe sowie Artikel in deutscher und englischer Sprache an und ermöglicht einen dreifachen Zugriff auf den Inhalt (Abb. 28): die Suche nach Stichworten, nach Autoren und nach Themen (Kategorien). Die Artikel sind miteinander verlinkt, so dass eine bequeme Lektüre in der Online-Ausgabe möglich ist. Sie können ferner ausgedruckt und für eine analoge Bearbeitung exportiert werden. Da vielfach Unsicherheit herrscht, wie digital verfügbare wissenschaftliche Texte zu zitieren seien, bietet die Online-Ausgabe des *LexMA* für jeden Artikel einen Vorschlag für die Zitation im eigenen wissenschaftlichen Text.

Abb. 28: Lexikon des Mittelalters (LexMA).

International Medieval Bibliography (IMB)

Der überzeugendste Mehrwert der Online-Ausgabe des *Lexikons des Mittelalters (LexMA)* vor der Print-Edition ist die intelligente Vernetzung lexikalischer mit bibliographischer Informationen: Über die Anzeige der jedem einzelnen Artikel zu Grunde liegenden Literatur, die lediglich den Forschungsstand aus der Zeit des Erscheinens der gedruckten Ausgabe dokumentiert, hinaus ist der direkte Zugriff auf die ebenfalls vom Verlag Brepols publizierte *International Medieval Bibliography (IMB)* mit der aktuellen Forschungsliteratur möglich (s. S. 92f.).

2.2 Biographische Lexika

2.2.1 World Biographical Information System Online (WBIS)

Das *World Biographical Information System (WBIS)* ist die gegenwärtig umfassendste biographische Datenbank und beinhaltet in 8,4 Millionen Artikeln Informationen zu 6 Millionen Menschen, die in allen Regionen der Welt zwischen dem 4. Jahrtausend v. Chr. und der Gegenwart lebten. Unter den 57 einzelnen biographischen Archiven in *WBIS* sind neben dem *Biographischen Archiv der Antike* das *Biographische Archiv des Christentums* oder das *Biographische Archiv des Mittelalters* für die Altertumswissenschaften besonders wichtig.

Für historisch arbeitende Geisteswissenschaftler sind zuverlässige und zitierfähige biographische Informationen zu Menschen aus unterschiedlichen Epochen und Kulturräumen notwendig. Biographische Informationen zu Personen aus Antike und Mittelalter sind grundsätzlich auch in allgemeinen Lexika wie dem *Neuen Pauly (DNP)* oder dem *Lexikon des Mittelalters (LexMA)* enthalten. Dennoch ist es für komplexe altertumswissenschaftliche Fragestellungen notwendig, ergänzend spezielle biographische Werke zu konsultieren. Eines der wichtigsten biographischen Referenzwerke ist das als Nationallizenz für Forschung und Lehre bereitgestellte *World Biographical Information System Online* (*WBIS*).

biographische Informationen

Grundlage dieser umfassenden Datenbank sind Biographien zu Personen aller Epochen der Geschichte und aller Erdteile. Diese Biographien, die in mehreren tausend Lexika zwischen dem 16. und 21. Jahrhundert im Druck publiziert wurden, sind unter den einzelnen Personennamen zusammengeführt (Abb. 29) und zunächst als biographische Archive auf Mikrofiche kumulativ publiziert worden. Mit Entwicklung der Datenbanktechnologie wurden diese biographischen Archive digitalisiert und systematisch nach unterschiedlichen Kriterien recherchierbar gemacht. Es besteht die Möglichkeit, die Texte auszudrucken, zu speichern oder per Mail zu versenden.

Quellen von WBIS

> Möchte man einen biographischen Artikel aus *WBIS* exakt zitieren, sollte das dem digitalen Archiv zu Grunde liegende gedruckte Werk nach Möglichkeit selbst eingesehen werden, um die exakten Seitenzahlen der Originalquelle zu eruieren. Diese fehlen den Digitalisaten der gescannten Einzelseiten in *WBIS*, deren fortlaufende Nummerierung sich auf die zu Grunde liegenden Mikrofiches (Fichenummer, Seitenzahl) bezieht und für eine exakte Zitation der Originalquelle nicht relevant ist.

Tipp

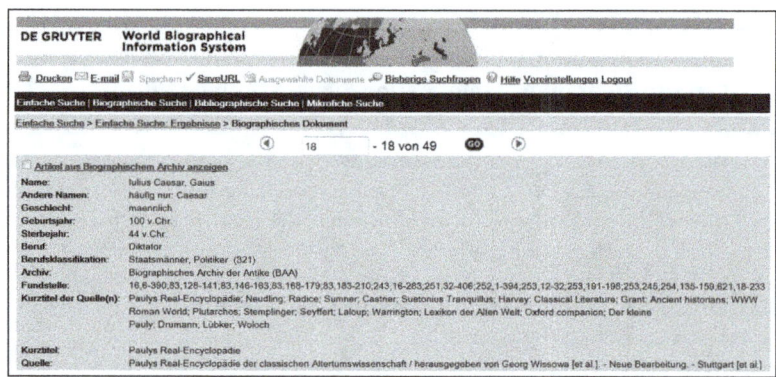

Abb. 29: World Biographical Information System (WBIS).

Während allgemeine biographische Lexika wie die im *WBIS* kumulierten Archive erste Einstiege in personenbezogene Forschungsfragen bieten, ist die Kenntnis von spezialisierten Prosopographien für differenziertere sozialhistorische Analysen notwendig (s. S. 158ff.).

2.2.2 Biographisch-Bibliographisches Kirchenlexikon (BBKL)

Biographisch-Bibliographisches KIRCHENLEXIKON

Insbesondere für kirchengeschichtliche Fragestellungen, die beispielsweise für die Christliche Archäologie zentral sein können, ist das *Biographisch-Bibliographische Kirchenlexikon* (*BBKL*) ein zentrales Referenzwerk, in dem biographische durch zum Teil ausführliche bibliographische Informationen ergänzt werden. 1975 als Druckausgabe von Friedrich Wilhelm Bautz in 35 Bänden begründet, wurde es 1996 als elektronische Ausgabe zunächst im Open Access publiziert, 2011 in der Vollversion kostenpflichtig gemacht. Neben kirchengeschichtlich und theologisch werden auch philosophisch und kulturgeschichtlich bedeutende Persönlichkeiten erfasst.

2.3 Wörterbücher

2.3.1 Thesaurus Linguae Latinae (TLL) Online

Der *Thesaurus Linguae Latinae* (*TLL*) ist ein Grundlagenwerk zur Erforschung der lateinischen Sprache, denn er dokumentiert den Wortschatz der gesamten antiken Latinität von den Anfängen bis ca. 600 n. Chr. und berücksichtigt literarische sowie nicht-literarische Texte. Damit stellt der *TLL* das umfassendste einsprachige lateinische Wörterbuch dar. Die Online-Ausgabe umfasst alle seit 1900 publizierten Artikel des Wörterbuchs einschließlich der speziellen Eigennamen-Bände.

Der *Thesaurus Linguae Latina (TLL)*, dessen Konzeption noch in das ausgehende 19. Jahrhundert zurückreicht und dessen Arbeitsstelle seit 1899 in München angesiedelt ist, hat das Ziel, die Geschichte der Bedeutungen und des Gebrauchs jedes lateinischen Wortes exakt zu dokumentieren. Das Werk erscheint seit dem Jahr 1900 in einzelnen Faszikeln und ist inzwischen zu etwa zwei Dritteln vollendet. Getragen wurde das Projekt zunächst von mehreren deutschsprachigen Akademien der Wissenschaften, bis nach dem Zweiten Weltkrieg die Internationale Thesaurus-Kommission gegründet wurde: Das *Schatzhaus* der lateinischen Sprache wird von Weltbürgern bewohnt.

Publikations-
geschichte

Die Online-Ausgabe des *Thesaurus Linguae Latina (TLL)* beinhaltet sämtliche Artikel der gedruckten Ausgabe. Die Suchoberfläche ermöglicht differenzierte Recherchen, die Binnenverlinkung der Artikel untereinander vereinfacht die Benutzung des komplexen Gesamtwerkes. Jeder Artikel enthält eine Bibliographie, den *Index Librorum*, für weiterführende Lektüre. Durch die Merk-, Export- sowie Speichermöglichkeiten lassen sich die Artikel individuell weiter bearbeiten. Jedes Lemma besitzt die für die Zitation notwendige exakte Angabe der zu Grunde liegenden gedruckten Ausgabe.

Datenbank

2.3.2 Karl Ernst Georges: Ausführliches lateinisch-deutsches Handwörterbuch

Für den praktischen Umgang mit lateinischen Texten im Studium der Altertumswissenschaften eignet sich weniger der *Thesaurus Linguae Latinae (TLL)* als vielmehr ein wissenschaftlich fundiertes Wörterbuch wie der traditionsreiche *Georges*. Der inzwischen gemeinfreie Klassiker ist digital verfügbar.

Nachdem Karl Ernst Georges (1806–1895) zunächst das *Lateinisch-deutsche Handwörterbuch* von Georg Aenotheus Koch, Immanuel Johann Gerhard Scheller und Georg Heinrich Lünemann 1828 erstmals überarbeitet hatte, entwickelte er dieses beständig für neue Auflagen weiter – ab der 6. Auflage der Neubearbeitung des Jahres 1869 als *Ausführliches lateinisch-deutsches Handwörterbuch*. Parallel dazu gab Georges in mehreren Auflagen weitere lateinisch-deutsche und deutsch-lateinische Wörterbücher heraus. Dass die Wörterbücher von Georges noch heute als Standardwerke gelten, wird daran deutlich, dass 2013 mit dem *Neuen Georges* eine aktuelle, neu gesetzte und sprachlich modernisierte Ausgabe in der Wissenschaftlichen Buchgesellschaft erschienen ist, die auch in Zukunft für Schüler, aber insbesondere für Studierende und Lehrende in den Altertumswissenschaften maßgeblich sein wird.

Publikations-
geschichte

Zeno.org

Innerhalb der Volltextbibliothek *Zeno.org* steht der unveränderte Nachdruck der achten verbesserten und vermehrten Auflage des Wörterbuchs, das Heinrich, der Sohn von Karl Ernst Georges 1913 herausgegeben hat, frei zur Verfügung.

Tipp

> Als ausgesprochenes Schulwörterbuch ist auch weiterhin der *Kleine Stowasser* in Gebrauch. Dieser wurde 1913 von Michael Petschenig (1845–1923) als gekürzte Bearbeitung des damaligen Klassikers unter den lateinisch-deutschen Schulwörterbüchern, des 1894 von Joseph Maria Stowasser (1854–1910) veröffentlichten *Stowasser*, publiziert – und wurde selbst zum Klassiker. Anlässlich des hundertjährigen Bestehens des *Stowassers* erschien 1994 eine völlig neu bearbeitete Ausgabe, deren Umschlag der Künstler Friedensreich Hundertwasser, ein Nachkomme von Joseph Maria Stowasser, entworfen hatte.

2.3.3 Lexikon zur byzantinischen Gräzität (LBG)

Das Griechisch der byzantinischen Epoche unterscheidet sich in Syntax und Semantik einerseits vom klassischen Griechisch der Antike, das das Standardwerk von Liddell-Scott (Henry George Liddell, Robert Scott: *A Greek-English lexicon*. New ed. (9th), rev. and augm. throughout by Henry Stuart Jones. Oxford, 1996) dokumentiert, andererseits vom patristischen Griechisch, wie es Lampe erfasst (Geoffrey W. Lampe: *A patristic Greek lexicon*. 19. ed. Oxford, 2005). Das *LBG* schließt diese Lücke und wertet die Literatur zwischen dem 10. und 13. Jahrhundert aus, wobei neben Historiographie, Poesie und Theologie auch fachwissenschaftliche Texte Berücksichtigung finden.

2.3.4 Suda On Line: Byzantine Lexicography (SOL)

Suda ist mit 31.000 Lemmata das umfangreichste byzantinische Lexikon, dessen Entstehungszeit in das Ende des 10. Jahrhunderts datiert wird.

Die byzantinische *Suda* geht auf ältere Lexika zurück und bietet in alphabetischer Reihenfolge Artikel zu Themen aus Philosophie, Naturwissenschaften, Geographie, Geschichte und Literaturgeschichte. Für die Klassische Philologie ist die *Suda* von großem Interesse, da dort zahlreiche verlorene Werke griechischer und lateinischer Literatur Erwähnung finden. Vor allem aber ist *Suda* eine zentrale Quelle für die byzantinische Geistes- und Kulturgeschichte. Das Werk ist in mehreren mittelalterlichen Handschriften überliefert und wurde in der Neuzeit wiederholt ediert.

Die Idee zu *Suda On Line* (*SOL*) entstand aus der Erkenntnis des Fehlens einer Übersetzung dieser maßgeblichen Enzyklopädie in eine moderne Sprache. Unter Nutzung der neuen Möglichkeiten des Internets wurde bereits 1998 eine kollaborative Übersetzung begonnen, die die gegenwärtige Diskussion über eine webgestützte Co-Science weitsichtig vorweggenommen hat. *Suda On Line* wurde Teil des 1997 gegründeten *Stoa Consortium for Electronic Publication in the Humanities*, das bis heute zahlreiche altertumswissenschaftliche Projekte entwickelt, die dem Gedanken des Open Access (s. S. 13ff.) und den Digital Humanities (s. S. 11ff.) verpflichtet sind. *Suda On Line* kooperiert mit Projekten wie der *Perseus Digital Library* (s. S. 145f.) und dem *Thesaurus Linguae Graecae* (*TLG*) (s. S. 146f.). Die Datenbank bietet einen differenzierten Zugriff auf die einzelnen Lemmata, in denen man blättern kann, aber auch inhaltliche Recherchemöglichkeiten, da die einzelnen Artikel sachlich erschlossen sind.

digitale Edition

2.4 Lexika zu speziellen Themen

2.4.1 Lexicon Iconographicum Mythologiae Classicae (LIMC)

Das *Lexicon Iconographicum Mythologiae Classicae* (*LIMC*) ist das umfassendste Nachschlagewerk zur Ikonographie der antiken Mythologie, wurde an der Universität Basel von einem internationalen Team erarbeitet und ist grundlegend für alle altertumswissenschaftlichen Disziplinen. Es erfasst in analog aufgebauten Artikeln in alphabetischer Reihenfolge sämtliche mythologischen Figuren und Motive in unterschiedlichen Kunstgattungen wie Plastik, Vasenmalerei oder Wandmalerei.

Da die Überlieferung der antiken Mythologie nicht allein in Texten erfolgt, sind die bildlichen Überlieferungszeugnisse unverzichtbare Ergänzungen, insbesondere auch im Hinblick auf die Rekonstruktion unterschiedlicher Fassungen von Mythen. Das *Lexicon Iconographicum Mythologiae Classicae* (*LIMC*) berücksichtigt die griechische, etruskische und römische Mythologie und ihre Rezeption auch in den antiken Randkulturen des Mittelmeerraumes. Für die Rezeption der antiken Mythologie sowie die Geschichte der nachantiken Kunst und Literatur ist das *LIMC* schließlich von zentraler Bedeutung.

Bedeutung von Bildern

Ursprünglich in acht Text- und Tafelbänden, einem Indexband und einem Supplementband zwischen 1981 und 1999/2009 im Druck erschienen, stehen inzwischen zwei Datenbanken für die Recherche zur Verfügung. Die *LIMC*-Datenbank ermöglicht spezifische Recherchen innerhalb der Metadaten, während die Datenbank *Iconiclimc* den

2 Datenbanken: LIMC, Iconiclimc

Zugriff auf die Bilder selbst, die Aufbewahrungsorte der Bildmonumente sowie deren Metadaten ermöglicht. In beiden Fällen werden präzise Beschreibungen und ausführliche Daten zu den einzelnen Objekten sowie bibliographische Angaben gegeben.

Bildrechte

Die Bildrechte liegen bei den jeweiligen Besitzern der erfassten Objekte und müssen von diesen im Falle der eigenen Verwendung eingeholt werden.

Tipp

Aus dem *LIMC* hervorgegangen ist der *Thesaurus Cultus et Rituum Antiquorum* (*ThesCRA*), der zwischen 2004 und 2014 in acht Bänden im Druck erschienen ist. Das Nachschlagewerk behandelt systematisch die Kulte und Riten der Antike und dokumentiert deren bildliche, literarische und sonstige Zeugnisse.

3 Bibliographien

3.1 Allgemeine Bibliographien

3.1.1 Année Philologique (APh)

Die *Année Philologique* (*APh*), nach ihrem Begründer auch *Marouzeau* genannt, verzeichnet die internationale Forschungsliteratur zu sämtlichen altertumswissenschaftlichen Disziplinen für den Zeitraum zwischen 2000 v. Chr. und 800 n. Chr. Berücksichtigt werden neben Monographien und Aufsätzen insbesondere auch Rezensionen aus dem gesamten Berichtszeitraum der Bibliographie – seit dem Jahr 1924.

Publikationsgeschichte

Diese seit fast einem Jahrhundert wichtigste interdisziplinäre Bibliographie für die Altertumswissenschaften, die noch immer als Druckausgabe erscheint, wird von einem internationalen Wissenschaftlerteam an Redaktionsabteilungen in mehreren Ländern erarbeitet – unter anderem in München. Da die *APh* auf Vollständigkeit angelegt und die Redaktion aufwändig ist, erscheinen die gedruckten Bände mit einem Verzug von etwa zwei Jahren, so dass die aktuellen Neuerscheinungen in der *APh* mit Verzögerung nachgewiesen werden. Die Datenbank versucht aber dieses Problem durch die Aufnahme vorläufiger bibliographischer Daten abzufangen.

Datenbank-Ausgabe Les Belles Lettres

Inzwischen wird die *APh* auch als Datenbank in zwei Ausgaben publiziert. Die ältere Edition durch den Verlag *Les Belles Lettres* bietet zwar nicht immer komfortable, dennoch aber effiziente Recherchemöglichkeiten an (Abb. 30). Neben einer einfachen Suche ermöglicht die erweiterte Suche nicht nur eine Navigation innerhalb der exakten Kapitelgliederung der zu Grunde liegenden Printausgabe, sondern auch die klassischen Rechercheoptionen wie beispielsweise nach modernen Autoren, Titelstichworten oder Verlagen. Besonders interessant ist die Möglichkeit, antike Autoren auszuwählen und mit weiteren Suchbegriffen in der Freitextsuche (*Full Text*) zu kombinieren. Über die Stichwortsuche im Feld *Full Text* lässt sich auch das Fehlen einer Erschließung durch Schlagwörter oder einen spezifischen Thesaurus teilweise kompensieren. Hierbei ist zu beachten, dass die Stichwortsuche Begriffe in unterschiedlichen Sprachen berücksichtigen muss, um qualifizierte Ergebnisse zu erzielen.

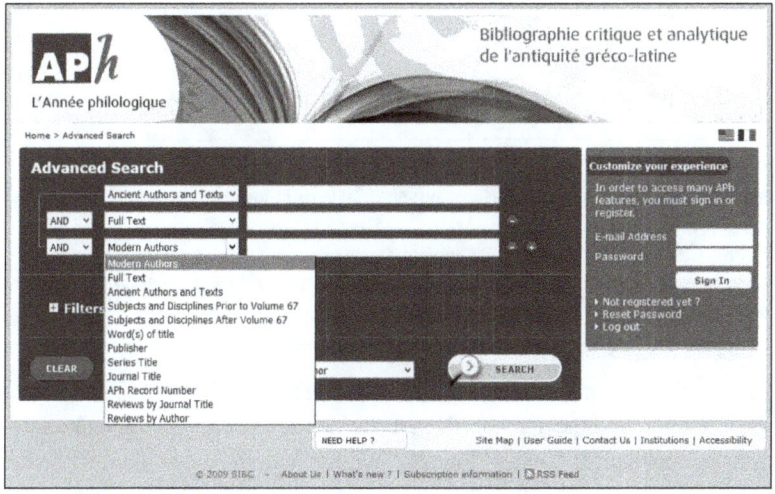

Abb. 30: Année Philologique (Ausgabe Les Belles Lettres) – erweiterte Suche.

Die Ausgabe der *APh* von *EBSCOhost* (Abb. 31) umfasst zwar denselben Datenbestand wie die Edition von *Les Belles Lettres*, unterscheidet sich von dieser aber hinsichtlich der Recherche-Funktionalitäten. Das Fehlen einer differenzierten Sacherschließung der bibliographischen Daten ist allerdings auch hier nicht kompensiert. Beide Datenbank-Editionen verfügen über Exportmöglichkeiten in Literaturverwaltungsprogramme und über die Möglichkeit, Link-Resolver einzubinden, um einen sofortigen Bestandsabgleich mit der jeweiligen lokalen Bibliothek vorzunehmen.

Datenbank-Ausgabe EBSCOhost

Die Besonderheit der *APh* liegt nicht nur in der angestrebten Vollständigkeit, sondern auch in dem gleichzeitigen Nachweis der zu Monographien erschienenen Rezensionen sowie in den hilfreichen Abstracts, in denen die wichtigsten Artikel zusammengefasst sind.

Rezensionen und Abstracts

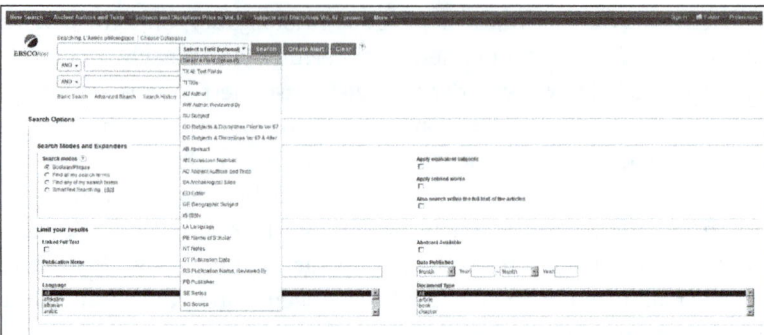

Abb. 31: L'Année Philologique (EBSCOhost).

3.1.2 Gnomon Bibliographische Datenbank (GBD)

Gnomon ist neben der *Année Philologique* die wichtigste bibliographische Datenbank für die gesamte Altertumswissenschaft. Sie dokumentiert in größter Aktualität die internationale Forschungsliteratur zu allen altertumswissenschaftlichen Disziplinen seit dem Jahr 1925. Berücksichtigt sind Monographien, Aufsätze in Zeitschriften und Sammelbänden, Rezensionen sowie digitale und multimediale Dokumente wie Internetressourcen und Youtube-Clips.

Publikationsgeschichte

Entstanden ist *Gnomon Bibliographische Datenbank (GBD)* aus der bibliographischen Beilage der seit 1925 erscheinenden wichtigen deutschen Rezensionszeitschrift in den Altertumswissenschaften, *Gnomon. Kritische Zeitschrift für die gesamte klassische Altertumswissenschaft*. Gegenwärtig liegen der Bibliographie Daten aus unterschiedlichen Quellen zu Grunde, beispielsweise aus der Bayerischen Staatsbibliothek München (Fachinformationsdienst Altertumswissenschaften), den Universitätsbibliotheken Eichstätt, Augsburg und Tübingen und der Joint Library of the Hellenic and Roman Studies London. Die an den Universitäten Eichstätt und Augsburg erstellte Datenbank wird monatlich aktualisiert, umfasst etwa 500.000 Einträge und steht mit dem Einverständnis des C. H. Beck Verlages inzwischen frei zugänglich zum Download und online zur Verfügung.

Vergleich Gnomon – Année

Wenn sich auch inhaltlich *Année Philologique* und *Gnomon* durch Überschneidungen großer Teile der dokumentierten Literatur decken, so gibt es signifikante inhaltliche und technische Unterschiede zwischen beiden – *Gnomon* dokumentiert beispielswiese auch ältere und schwer nachzuweisende Arbeiten. Insbesondere aber die Unterschiede in Erschließung und Aufbereitung der bibliographischen Daten empfehlen eine Konsultation beider Referenzwerke für eine gründliche bibliographische Recherche.

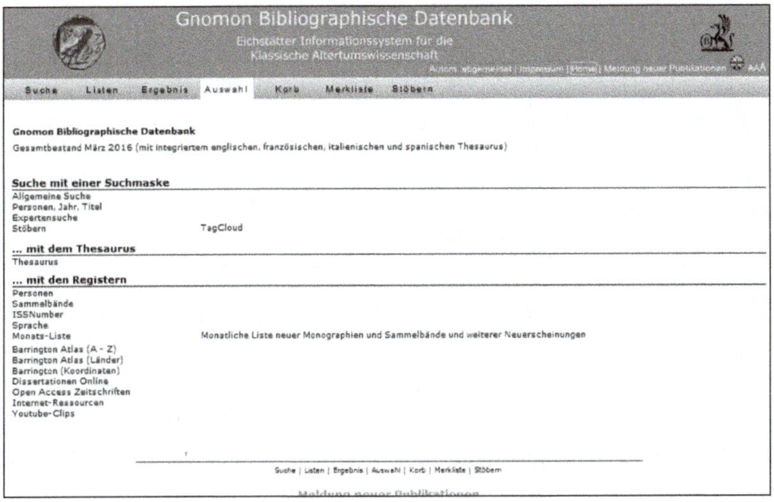

Abb. 32: Gnomon Bibliographische Datenbank (GBD).

Die Rechercheoptionen in *Gnomon* (Abb. 32) ermöglichen präzise Zugriffe auf den Datenbestand: Entweder lassen sich über eine differenzierte Suchmaske eine *Allgemeine Suche* sowie eine *Expertensuche* realisieren, die sich anbieten, um mit der hoch differenzierten Verschlagwortung – jeder Titel in *Gnomon* ist mit *Deskriptoren* versehen – vertraut zu werden. Oder man wählt den *Thesaurus*, der sich aus diesen Deskriptoren zusammensetzt und eine ausgezeichnete Möglichkeit bietet, sich inhaltlich im Bestand zu orientieren. Ein Export der recherchierten Titel in Literaturverwaltungsprogramme ist nicht möglich. Diese können aber in einem Korb gesammelt und anschließend als PDF-Datei heruntergeladen werden. Eine Verlinkung mit Verbundkatalogen oder dem OPAC der lokalen Bibliothek ist derzeit nicht möglich. Schließlich bieten unterschiedliche *Register* differenzierte Zugriffsmöglichkeiten auf die Daten. Eine Tag Cloud erlaubt das intuitive Stöbern im Datenbestand.

Im Rahmen des gegenwärtig ausgebauten Fachinformationsdienstes (FID) Altertumswissenschaften (s. S. 61ff.) wird *Gnomon* weiter entwickelt und in neue Umgebungen eingebunden, beispielsweise in den Bayerischen Bibliotheksverbund (BVB), *Propylaeum* (s. S. 63ff.) oder *iDAI.bibliography/ZENON* (s. S. 97f.). Viele der hier beschriebenen Recherche-Möglichkeiten werden sich daher dynamisch ändern und den jeweils aktuellen Standards angepasst. Auch die Datengrundlage wird gegenwärtig unter anderem durch Erfassung neuer Zeitschriften erheblich erweitert. Für weitere Informationen stehen Handbücher zum Download sowie Online-Tutorials zur Verfügung.

Rechercheoptionen

3.1.3 DYABOLA

Zum Projekt *DYABOLA* gehören unterschiedliche Literatur- und Objektdatenbanken, von denen die *Archäologische Bibliographie – Realkatalog des Deutschen Archäologischen Instituts Rom* und die *Bibliographie zur Vor- und Frühgeschichte Europas – Sachkatalog der Römisch-Germanischen Kommission Frankfurt (RGK)* für die altertumswissenschaftliche Literaturrecherche am wichtigsten sind. Ihre Digitalisierung stand am Beginn des Projektes *DYABOLA*.

Archäologische Bibliographie

Bibliographie zur Vor- und Frühgeschichte Europas

Die *Archäologische Bibliographie – Realkatalog des Deutschen Archäologischen Instituts Rom* ist die wichtigste Forschungsdokumentation nicht nur für die Klassische Archäologie, sondern für die Klassische Altertumswissenschaft insgesamt, umfasst etwa 700.000 bibliographische Daten selbstständig und unselbstständig erschienener Literatur seit dem Jahr 1956.

Die *Bibliographie zur Vor- und Frühgeschichte Europas – Sachkatalog der Römisch-Germanischen Kommission (RGK)* des Deutschen Archäologischen Instituts Frankfurt stellt das Pendant für die vor- und frühgeschichtliche Archäologie dar und umfasst etwa 310.000 bibliographische Daten selbstständig und unselbstständig erschienener Literatur aus den Jahren 1992 bis 2012.

3.1.4 iDAI.bibliography/ZENON

iDAI.bibliography/ZENON ist die zentrale Literaturdatenbank des Deutschen Archäologischen Instituts (DAI), die nicht nur den Bestand der Bibliotheken der einzelnen Abteilungen des Instituts, sondern zugleich bibliographische Daten über den Bestand des DAI hinaus verzeichnet.

Bibliothekskatalog & Bibliographie

Das Deutsche Archäologische Institut (DAI) mit seiner Zentrale in Berlin und über ganz Europa verteilten Abteilungen ist eine der wichtigsten deutschen Forschungseinrichtungen für die Archäologie und Altertumswissenschaften. Der Online-Katalog *iDAI.bibliography/ZENON* (Abb. 33) erschließt nicht nur die Bestände der umfangreichen Spezialbibliotheken des DAI (s. S. 97f.), sondern umfasst gleichzeitig zentrale Bibliographien als leistungsfähige altertumswissenschaftliche und archäologische Forschungsinstrumente mit dem Nachweis von Monographien, Zeitschriften, Aufsätzen, Rezensionen, Kartenmaterial und elektronischen Ressourcen:
– Archäologische Bibliographie der Abteilungen Rom, Berlin, Athen und Istanbul

- Bibliographie zur Archäologie Alteuropas (Vor- und Frühgeschichte, Provinzialrömische Archäologie, Archäologie des Mittelalters)
- Bibliographie zur Archäologie der Iberischen Halbinsel
- Bibliographie zur Geschichte Eurasiens
- Winckelmann-Bibliographie

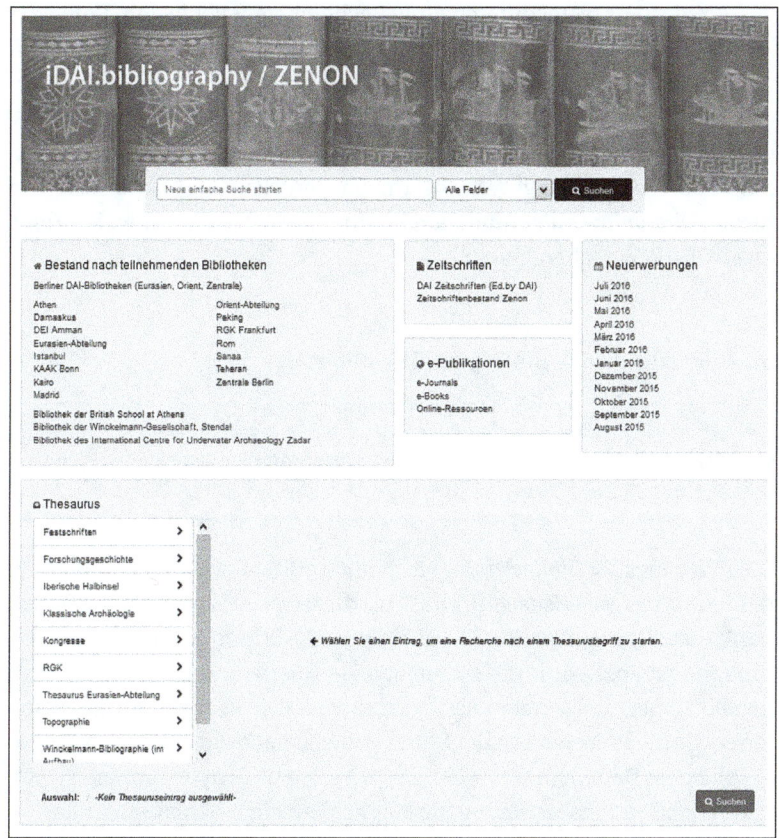

Abb. 33: iDAI.bibliography/ZENON.

3.1.5 Die Keilschriftbibliographie im Netz (KeiBi online)

Die für die Altorientalistik zentrale bibliographische Datenbank *KeiBi online* basiert auf der *Internationalen Keilschriftbibliographie* (*KeiBi*), die seit 1940 in der Zeitschrift *Orientalia* vom Päpstlichen Bibelinstitut Rom jährlich publiziert wird. Innerhalb der Datenbank lassen sich sämtliche Jahrgänge der gedruckten Bibliographie – mit Ausnahme der jeweils beiden neuesten Jahrgänge – im Volltext durchsuchen.

Kooperationspartner	*KeiBi online* wurde im Rahmen der Virtuellen Fachbibliothek Altertumswissenschaften *Propylaeum* (s. S. 63ff.) durch die Universitätsbibliothek und das Institut für die Kulturen des Alten Orients (*IANES*) der Universität Tübingen in Kooperation mit dem Institut für Altorientalische Philologie und Vorderasiatische Altertumskunde der Universität Münster aufgebaut.
Rechercheoptionen	*KeiBi online* bietet differenzierte Recherchemöglichkeiten: Entweder lassen sich die einzelnen Keilschriftbibliographie-Jahrgänge als PDF öffnen oder jahrgangsweise in der Datenbank anzeigen. Die erweiterte Suche bietet Zugriff auf die formalen bibliographischen Daten, es fehlt aber eine differenzierte Sacherschließung. Obwohl die Altorientalistik innerhalb von *Propylaeum* gegenwärtig nicht berücksichtigt ist, lassen sich die in *KeiBi online* aufgefundenen bibliographischen Angaben in *PropylaeumSEARCH* recherchieren.

3.1.6 Byzantinische Bibliographie Online

Die *Byzantinische Bibliographie Online* ist die wichtigste Fachbibliographie zur gesamten Byzantinistik und umfasst den bibliographischen Anhang der *Byzantinischen Zeitschrift* (*BZ*) ab Band 98 (2005).

Byzantinische Zeitschrift	Die *Byzantinische Bibliographie* erscheint traditionell gedruckt innerhalb der *Byzantinischen Zeitschrift* (*BZ*). Auf dieser Grundlage wird die Datenbank erstellt, die etwa 30.000 Einträge enthält und jährlich um 4.000 Einträge ergänzt wird. Die systematische Gliederung orientiert sich an den einzelnen Teilgebieten der Byzantinistik. Die Recherchemöglichkeiten sowie die Präsentation der Daten erfolgen nach den Standards bibliographischer Datenbanken, wie sie vom Verlag de Gruyter umgesetzt werden. Wichtig ist insbesondere die Möglichkeit einer Schlagwortsuche.

3.1.7 International Medieval Bibliography (IMB)

Die *International Medieval Bibliography* (*IMB*) ist neben der *Bibliographie de Civilisation Médiévale* (*BCM*) die international führende Bibliographie zu allen Fachgebieten des europäischen Mittelalters mit einer zeitlichen Abdeckung von 300–1500. Während die *IMB* seit 1957 erschiene unselbstständige Literatur verzeichnet, weist die *BCM* seit 1953 erschienene selbstständige Literatur nach. Der Verlag Brepols publiziert im Rahmen der *Brepolis Medieval Bibliographies* beide Bibliographien unter einer gemeinsamen Suchmaske.

Rechercheoptionen

Die *IMB* zeichnet sich insbesondere durch eine exzellente formale und intellektuelle Erschließung ihrer bibliographischen Daten sowie differenzierte systematische Suchmöglichkeiten aus. Neben einer *einfachen Suche* steht die *erweiterte Suche* mit unterschiedlichen Rechercheoptionen zur Verfügung (Abb. 34). Über die *freie Suche* und *bibliographische Suche* hinaus besteht die Möglichkeit, thematisch nach *Sachgebieten* oder geographisch nach *Gegend, Gebiet, Raum* Literatur zu recherchieren. Schließlich erlaubt die *IMB* die Erstellung von Autorenprofilen im Rahmen bibliometrischer Analysen oder aber die Abfrage aktueller Forschungstrends. Schließlich dienen unterschiedliche Indizes einem präzisen Zugriff auf die bibliographischen Daten.

Verknüpfung IMB und LexMA

Ein besonderer Mehrwert liegt in der Verknüpfung der Sacherschließung der Datenbank mit den Artikeln des *Lexikons des Mittelalters* (*LexMA*) (s. S. 79f.) sowie mit der *International Encyclopedia for the Middle Ages (IEMA)*, die es erlauben, sich unmittelbar im maßgeblichen Referenzwerk für die Mediävistik über die betreffende Fachterminologie zu informieren. Voraussetzung ist jedoch, dass Ihre Heimatbibliothek diese Referenzwerke ebenfalls lizenziert hat.

Weiterverarbeitung der Rechercheergebnisse

Hinsichtlich der Weiterverarbeitung der bibliographischen Daten bietet die *IMB* sehr komfortable Möglichkeiten der Speicherung, des Versendens und des Exports in Literaturverwaltungsprogramme. Schließlich ermöglicht ein Link-Resolver die sofortige Prüfung, ob ein interessierender Text in Ihrer lokalen Bibliothek vorhanden ist.

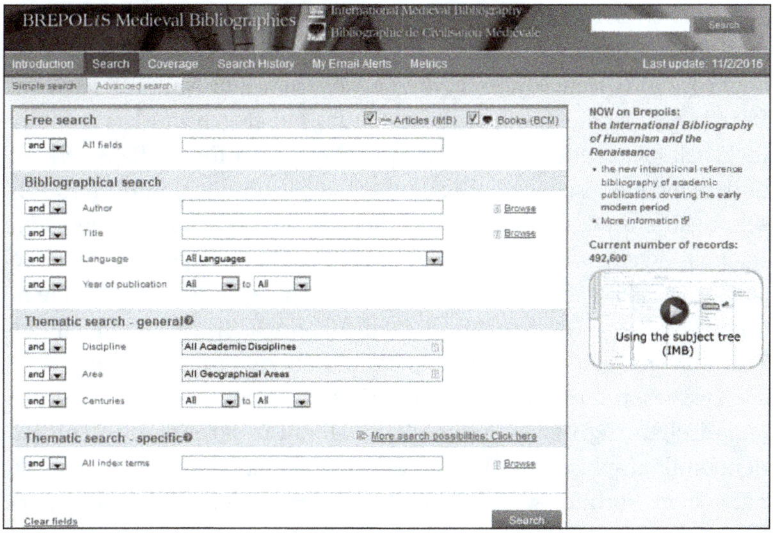

Abb. 34: International Medieval Bibliography – erweiterte Suche.

3.1.8 Bibliographie de Civilisation Médiévale (BCM)

Die *Bibliographie de Civilisation Médiévale* (*BCM*) ist neben der *International Medieval Bibliography* (*IMB*) die international führende Bibliographie zum europäischen Mittelalter mit einer zeitlichen Abdeckung von 300 – 1500. Sie verzeichnet für den Berichtszeitraum ab 1953 selbstständig publizierte Literatur zu allen mediävistischen Fachgebieten.

Brepolis Medieval Bibliographies

Da der Verlag Brepols im Rahmen der *Brepolis Medieval Bibliographies* beide Bibliographien unter einer Suchmaske publiziert, gelten für die *BCM* dieselben Hinweise wie für die *IMB*.

3.1.9 Regesta Imperii (RI)-OPAC

Die *Regesta Imperii* (*RI*) sind das seit 1839 publizierte deutschsprachige Inventar der urkundlichen und historiographischen Quellen der römisch-deutschen Könige und Kaiser von den Karolingern bis zu Maximilian I. (751–1519) sowie der Päpste des frühen und hohen Mittelalters. Der *Regesta Imperii-OPAC* ist die das Editionsprojekt begleitende Bibliographie und zentrales Forschungsinstrument der Mediävistik mit allen ihren Teildisziplinen.

Publikationsgeschichte

Ursprünglich als Vorarbeit zu den *Monumenta Germaniae Historica* (*MGH*) konzipiert, gehören die von der Akademie der Wissenschaften und der Literatur Mainz herausgegebenen *RI* zu den zentralen Editionen von Quellen zur deutschen und europäischen Geschichte des Mittelalters. Ihre Sammlung, Erforschung und Publikation wurde von einer hochspezialisierten, kontinuierlich erweiterten Bibliographie begleitet. Der *RI-OPAC* ist nicht, wie die Bezeichnung nahelegen würde, ein Bibliothekskatalog, sondern die Literaturdatenbank der für die Regesten-Edition relevanten selbstständig und unselbstständig publizierten Forschungsliteratur zu sämtlichen historischen Kerndisziplinen und Nachbarfächern wie Archäologie, Byzantinistik, Kunstgeschichte, Philosophie, Musikgeschichte, Theologie, Philosophie, Mittel- und Neulateinischen Philologie, Germanistik, Romanistik, Anglistik. Der dokumentierte Zeitraum erstreckt sich von der Spätantike bis zur Frühen Neuzeit.

Rechercheoptionen

Der besondere Vorzug des *RI-OPAC* liegt in der Möglichkeit des systematischen Zugriffs auf die intellektuell mit Deskriptoren erschlossenen bibliographischen Daten. Neben einer klassischen Suchmaske nach dem Vorbild eines Online-Kataloges besteht die Möglichkeit, über einen Thesaurus systematisch nach geographischen, zeitlichen und thematischen Kategorien auf die bibliographischen Daten zuzugreifen (Abb. 35). Über den *Karlsruher Virtuellen Katalog* (*KVK*) findet eine Verlinkung mit den einzelnen deutschen Verbundkatalogen statt, so dass in wenigen Schritten überprüft werden kann, ob die gefundene Literatur in der lokalen Bibliothek vorhanden ist.

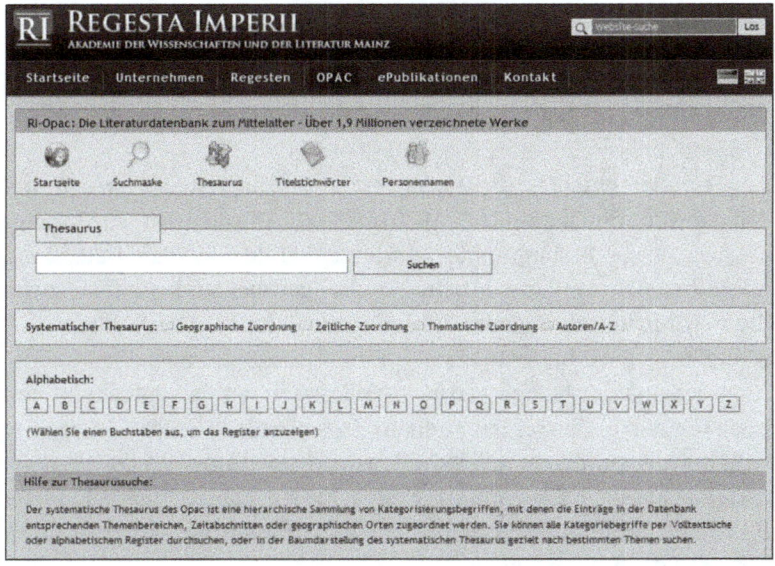

Abb. 35: RI-OPAC – Thesaurus-Recherche.

3.2 Bibliographien zu speziellen Themen

3.2.1 Bibliographie zur antiken Sklaverei Online (BASO)

Die *Bibliographie zur antiken Sklaverei Online* (*BASO*) ist aus dem wichtigsten Forschungsbereich zu dieser Thematik in Deutschland hervorgegangen und dokumentiert die relevante Forschungsliteratur bis zum Jahr 2012.

Die Forschungen zur antiken Sklaverei nach dem Zweiten Weltkrieg standen unter anderem im Kontext der Auseinandersetzung westlicher Historiker mit der in den Ostblockstaaten vertretenen Geschichtslehre des Marxismus, in der die (antike) Sklaverei für die Entwicklung der klassenlosen Gesellschaft des Kommunismus eine Schlüsselstellung besaß. Der Althistoriker Joseph Vogt initiierte an der Akademie der Wissenschaften und der Literatur Mainz die Forschungen zur antiken Sklaverei, die auf der Grundlage objektiver Forschungen den Dialog mit der kommunistischen Lehre suchte. Forschungsschwerpunkte lagen auf der griechischen und römischen Sklaverei, wobei auch der

Forschungsgeschichte

alte Orient, Byzanz und die germanischen Nachfolgestaaten sowie die antike Sklaverei in Ostasien berücksichtigt wurden.

Publikationen des Forschungsbereiches

Dokumentiert sind die Ergebnisse des Forschungsbereiches einerseits in unterschiedlichen Schriftenreihen und Publikationen wie den *Forschungen zur antiken Sklaverei*, den Übersetzungen ausländischer Arbeiten zur antiken Sklaverei, den *Beiheften zu den Forschungen zur antiken Sklaverei*, dem *Corpus der römischen Rechtsquellen zur antiken Sklaverei* und schließlich dem *Handwörterbuch der antiken Sklaverei (HAS)* in mehreren Lieferungen auf CD-ROM.

gedruckte Bibliographien und Datenbank

Daneben entstand die *Bibliographie zur antiken Sklaverei* in drei Auflagen aus den Jahren 1971, 1983 und 2003. Die auch seit 2003 weiter angewachsene Bibliographie wurde schließlich in eine Datenbank überführt, die sämtliche Inhalte der drei gedruckten Ausgaben sowie die neu hinzugekommenen Titel bis zum Jahr 2012 umfasst. Die Erschließung der bibliographischen Daten ist komfortabel: Das Gliederungsschema der letzten gedruckten Fassung wurde weitgehend beibehalten und in die Deskriptoren der Datenbank überführt, ferner gibt es neben der einfachen und Expertensuche noch eine Kategoriensuche und Registerliste. Obwohl mit dem Jahr 2012 abgeschlossen, bietet *BASO* auch künftig ein grundlegendes Instrument für jede Beschäftigung mit der antiken Sklaverei.

3.2.2 Roman Ceramics – Bibliographie zu römischer Keramik in den Provinzen

Insbesondere für die Provinzialrömische Archäologie ist Keramik eine zentrale Quellengattung, die in der Datenbank des Römisch-Germanischen Zentralmuseums Mainz (RGZM) bibliographisch erschlossen wird.

Die *Rei Cretariae Romanae Fautores (RCRF)* ist eine 1957 gegründete, internationale wissenschaftliche Vereinigung, die sich der römischen Keramik widmet, Kongresse ausrichtet, Publikationen und Fachbibliographien zur Erforschung der römischen Keramik herausgibt. Der *Roman Ceramics Navigator* ermöglicht eine Online-Recherche in wichtigen Bibliographien zur römischen Keramik, beispielsweise in den Jahresbibliographien der *Rei Cretariae Romanae Fautores (RCRF)* ab 1990. Eine Erschließung durch Thesauri oder Schlagworte erfolgt jedoch nicht, die Datenbank bietet nur bedingt den gewohnten Komfort vergleichbarer Angebote. Ferner gibt es länderspezifische Zugriffe auf die bibliographischen Daten, Datenbanken und Kataloge zu Samischen Gefäßen und zum Angebot *Potsherd: Atlas of Roman Pottery*.

3.2.3 Digital Library Numis (DLN)

Ziel der *Digital Library Numis* (*DLN*) ist die Kollektion im Internet frei zugänglicher numismatischer Literatur. Insbesondere die älteren Titel sind in großer Fülle vorhanden und zeichnen sich durch sorgfältige bibliographische Metadaten aus. Innerhalb des gesamten Spektrums nimmt die antike Numismatik lediglich einen Teil ein: Berücksichtigung findet die Geschichte der Münzen und des Geldes der ganzen Welt und sämtlicher Epochen, eingeschlossen Medaillen und Papiergeld.

4 Kataloge von Spezialbibliotheken

4.1 iDAI.bibliography/ZENON

Die wichtigsten Spezialbibliotheken im Bereich der Altertumswissenschaften und Archäologie, die Bibliotheken des Deutschen Archäologischen Instituts (DAI), verzeichnen Forschungsliteratur in *iDAI.bibliography/ZENON*, konzipiert als bibliographische Fachdatenbank und Verbundkatalog in einem. Folgende Bibliotheken des Deutschen Archäologischen Instituts (DAI) weisen dort ihren Bestand – teilweise bis auf Aufsatzebene – nach:

- Zentrale Berlin
- Abteilungen Rom, Athen, Istanbul, Kairo, Madrid
- Orient-Abteilung mit Außenstellen Damaskus, Sanaa und Bagdad
- Eurasien-Abteilung mit Außenstellen Teheran und Peking
- Deutsches Evangelisches Institut für Altertumswissenschaft des Heiligen Landes (DEI) Amman
- Römisch-Germanische Kommission (RGK)
- Kommission für Archäologie Außereuropäischer Kulturen (KAAK) Bonn
- Bibliothek der Winkelmann-Gesellschaft
- Bibliothek des International Centre for Underwater Archaeology Zadar

DAI Bibliotheken weltweit

iDAI.bibliography/ZENON enthält Monographien, Zeitschriften, Aufsätze aus Sammelwerken und Zeitschriften, Rezensionen, Karten- und Archivmaterialien sowie elektronische Ressourcen aus dem gesamten Fächerspektrum der Altertumswissenschaften. Dabei kann es sich entweder um den Nachweis der in den DAI-Bibliotheken vorhandenen Literatur handeln oder aber um bibliographische Daten der integrierten archäologischen Bibliographien: *iDAI.bibliography/ZENON* ist daher

OPAC und Bibliographie

Online-Katalog des Verbundsystems der weltweit verteilten Bibliotheken des DAI und bibliographisches System in einem (s. S. 90f.) und übrigens auch in *PropylaeumSEARCH* (s. S. 63ff.) integriert.

Rechercheoptionen

Die Rechercheoptionen von *iDAI.bibliography/ZENON* sind mannigfaltig: Neben der gewohnten einfachen und erweiterten Suche – letztere selbstverständlich auch mit Schlagworten – bietet ein *Thesaurus* die inhaltliche Navigation in den bibliographischen Daten. Auch eine direkte Selektion der Bestände der einzelnen DAI-Bibliotheken ist möglich.

iDAI.welt

Schließlich ist *iDAI.bibliography/ZENON* zentrales Modul der vernetzten digitalen Datenwelt des DAI, zu denen beispielsweise *iDAI.objects/Arachne* (s. S. 126ff.), *iDAI.gazetteer* (s. S. 153f.) und *iDAI.geoserver* (s. S. 154f.) gehören. Diese Module von *iDAI.welt* sind unterschiedlichen Ebenen ineinander greifender Informationssysteme zugeordnet: Daten, Standards und Analysesysteme – ihr Zusammenspiel soll digitales Arbeiten in Altertumswissenschaften und Archäologie dynamisch und nachhaltig ermöglichen. Konkret heißt das, dass aus *iDAI.bibliography/ZENON* heraus auf die Informationen der anderen Systeme zugegriffen werden kann.

4.2 The Oriental Institute of the University of Chicago Research Archives – Library

Das 1919 gegründete Oriental Institute der University of Chicago ist eines der weltweit führenden Institute zur Erforschung der antiken Kulturen des Nahen Ostens. Es verfügt neben zahlreichen musealen Sammlungen, die ihren Ursprung unter anderem in den ausgedehnten Expeditionen des Instituts in der ersten Hälfte des 20. Jahrhunderts haben, auch über eine der am besten ausgestatteten Bibliotheken für Vorderasiatische Altertumskunde, Ägyptologie und Islamische Archäologie.

Die Research Archives – Library bieten eine gemeinsame Datenbank für Bestände der Bibliothek, des Archivs und des Museums. Eine Recherche ist sowohl im Gesamtbestand als auch in den Einzelbeständen möglich. Der Bibliothekskatalog kann auch als Bibliographie genutzt werden, da auch unselbstständig erschienene Texte und Rezensionen erfasst sind.

4.3 Kubikat

Kubikat ist der gemeinsame Katalog der Bibliotheken national und überregional bedeutender, universitätsunabhängiger deutscher kunsthistorischer Forschungsinstitute: Kunsthistorisches Institut Florenz (Max-Planck-Gesellschaft), Zentralinstitut für Kunstgeschichte München, Deutsches Forum für Kunstgeschichte Paris (Max Weber Stiftung), Bibliotheca Hertziana Rom (Max-Planck-Gesellschaft).

Der gemeinsame Katalog der vier bedeutendsten deutschen Kunstbibliotheken ist mit 1,7 Millionen Titelnachweisen (März 2016) selbstständig und unselbstständig erschienener Texte der weltweit größte kunsthistorische Online-Katalog. Er ist Kooperationspartner des Bayerischen Bibliotheksverbundes (BVB) und dadurch auch über den Karlsruher Virtuellen Katalog (KVK) recherchierbar. *Kubikat* ist ebenfalls recherchierbar über den internationalen Metakatalog *Art Discovery Group Catalogue (ADGC)*.

weltweit größter Kunstkatalog

Die Rechercheoptionen sind hoch differenziert: Die erweiterte Suche bietet die Möglichkeit, sowohl in allen vier Katalogen gleichzeitig zu recherchieren als auch einen Katalog gezielt auszuwählen. Besonders komfortabel ist die Möglichkeit mit Schlagwörtern und im Index zu recherchieren (Abb. 36).

Rechercheoptionen

Insbesondere für kunstgeschichtliche Forschungsfragen aus der Klassischen oder Christlichen Archäologie und Byzantinischen Kunstgeschichte ist *Kubikat* ein zentrales Rechercheinstrument.

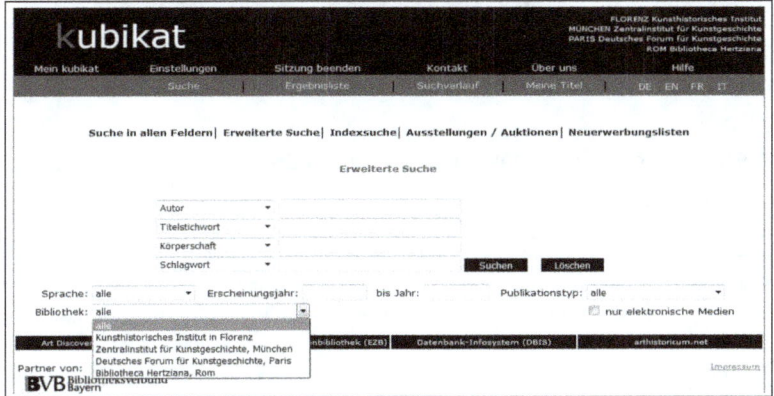

Abb. 36: Kubikat – erweiterte Suche.

4.4 Art Discovery Group Catalogue (ADGC)

Der *Art Discovery Group Catalogue (ADCG)* ist ein Metakatalog innerhalb des World-Cat, der die parallele Recherche in Online-Katalogen von Kunstbibliotheken weltweit ermöglicht.

Wie im Falle von *Kubikat* ist der *Art Discovery Group Catalogue (ADGC)* insbesondere für die Recherche nach Literatur zu speziell kunsthistorischen Fragen aus der Klassischen oder der Christlichen Archäologie und Byzantinischen Kunstgeschichte zu berücksichtigen. Die Datenbank bietet differenzierte Recherchemöglichkeiten, um gedruckte und elektronische, selbstständige und unselbstständige Publikationen zu identifizieren (Abb. 37).

Abb. 37: Art Discovery Group Catalogue (ADGC).

4.5 Zentralbibliothek des Römisch-Germanischen Zentralmuseums (RGZM)

Das Römisch-Germanische Zentralmuseum – Forschungsinstitut für Archäologie Mainz (RGZM) besitzt eine der bedeutendsten Spezialbibliotheken zur Archäologie und Kulturgeschichte der alten Welt vom Paläolithikum bis zum Hochmittelalter in Europa. Da die Bibliothek eine Präsenzbibliothek ist, sind ihre Bestände zwar nur vor Ort benutzbar, ihr OPAC kann jedoch als Bibliographie für interdisziplinäre altertumswissenschaftliche und archäologische Forschungsfragen genutzt werden.

Bedeutung

Das RGZM besitzt als Forschungsinstitut für die Archäologie nationale Bedeutung, da an diesem zahlreiche Forschungsprojekte angesiedelt sind, deren Thematik nicht nur von generellem Interesse für archäologische Fragestellungen ist, sondern deren Methodik neue Wege beschreitet oder Instrumente entwickelt. Aus diesen sind zahlreiche Spezialdatenbanken erwachsen, die Referenzcharakter besitzen.

Nicht nur für die Byzantinistik, Christliche Archäologie und Byzantinische Kunstgeschichte besitzt die Kooperation des RGZM mit der Universität Mainz in Gestalt des *Leibniz-WissenschaftsCampus Mainz: Byzanz zwischen Orient und Okzident* eine herausragende Bedeutung. Mit dem Ziel der Realisierung einer interdisziplinären Byzanzforschung sind auch benachbarte altertumswissenschaftliche Fächer mit kulturwissenschaftlichem Ansatz wie Ägyptologie, Klassische Archäologie, Alte Geschichte, Gräzistik, Orientalistik, mittelalterliche Geschichte eingebunden.

Wissenschafts-Campus Mainz

Da für alle Projekte des RGZM die entsprechende Fachliteratur vor Ort zur Verfügung gestellt werden muss, kann diese nicht nur als Präsenzbibliothek genutzt werden, sondern ihr Online-Katalog zugleich als bibliographische Datenbank. Dieser verfügt über die gewohnten Funktionalitäten, wobei die Recherche mit Schlagworten insbesondere für den Zugriff auf internationale Forschungsliteratur besonders wichtig ist. Er ist Teil des Hessischen Bibliotheksverbunds HeBIS und kann über diesen abgesucht werden.

OPAC und Bibliographie

> Das Römisch-Germanische Zentralmuseum Mainz (RGZM) ging 1852 aus dem Zusammenschluss der deutschen Geschichts- und Altertumsvereine hervor und widmet sich der Erforschung der Epoche der Germanen und Römer. Inzwischen besitzt das RGZM ein breites Forschungsportfolio, das von der Vorgeschichte über die Römerzeit bis zum frühen Mittelalter reicht. Im Einzelnen konzentrieren sich Forschungsfelder auf die Evolution menschlichen Verhaltens, gesellschaftliche Wandlungsprozesse und Dynamiken, kulturelle und soziale Praktiken, Kulturkontakte, Wirtschaft und Technik. Beispielhafte Projekte sind die Erforschung der Dynamik neolithischer Gesellschaften, der Eliten in vor- und frühgeschichtlichen Gesellschaften, der Prozesse der Romanisierung in den Grenzprovinzen des Römischen Reiches, der antiken Schifffahrt, des Handels im Byzantinischen Reich oder der archäologischen Umweltforschung.
>
> In vielen dieser Projekte sind Datenbanken entstanden: TOMBA – Datenbank zu reich ausgestatteten Gräbern der Bronze- und älteren Eisenzeit in Europa, CalPal – paläoökologische und paläoklimatische Daten, dASIS – distributed Archaeological Site Information System, Transformation – Darstellung des Romanisierungsprozesses in den nördlichen Grenzprovinzen des Römischen Reiches, NAVIS I,II,III – internationale Datenbanken zur römischen Schiffsarchäologie, Terra Sigillata-Forschungen – Forschungsdatenbanken zu gestempelter und reliefverzierter Terra Sigillata, Fremde im Frühmittelalter in Europa: Migration – Integration – Akkulturation, Roman Ceramics.

Tipp

4.6 Dumbarton Oaks Research Library and Collection

Für die Christliche Archäologie und die Byzantinistik ist *Dumbarton Oaks Research Library and Collection* in Washington D. C. eine der wichtigsten Forschungsstätten weltweit. Die Sammlungen der Bibliothek sind über den OPAC der Harvard University Libraries (HOLLIS) recherchierbar, so dass dieser für bibliographische Recherchen im Bereich Christliche Archäologie und Byzantinistik genutzt werden kann.

Sammlungsgeschichte

In ihrem 1920 erworbenen Landhaus Dumbarton Oaks in Washington D. C. begründeten die Privatsammler Mildred und Robert Woods Bliss 1940 mit ihren Sammlungen an Büchern und Kunst die *Dumbarton Oaks Research Library and Collection*. Sie widmete sich neben der byzantinischen Kunst auch der präkolumbischen Kunst und Kultur Südamerikas sowie der Geschichte der Landschaftsarchitektur. Später wurde das Archiv des privaten *Byzantine Institute of America* in die Sammlungen inkorporiert. *Dumbarton Oaks Research Library and Collection* wurde bereits vom Gründerehepaar in die Verwaltung der Harvard University übergeben.

5 Historische Grundwissenschaften und Quellen

formale und inhaltliche Kategorisierungen

Nicht nur der Umgang mit Forschungsliteratur, sondern auch der Umgang mit Quellen gehört zu den grundlegenden Kompetenzen für die wissenschaftliche Arbeit in Altertumswissenschaften und Archäologie. Die formale und inhaltliche Kategorisierung von Forschungsliteratur ist genauso Grundlage einer zuverlässigen Orientierung in diesen Disziplinen wie die formale und inhaltliche Kategorisierung von Quellen. Nur auf Grundlage der überlieferten und rekonstruierten Quellen lassen sich vergangene Kulturen rekonstruieren! Und die überlieferte Vielfalt der Quellen ist so breit wie die Vielfalt der alten Kulturen.

Systematisierung

Der Diskurs zu den Historischen Grundwissenschaften nimmt vielfältige Systematisierungen von Quellen vor, die für die Zielsetzung dieser Einführung nur vereinfacht skizziert werden können. Eine mögliche Unterteilung könnte an folgenden Kategorien festgemacht werden:
– Schriftlichkeit: Handelt es sich um *schriftlose* Quellen wie Keramik, Schmuck, Waffen, Architektur oder um *schriftliche* Quellen wie Literatur, Inschriften, Münzen?
– Zeitstellung: Handelt es sich um innerhalb des zu untersuchenden historischen Prozesses selbst entstandene Quellen, das heißt um *Primär*quellen wie Reden, Inschriften, Münzen, oder um *Sekundär*-

quellen wie historiographische Werke, die aus einem zeitlichen Abstand diesen historischen Prozess darstellen?
- Intentionalität: Handelt es sich im Sinne der auf Johann Gustav Droysen (1808–1884) zurückgehenden Unterscheidung um einen *Überrest* wie einen Text oder Artefakt, dessen Entstehen nicht auf aktive Gestaltung des Überlieferungsprozesses zielte, oder aber um eine *Tradition* wie einen Text oder Artefakt, der mit dem Ziel der Überlieferungsbildung geschaffen wurde?

Um historische oder archäologische Aussagen formulieren zu können, müssen die überlieferten Quellen in ihrer Eigenart erfasst und verstanden werden. Dabei stellt die Quellenkritik die grundlegende Methode historischen Arbeitens dar. Sie umfasst unterschiedliche Einzelkompetenzen, die in den Grundwissenschaften gelehrt und gelernt werden.

Quellenkritik

Zu den Grundwissenschaften, die für Altertumswissenschaften und Archäologie besondere Bedeutung haben, zählen traditionell:
- Epigraphik
- Numismatik
- Paläographie
- Diplomatik
- Sphragistik
- Chronologie
- Heraldik
- Genealogie
- Kartographie

Historische Grundwissenschaften

Diese Grundwissenschaften besitzen innerhalb der einzelnen altertumswissenschaftlichen und archäologischen Disziplinen unterschiedliche Bedeutung. Genauso wichtig wie die Orientierung in den Grundwissenschaften ist die Kenntnis der Nachbardisziplinen: Beispielsweise sollte ein Klassischer Archäologe philologische Kompetenzen besitzen, wenn er schriftliche Quellen zur antiken Kunst analysiert, oder ein Althistoriker Kenntnisse der Provinzialrömischen Archäologie, wenn er sich bei der Beschäftigung mit der Geschichte des römischen Britannien auf Ausgrabungen stützt.

Nachbardisziplinen

Bei der Einordnung und Beurteilung einer Quelle können 5 einfache *W-Fragen* helfen:
- *Wer* hat einen Text/Artefakt verfasst/in Auftrag gegeben/besessen etc.?
- *Wann* ist ein Text/Artefakt entstanden/gelesen/benutzt etc. worden?

W-Fragen

- *Wo* ist ein Text/Artefakt Artefakt entstanden/gelesen/benutzt etc. worden?
- *Warum* ist ein Text/Artefakt entstanden/gelesen/benutzt etc. worden?
- *Wie* ist ein Text/Artefakt entstanden/gelesen/benutzt etc. worden?

Quellenkenntnis als Forschungskompetenz

Erst die gründliche Kenntnis der vielfältigen Quellen ermöglicht die Beurteilung des Forschungsdiskurses sowie eigene Beobachtungen und Thesen zu altertumswissenschaftlichen und archäologischen Themen. Wie bibliothekarische Online-Kataloge und bibliographische Datenbanken den in unterschiedlichen Medien und Publikationsformaten abgebildeten Forschungsdiskurs dokumentieren und recherchierbar machen, so entstehen gegenwärtig immer komplexere Quellendatenbanken, die den Charakteristika der einzelnen Quellengattungen angepasst sind.

von der Edition in die Datenbank

Altertumswissenschaftliche und archäologische Quellen wurden traditionell in gedruckten Editionen publiziert. Diese bilden in vielen Fällen die Grundlage von Datenbanken, deren modularer Aufbau und Dynamik der Publikation von Quellen oft viel angemessener ist als statische Print-Editionen. In Zukunft wird sich die elektronische Primäredition von Quellen weiter durchsetzen. Eine Besonderheit von Quellendatenbanken besteht darin, dass sie zu den jeweiligen Objekten auch ihre Publikation in Katalogen oder Forschungsliteratur nachweisen.

5.1 Epigraphik

Trägermaterialien

Die Epigraphik (epigraphé = Inschrift, Aufschrift), die Inschriftenkunde, ist eine der wichtigsten Grundwissenschaften für die Altertumswissenschaften – insbesondere für die Alte Geschichte. Ihre Gegenstände sind die auf unterschiedlichen Trägermaterialien, wie beispielsweise Stein, Metall, Holz, Wachs, Scherben oder Tontafeln in unterschiedlichster Technik aufgebrachten Inschriften. Wie dem Papyrus und Pergament, auf dem antike Literatur bis ins Mittelalter überliefert ist, kommt den Inschriften eine zentrale Bedeutung in der Überlieferung antiker Schriftlichkeit zu.

Sprachen, Gattungen

Waren Inschriften in lateinischer Sprache auch in nachantiker Zeit weit verbreitet, besaßen griechische Inschriften eine große Verbreitung im Byzantinischen Reich, das 1453 von den Osmanen erobert wurde. Neben Griechisch und Latein sind innerhalb der altertumswissenschaftlichen Epigraphik noch weitere Sprachen relevant, beispielsweise: Ägyptisch, Phönizisch, Aramäisch, Hebräisch, Arabisch oder Etruskisch. Wichtige Inschriftengattungen sind Bauinschriften, Grabinschriften, Weihinschriften, Ehreninschriften.

Bereits im 19. Jahrhundert, als die Altertumswissenschaften sich institutionell und mit zahlreichen Grundlagenprojekten dynamisch etablierten, entstanden große Inschriftencorpora, getrennt nach den Sprachen Griechisch und Latein. Vielfach bilden diese auch heute noch Fundamente der Datenbanken und Internetportale, aus deren Vielfalt im Folgenden nur eine Auswahl vorgestellt werden kann.

Editionen

5.1.1 Griechische Inschriften

5.1.1.1 Inscriptiones Graecae (IG)

Die Datenbank bildet eine Ergänzung zu den seit 2001 erschienenen gedruckten Bänden der *Inscriptiones Graecae (IG)* und enthält griechische Inschriften mitsamt deutscher Übersetzung.

Inschriften, so die Beschreibung der Berlin-Brandenburgischen Akademie der Wissenschaften, die die *Inscriptiones Graecae (IG)* und deren Vorläufer herausgibt, seien die *Fußnoten im Buch der Geschichte* der alten Welt – wobei der Haupttext allerdings vielfach fehle. Diesen zu rekonstruieren ist die Aufgabe der Altertumswissenschaften und Archäologie.

Fußnoten der Geschichte

Bereits im Jahr 1815 wurde an der Preußischen Akademie der Wissenschaften von August Boeckh (1785–1867) die Sammlung antiker Inschriften initiiert. Damit wurde nicht nur Boeckh ein Begründer der modernen Epigraphik, sondern das Projekt zur Erfassung der griechischen Inschriften ein frühes Langzeitforschungsvorhaben der Berliner Akademie. Die vier Bände des zwischen 1828 und 1859 publizierten *Corpus Inscriptionum Graecarum (CIG)* erfassten geographisch und kommentierten lateinisch alle damals bekannten griechischen Inschriften. Das Autopsieprinzip lag jedoch nicht zu Grunde.

Publikationsgeschichte

Mit der im 19. Jahrhundert großen Zahl neu entdeckter Inschriften musste schließlich eine neue Publikationsstrategie gefunden werden. Im Jahr 1868 wurde mit der Neubearbeitung der attischen Inschriften begonnen, aus der schließlich die *Inscriptiones Graecae (IG)* hervorgingen, die dem von Theodor Mommsen (1817–1903) formulierten Grundsatz der Autopsie verpflichtet waren. Im Jahr 1902 übernahm Ulrich von Wilamowitz-Moellendorff (1848–1931) das Projekt, vereinte das Autop-

Autopsie, Vollständigkeit

sieprinzip mit dem Ziel der Vollständigkeit, wobei er zugleich die auf 15 Bände geplanten *Inscriptiones Graecae* (*IG*) auf Griechenland, Italien und die Ägäischen Inseln beschränkte. Zur Aktualisierung der Sammlung wurden Neuauflagen sowie Supplementbände vorgesehen. Inzwischen sind 12 Bände in etwa 50 Teilbänden und Faszikeln erschienen.

Inscriptiones Graecae Online

Die als Ergänzung zum gedruckten Werk erstellte digitale Edition der seit 2001 erschienenen Bände der *Inscriptiones Graecae* bietet nicht nur deutsche Übersetzungen, sondern ermöglicht in der erweiterten Suche einen differenzierten Zugriff auf die Inschriften, beispielsweise: Stichwortsuche in Deutsch oder Altgriechisch mit Trunkierungsmöglichkeit, Einschränkung auf Inschriftentyp und -material.

Neufunde: SEG, AE

Für Neufunde aus den Gebieten der lateinischen und griechischen Epigraphik sind das *Supplementum Epigraphicum Graecum* (*SEG*) und die *Année Epigraphique* (*AE*) zu konsultieren. Das *SEG* wird vom Verlag de Gruyter auch als elektronische Edition angeboten.

5.1.1.2 Searchable Greek Inscriptions (Packard Humanities Institute)

Die Datenbank *Searchable Greek Inscriptions* basiert unter anderem auf den *Inscriptiones Graecae* (*IG*), in denen im Volltext recherchiert werden kann.

Der amerikanische Philologie David W. Packard, Sohn des Mitbegründers des Technologiekonzerns Hewlett-Packard, hatte früh den Einsatz der Computertechnologie auf dem Gebiet der Geisteswissenschaften erprobt. Er gründete 1987 das Packard Humanities Institute in Los Altos (Kalifornien) im Rahmen einer privaten Stiftung, die insbesondere Langzeitprojekte auf dem Gebiet der Geisteswissenschaften finanziert. Zu diesen Projekten gehören neben den Datenbanken *Classical Latin Texts* (s. S. 151) und *Searchable Greek Inscriptions* unter anderem die Restaurierung des antiken Herculaneum.

Der Datenbank liegen bereits publizierte Inschriften zu Grunde, insbesondere die *Inscriptiones Graecae* (*IG*). Eine differenzierte Recherche beispielsweise nach Regionen oder dem Ort ihrer ersten Veröffentlichung ist mit griechischen und lateinischen Buchstaben möglich.

5.1.1.3 Attic Inscriptions Online (AIO)

Übersetzungen

Da innerhalb der traditionellen großen Corpora die Inschriften in der Regel ohne Übersetzung publiziert sind, hat *Attic Inscriptions Online* (*AIO*) das Ziel, unter anderem auf Grundlage der *Inscriptiones Graecae* (*IG*) die mehr als 20.000 Inschriften aus Athen und Attika in englischen

Übersetzungen anzubieten. Diese sind unter anderem verlinkt mit den *Searchable Greek Inscriptions* sowie *Inscriptiones Graecae (IG)* mit deutschen Übersetzungen.

5.1.2 Lateinische Inschriften

5.1.2.1 Corpus Inscriptionum Latinarum (CIL) – Archivum Corporis Electronicum (ACE)

Die kontinuierlich erweiterte Datenbank *Archivum Corporis Electronicum (ACE)* erschließt in Ergänzung zu den gedruckten Bänden als Dokumentation des epigraphischen Befundes die Sammlung der Abklatsche, Photos, Zeichnungen, Inschrift-Scheden und bibliographischen Notizen der Arbeitsstelle des *Corpus Incriptionum Latinarum* (CIL).

Das *Corpus Inscriptionum Latinarum (CIL)* ist wie die *Inscriptiones Graecae (IG)* eines der traditionsreichsten Projekte der Berlin-Brandenburgischen Akademie der Wissenschaften, das auf die Initiative Theodor Mommsens (1817–1903) aus dem Jahr 1847 zurückgeht. Ziel ist die nach dem Autopsieprinzip verfahrende geographische und systematische Erfassung und Edition der lateinischen Inschriften des gesamten Römischen Reiches als unverzichtbare Grundlage für jedwede historische, archäologische oder philologische Forschung. Das Projekt startete 1853, der erste gedruckte Band erschien 1863. Die bisher erschienenen 17 Bände mit mehr als 70 Teil- sowie 13 Ergänzungsbänden umfassen etwa 180.000 Inschriften.

Publikationsgeschichte

Die Webseite des *Corpus Inscriptionum Latinarum (CIL)* bietet neben dem *Archivum Corporis Electronicum (ACE)* eine umfangreiche Dokumentation des Projektes wie eine Übersicht über die bisher erschienenen Bände, ihre geographische Visualisierung, Indizes, Konkordanzen zu älteren Sammlungen lateinischer Inschriften und Paralleleditionen sowie ein ausführliches Glossar.

Ressourcen

Die inzwischen urheberechtsfreien, vor 1940 publizierten gedruckten Bände des *Corpus Inscriptionum Latinarum (CIL)* stehen als *CIL Open Access* auf der Objektdatenbank des Deutschen Archäologischen Instituts (DAI), *iDAI.objects/Arachne* (s. S. 126ff.), zur Verfügung. Durch OCR-Erkennung sind Volltextsuchen möglich.

CIL Open Access

5.1.2.2 Epigraphik-Datenbank Clauss-Slaby (EDCS)

Die *Epigraphik-Datenbank Clauss-Slaby (EDCS)* zielt auf die Erfassung sämtlicher lateinischer Inschriften. Über eine differenzierte Suchmaske kann nach einzelnen Belegen, nach Provinzen, nach Orten oder in den Inschriftentexten selbst recherchiert werden. Diese sind transkribiert, aufgelöst, die fehlenden Buchstaben ergänzt, ihre Belegstellen in der Forschungsliteratur bibliographisch nachgewiesen und zur sofortigen Lokalisierung mit Google Maps verknüpft. Sofern eine Inschrift fotografiert ist, wird das Digitalisat beigefügt. Ist dieselbe Inschrift auch in einer anderen Datenbank erfasst, wird dorthin verlinkt.

Rechercheoptionen

Die *Epigraphik-Datenbank Clauss-Slaby (EDCS)* hat das Ziel, sämtliche publizierten lateinischen Inschriften Italiens und der römischen Provinzen zu erfassen und verzeichnet inzwischen etwa 495.000 Inschriften aus 3.500 Publikationen für 22.300 Orte mit 101.000 Fotos (Stand: März 2016). Die Recherche kann nach Provinzen erfolgen, nach Wörtern aus den Inschriften oder es kann eine Ausgabe nach Corpora erfolgen. Eine Visualisierung der Fundorte wird durch die georeferenzierte Verteilung der Inschriften mit Hilfe von Google Maps erreicht.

Vernetzungen

Darüber hinaus existieren Verknüpfungen zu den wichtigsten anderen epigraphischen Datenbanken wie dem *Corpus Inscriptionum Latinarum (CIL)*, der *Epigraphic Database Roma (EDR)*, der *Epigraphischen Datenbank Heidelberg (EDH)*, der *Epigraphic Database Bari (EDB)*, der *Hispania Epigraphica (HE)*, den *Searchable Greek Inscriptions*, den *Roman Inscriptions of Britain (RIB)*, den *Vindolanda Tablets Online*, der *Epigraphischen Datenbank zum antiken Kleinasien*, den *iDAI.images/Arachne* oder den *Deutschen Inschriften Online (DIO)*. Diese werden im Folgenden vorgestellt.

5.1.2.3 Epigraphische Datenbank Heidelberg (EDH)

Die *Epigraphische Datenbank Heidelberg (EDH)* dokumentiert im Rahmen von *EAGLE (Electronic Archive of Greek and Latin Epigraphy)* die lateinischen und bilinguen (v.a. lateinisch-griechischen) Inschriften der römischen Provinzen. Dies geschieht auf Grundlage der Publikation nicht nur in den großen Inschriftencorpora, sondern auch in der *Année Epigraphique* und zahlreicher weit verstreuter Quellen. Komplexe Rechercheoberflächen und unterschiedliche Sucheinstiege ermöglichen eine differenzierte Orientierung innerhalb des in drei Teildatenbanken publizierten Materials. Ihre interdisziplinär angelegte Konzeption macht die *EDH* zu einem international führenden Datenbankprojekt.

Forschungsgeschichte

Durch den Althistoriker Géza Alföldy (1935–2011) im Jahr 1986 gegründet und seit 1993 an der Heidelberger Akademie der Wissenschaften beheimatet, hat die *Epigraphische Datenbank Heidelberg (EDH)* in der

Tradition langfristig angelegter epigraphischer Akademieprojekte die systematische Erfassung und am Original überprüfte Bearbeitung lateinischer Inschriften aus den römischen Provinzen zum Ziel: *Epigraphische Text-Datenbank, Epigraphische Fotothek und Epigraphische Bibliographie* (Abb. 38). In Zahlen: 72.200 Inschriften, 36.800 Fotos, 15.100 Publikationen, 25.700 Fundorte (Stand: März 2016). Exakte Beschreibungen und Metadaten der Inschriften werden vor dem Hintergrund des aktuellen Forschungsstandes präsentiert, für den Nutzer erkennbar am Feld *Bearbeitungsstand*. Die Transkriptionen der Inschriften können – sofern ein Foto vorhanden – unmittelbar überprüft werden. Die *EDH* ist vernetzt mit einschlägigen Datenbanken wie beispielsweise der *Prosopographia Imperii Romani* (*PIR*) (s. S. 158f.).

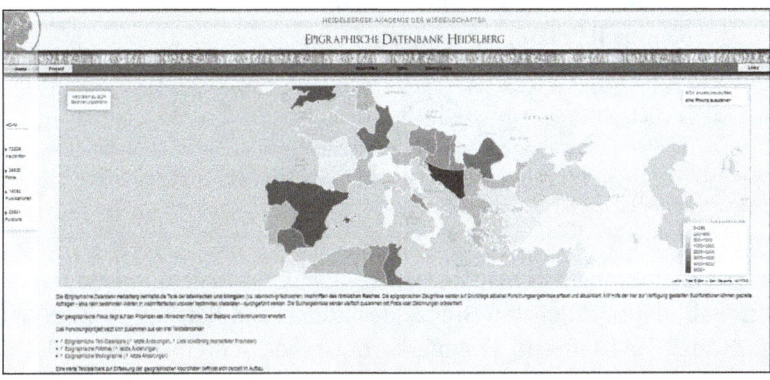

Abb. 38: Epigraphische Datenbank Heidelberg (EDH).

Inzwischen zählt die *EDH* durch ihre internationale und interdisziplinäre Ausrichtung zu den weltweit wichtigsten epigraphischen Datenbanken. Innerhalb der 2003 begründeten *Electronic Archives of Greek and Latin Epigraphy* (*EAGLE*) als internationaler epigraphischer Datenbankföderation mit dem Ziel der Aufnahme aller lateinischen und griechischen Inschriften der Antike nach einheitlichen Kriterien in einer Datenbank ist die *EDH* für die Inschriften der römischen Provinzen verantwortlich. Im Rahmen des 2013 begründeten Projektes *EAGLE – Europeana network of Ancient Greek and Latin Epigraphy* (s. S. 112f.) ist auch die *EDH* konzeptionell maßgeblich beteiligt.

internationale Vernetzungen

Epigraphic Database Roma	Die *Epigraphic Database Roma* (*EDR*) zielt auf die Verzeichnung der Inschriften Roms, der italienischen Halbinsel, Siziliens und Sardiniens.
Epigraphic Database Bari	In der *Epigraphic Database Bari – inscriptions by Christians in Rome* (*EDB*) werden christliche Inschriften Roms des 3. bis 8. Jahrhunderts erfasst.
Hispania Epigraphica	Die Datenbank *Hispania Epigraphica* (*HE*) verzeichnet das epigraphische Erbe der spanischen Halbinsel, wobei die lateinischen Inschriften im Vordergrund stehen.

5.1.2.4 Vindolanda Tablets Online (VTO) und Vindolanda Tablets Online II (VTO2)

In zwei Datenbanken, die auf den gedruckten Publikationen der hölzernen Schreibtafeln aus Vindolanda basieren, werden die einzelnen Fragmente digital ediert, differenziert erschlossen und recherchierbar gemacht. Sie lassen sich im lateinischen Originaltext, in der englischen Übersetzung, nach den Publikationsnummern, aber auch systematisch nach Typen, Themen oder Orten identifizieren.

römische Alltagsgeschichte

Vindolanda war ein römisches Militärlager mit Zivilsiedlung am Hadrianswall, der nördlichsten Grenze des Römischen Reiches, in dem seit 1973 mehr als tausend Fragmente hölzerner Schreibtafeln entdeckt wurden. Diese ermöglichen einen lebensvollen Blick in den militärischen und zivilen Alltag der Jahre zwischen 85 und 130 n. Chr.

Rechercheoptionen

Neben einer differenzierten Suchmaske, die eine Recherche mit beliebigen Begriffen erlaubt, ermöglicht eine inhaltliche Systematisierung der Schreibtafeln die thematische Suche, beispielsweise nach Alltagsgegenständen, religiösen, militärischen oder sozialen Aspekten.

Die Datenbank *Vindolanda Tablets Online* (*VTO*) basiert auf den beiden gedruckten Publikationen: Alan K. Bowman, John David Thomas: *The Vindolanda writing tablets*. London, 1994 und Alan K. Bowman, John David Thomas: *Vindolanda – the Latin writing tablets*. London, 1983. In der als Ergänzung zu *Vindolanda Tablets Online* (*VTO*) erstellten Datenbank *Vindolanda Tablets Online II* (*VTO2*) ist auch die dritte Publikation berücksichtigt: Alan K. Bowman, John David Thomas: *The Vindolanda writing tablets*. London, 2003.

5.1.2.5 Roman Inscriptions of Britain (RIB online)

Die Datenbank *Roman Inscriptions of Britain* (*RIB online*) gründet auf der 1965 erschienenen und 1995 aktualisierten Edition von Robin G. Collingwood; Richard P. Wright: *The Roman inscriptions of Britain*. Oxford 1965.

RIB online verfügt über vielfältige Rechercheoptionen: Einerseits lässt sich über eine Suchmaske beispielsweise eine Freitextsuche mit unterschiedlichen Filtern kombinieren, beispielsweise *text category*, *type*, *material*, *RIB site*, *institution*, *latin name*. Die einzelnen Datensätze zu den Inschriften verfügen über Edition, Übersetzung, Kommentierung und Bibliographie. Neben den Abbildungen des Objektes ist eine exakte geographische Lokalisierung über Karten, beispielsweise über *Pleiades* (s. S. 156f.), möglich. Andererseits wird ein Zugriff auf die Inschriften über unterschiedliche Indizes wie beispielsweise Grafschaften, Fundplätze oder Museen angeboten.

5.1.3 Griechische und lateinische Inschriften

5.1.3.1 Epigraphische Datenbank zum antiken Kleinasien

Die *Epigraphische Datenbank zum antiken Kleinasien* verzeichnet sämtliche, bisher verstreut publizierte griechische und lateinische Inschriften der einzelnen Gebiete des antiken Kleinasien. Sie erlaubt differenzierte Recherchemöglichkeiten, beispielsweise nach Sprache, Inschriftentyp, Region, Territorium und Fundort.

Ursprünglich als Fortsetzung und Erweiterung des *Princeton Project on the Inscriptions of Anatolia* konzipiert, das seinerseits einen Teil des vom Packard Humanities Institute (PHI) finanzierten Projektes zur Erfassung aller griechischen Inschriften bildete, wurde die *Epigraphische Datenbank zum antiken Kleinasien* später aus dem PHI-Verbund ausgegliedert. — Forschungsgeschichte

Die Inschriften lassen sich griechisch und lateinisch recherchieren, wobei die griechischen Buchstaben in lateinischer Umschrift eingegeben werden. In den einzelnen Datensätzen werden die Inschriften unter Ergänzung fehlender Buchstaben transkribiert und vor dem Hintergrund der verzeichneten relevanten Forschungsliteratur genau beschrieben. Besonders komfortabel ist die systematische inhaltliche Erschließung des Datenbestandes, so dass Inschriften beispielsweise gezielt nach Gesetzen und Dekreten, Verträgen, Bauinschriften, Ehreninschriften, religiösen Inschriften oder Grabinschriften identifiziert werden können. Komfortabel ist schließlich die Einbindung von Google Maps zur geographischen Lokalisierung der jeweiligen Fundorte. Eine grundlegende Bibliographie rundet das gesamte Angebot der Datenbank ab. — Rechercheoptionen

5.1.3.2 EAGLE – Europeana network of Ancient Greek and Latin Epigraphy

EAGLE – Europeana network of Ancient Greek and Latin Epigraphy bietet ein Portal zum sammlungsübergreifenden Nachweis und zur Recherche von erhaltenen Inschriften der Antike, die von Museen, Archiven und Bibliotheken digitalisiert worden sind.

Europeana

Für griechische und lateinische Inschriften der Antike entsteht innerhalb der *Europeana*, des europäischen Kulturportals, das einen zentralen Zugriff auf das vielfältige Erbe Europas bietet, neben einer aktuellen Dokumentation der relevanten epigraphischen Ressourcen eine hochspezialisierte *Inscriptions Search Engine*. Diese ermöglicht eine parallele Recherche in den wichtigsten europäischen Inschriftendatenbanken, wie beispielsweise:
- *iDAI.images/Arachne*
- *Epigraphic Database Bari – inscriptions by Christians in Rome* (*EDB*)
- *Epigraphische Datenbank Heidelberg* (*EDH*)
- *Epigraphic Database Roma* (*EDR*)
- *Epigraphische Datenbank Clauss-Slaby* (*EDCS*)
- *Hispania Epigraphica* (*HE*)
- *Ubi Erat Lupa*

Inscriptions Search Engine

Recherchen können sowohl in einer *einfachen* als auch in einer *erweiterten Suche* durchgeführt werden. Darüber hinaus werden differenzierte Möglichkeiten der Sucheinschränkungen geboten wie: Einschränkung auf eine bestimmte Datenbank/Sammlung, Material, Objektgattung oder Inschriftentyp (Abb. 39).

Thesauri, Übersetzungen, Bibliographie

Neben diesen komfortablen Recherchemöglichkeiten bietet *EAGLE* epigraphische Fachthesauri (z. B. Material, Inschriftentyp, Dekoration), englische Übersetzungen von Inschriften und eine epigraphische Bibliographie, die unter anderem auch die Bibliographien einzelner epigraphischer Projekte wie der *EDH* inkludiert. Auf diese Weise kann *EAGLE* dem Anspruch gerecht werden, ein Portal für den Nachweis des antiken epigraphischen Erbes zu bieten, das sowohl für die spezialisierte Fachcommunity als auch für eine interessierte Öffentlichkeit nutzbar ist.

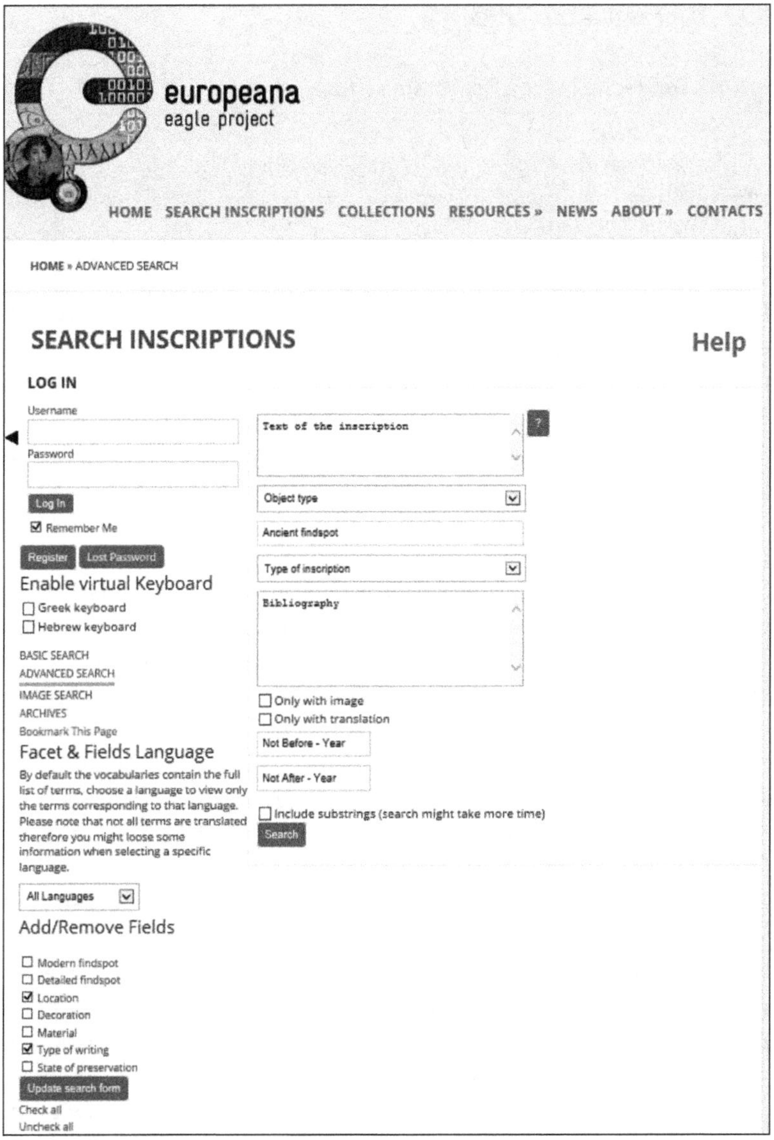

Abb. 39: EAGLE Inscriptions Search Engine.

5.1.4 Nachantike Inschriften

5.1.4.1 Deutsche Inschriften Online (DIO)

Auch für die Archäologie des Mittelalters sind Inschriften wichtige Zeugnisse. Die Datenbank *Deutsche Inschriften Online* (*DIO*) zielt auf die Sammlung und Edition aller lateinischen und deutschen Inschriften des Mittelalters und der Frühen Neuzeit aus Deutschland, Österreich und Südtirol.

Forschungsgeschichte Die *Deutschen Inschriften* sind das älteste Projekt zur Erfassung mittelalterlicher und frühneuzeitlicher Inschriften, das auf Konzepte des Germanisten Friedrich Panzer (1870–1956) und des Historikers Karl Brandi (1868–1946) zurückgeht. Die Forschungsergebnisse wurden seit 1942 in bisher 90 Bänden in unterschiedlichen Reihen gedruckt publiziert. Ein Band enthält einzelne Städte oder mehrere Stadt- oder Landkreise. Ziel des Gemeinschaftsprojektes zahlreicher Akademien der Wissenschaften in Deutschland und Österreich ist die Sammlung und Edition aller lateinischen und deutschen Inschriften des Zeitraums 500 bis 1650 aus Deutschland, Österreich und Südtirol. Darüber hinaus werden auch Inschriften anderer Sprachen berücksichtigt, sofern sie in einem christlichen Kontext stehen. Neben den originalen Inschriften werden auch lediglich kopial überlieferte Zeugnisse verzeichnet. Das *Referenzkorpus Deutsche Inschriften* ist Teil des *Referenzkorpus historischer Texte des Deutschen* und bereitet die Inschriften für zukünftige sprachwissenschaftliche Forschung auf.

Langfristiges Ziel ist die Volldigitalisierung und Online-Bereitstellung aller gedruckten Reihen. Das Online-Portal bietet keine gescannten Buchseiten, sondern publiziert den Inhalt der Bände in einer neuen, insbesondere durch viele Bilder erweiterten und kontinuierlich aktualisierten Fassung. Zahlreiche Hilfsmittel wie ein Glossar mit wichtigen epigraphischen Begriffen sind in das Portal eingebunden.

Die Volltextsuche ermöglicht eine komplexe Abfrage sowie unterschiedliche Eingrenzungsmöglichkeiten. Die digitale Edition der einzelnen Inschriften umfasst Beschreibung, Kommentar, Transkription, Übersetzung, textkritischen Apparat, Anmerkungen und Abbildungen (Abb. 40).

Abb. 40: Deutsche Inschriften Online (DIO).

Für die noch junge Forschungsdisziplin *Epigraphik des Mittelalters und der Neuzeit* wurde 1984 an der Ludwig-Maximilians-Universität München das *Epigraphische Forschungs- und Dokumentationszentrum* (*EFDZ*) gegründet, das sowohl seine Fachbibliothek zur mittelalterlichen und neuzeitlichen Epigraphik Europas als auch seine umfangreiche Fotosammlung in Datenbanken veröffentlicht hat. Das *EFDZ* kooperiert mit den Inschriftenkommissionen der deutschen Akademien der Wissenschaften und der Österreichischen Akademie der Wissenschaften.

Tipp

5.2 Numismatik

Die Numismatik (*nómisma* = Münze), die auch Medaillen und Marken (*tesserae*) inkludiert, ist eine weitere Grundwissenschaft für die Altertumswissenschaften und Archäologie – insbesondere für die Alte Geschichte: Münzen sind breit überliefert, können durch die Nennung des jeweiligen Münzherren relativ gut datiert werden und sind wegen ihrer offiziellen Funktionen – wie Inschriften – besonders authentische Primärquellen. Sie sind wichtige Quellen für Chronologie, politische Geschichte, Münzpolitik und Wirtschaftsgeschichte.

Die große Bedeutung von Münzen für die Altertumswissenschaften wird an der Vielfalt und Dynamik der einschlägigen Münzdatenbanken sichtbar, die lediglich die Präsentation einer im deutschen Sprachraum besonders bekannten Auswahl zulässt. Wenn es auch Münzdatenbanken gibt, die sich ausschließlich auf das römische Material konzentrieren, soll hier keine Trennung zwischen griechischer und römischer Numismatik vorgenommen werden. Aufbau und Suchfunktion der Datenbanken orientieren sich an denjenigen Kriterien, nach denen Münzen bestimmt werden, beispielsweise: Material, Nominal, Gewicht, Durchmesser, Legende (Avers und Revers). Die wichtigste numismatische Fachliteratur ist auch in den bibliographischen Fachdatenbanken wie *Année Philologique* oder *Gnomon* dokumentiert.

5.2.1 Numismatische Bilddatenbank Eichstätt (NBE)

Die *Numismatische Bilddatenbank Eichstätt* (*NBE*) stellt einen umfangreichen Bestand griechischer und römischer Münzen in hochauflösenden Digitalfotografien zur Verfügung und ermöglicht einen repräsentativen Überblick über die Münzproduktion der klassischen Antike.

Inhalte

Wie die bibliographische Datenbank *Gnomon* wird die *Numismatische Bilddatenbank (NBE)* am Lehrstuhl für Alte Geschichte an der Katholischen Universität Eichstätt-Ingolstadt gepflegt und besitzt eine vergleichbare Recherche-Oberfläche. Kern der Datenbank ist die Münzsammlung am Lehrstuhl für Alte Geschichte Eichstätt, ergänzt durch die Sammlung des Seminars für Klassische Philologie der Universität Erlangen sowie die Sammlung des Seminars für Klassische Archäologie der Universität Regensburg. Darüber hinaus war es durch eine Kooperation mit Auktionshäusern möglich, eine besonders umfangreiche virtuelle Sammlung aufzubauen. Die Rechte für die digitalen Fotos, die für nicht-kommerzielle wissenschaftliche Zwecke unter Angabe ihrer Herkunft genutzt werden dürfen, liegen beim Lehrstuhl für Alte Geschichte der Universität Eichstätt-Ingolstadt.

Erschließung

Der Zugriff auf die Daten erfolgt auf differenzierten Wegen: Tag-Cloud, allgemeine Suche, systematischer Thesaurus mit Schlagwortliste sowie unterschiedliche Indizes. Besonders attraktiv ist die Suche nach Wörtern und Begriffen in den Legenden auf Vorder- und Rückseiten der Einzelobjekte (Abb. 41).

Die Weiterverarbeitung der Rechercheergebnisse kann unterschiedlich erfolgen: Beispielsweise lässt sich eine Merkliste erstellen, aus der wiederum eine Auswahl der interessierenden Münzen in einem Korb zum anschließenden Download abgelegt werden kann. Der Download bezieht sich sowohl auf die Bilder als auch auf die jeweiligen Beschreibungen, die Metadaten.

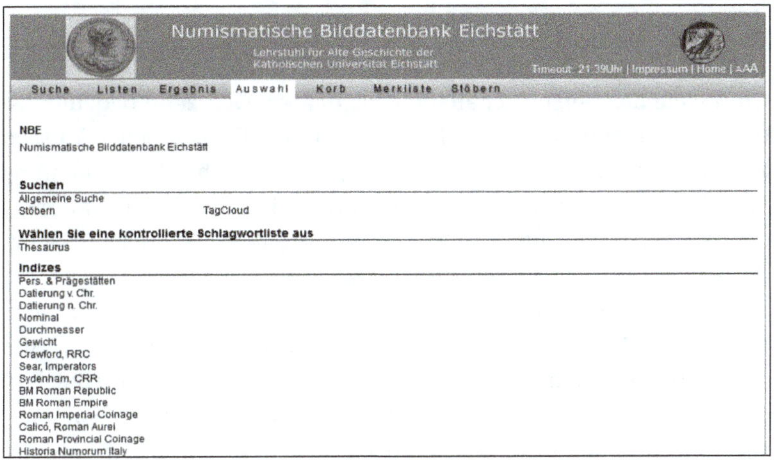

Abb. 41: Numismatische Bilddatenbank Eichstätt (NBE).

5.2.2 Der Interaktive Katalog des Münzkabinetts der Staatlichen Museen zu Berlin – Preußischer Kulturbesitz

Das Berliner Münzkabinett gehört mit über einer halben Million Objekten zu den größten numismatischen Sammlungen der Welt, in der auch die Antike reich vertreten ist. Die Digitalisierung der Sammlung für einen interaktiven Katalog ermöglicht eine differenzierte Recherche.

Sucheinstiege sind über Epochen (Antike, Mittelalter, Neuzeit) und einzelne Jahrhunderte genauso möglich wie nach Fundorten, Münzstätten, Legenden, Material oder Wert. Erschlossen ist die Sammlung ferner durch normierte Suchbegriffe, die miteinander kombiniert werden können. Auch wird ein georeferenzierter Einstieg geboten, der die Verbreitung von Münzen oder Münztypen besonders plastisch vor Augen führt.

Dass der Münzkatalog viel mehr ist als nur eine Datenbank, wird auch daran deutlich, dass man sowohl die Ausstellungen im Bode-Museum und im Alten Museum als auch temporäre Ausstellungen dauerhaft virtuell besichtigen kann.

virtuelle Ausstellungen

5.2.3 Roman Provincial Coinage Online

Roman Provincial Coinage Online ist ein Kooperationsprojekt international bedeutender Münzsammlungen und zielt auf die Entwicklung einer Typologie der provinzialrömischen Münzprägungen von den Anfängen in julisch-claudischer Zeit (44 v. Chr.) bis in die Epoche Diokletians (296/297 n. Chr.). Gegenwärtig sind die Zeiträume 138-192 n. Chr. und 249–254 n. Chr. dokumentiert. Ziel ist vernetztes numismatisches Arbeiten über internationale Sammlungsbestände, die für Historiker wie Archäologen gleichermaßen relevant sind.

British Museum, Bibliothèque Nationale de France, Ashmolean Museum

Grundlage des Gemeinschaftsprojekts der weltweit zehn bedeutendsten Sammlungen römischer Münzen, darunter die Staatlichen Museen zu Berlin, das British Museum London, die Staatliche Münzsammlung München, das Ashmolean Museum Oxford, die Bibliothèque Nationale de France und das Kunsthistorische Museum Wien, ist die Publikation der gedruckten Katalogbände seit 1992.

Die auf der Printausgabe aufbauende Datenbank *Roman Provincial Coinage Online* zielt auf die virtuelle Zusammenführung der weltweit bedeutendsten Einzelsammlungen zu einem einzigartigen Forschungsinstrument. Auf das komplexe Material kann nach Ikonographie, Ort und Zeit differenziert zugegriffen werden (Abb. 42). Besonders attraktiv ist die georeferenzierte Darstellungsmöglichkeit, die die Herkunft einer Münze visualisiert. Die Datenbank enthält Informationen zu etwa 23.000 Münztypen, basierend auf 98.000 Spezimina, 30.000 davon mit Abbildungen (April 2016).

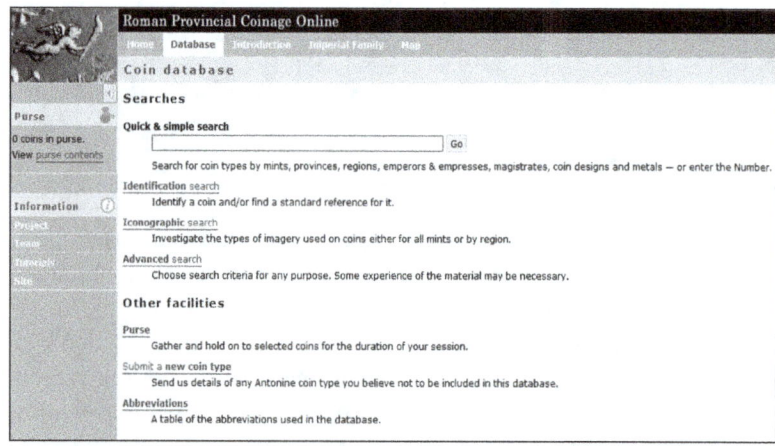

Abb. 42: Roman Provincial Coinage Online.

5.2.4 American Numismatic Society (ANS)

Insbesondere für die römische Numismatik sind einige innovative Internetportale interessant, die von der 1858 gegründeten, traditionsreichen American Numismatic Society (ANS) teilweise mit initiiert und getragen werden und an denen auch das Berliner Münzkabinett beteiligt ist. Die ANS kooperiert als weltweit anerkannte Institution auf dem Gebiet der Numismatik mit anderen Forschungseinrichtungen, besitzt eine der größten numismatischen Forschungsbibliotheken und gibt zahlreiche numismatische Publikationen heraus.

5.2.4.1 DONUM – Database of Numismatic Materials
Die *Database of Numismatic Materials* (*DONUM*) entstand auf Grundlage des durch Konversion früherer Zettelkataloge der Bibliothek der American Numismatic Society (ANS) entwickelten OPACs. Er bietet in einer einfachen und erweiterten Suche einen differenzierten Zugriff auf numismatische Forschungsliteratur und Informationsressourcen, beispielsweise relevante Webseiten. Der OPAC kann hervorragend für bibliographische Recherchen genutzt werden.

5.2.4.2 MANTIS – A Numismatic Technologies Integration Service
Die Objektdatenbank *MANTIS* präsentiert die mehr als 600.000 Einzelobjekte umfassenden Sammlungen der American Numismatic Society (ANS). Für die Recherche in den Einzelsammlungen (z. B. Greek, Roman, Byzantine) stehen die unterschiedlichsten Suchkategorien zur Verfügung. Mit Hilfe einer detaillierten Facettierung (z. B. Material, Münzherr, Künstler) ist eine flexible Einschränkung der Suchergebnisse möglich. Durch Georeferenzierung kann die Verbreitung der Münzen visualisiert werden.

5.2.4.3 Coinage of the Roman Republic Online (CRRO)
Für die Münzproduktion der Römischen Republik ist das Portal *Coinage of the Roman Republic Online* (*CRRO*) ein wichtiges Instrument, das eine verteilte Suche über international relevante Münzsammlungen (z. B. British Museum, Münzkabinett Berlin) nach den unterschiedlichsten Kriterien wie Münzherr, Münzstätte oder Fundstelle ermöglicht. Besonders aufschlussreich ist auch hier die georeferenzierte Darstellung, die es erlaubt, vom jeweiligen Datensatz ausgehend den exakten Fundort oder die Münzstätte anzeigen zu lassen oder umgekehrt über die Karte zu den Fundorten zu gelangen. Die Münztypologie orientiert sich am Standardwerk von Michael H. Crawford: *Roman republic coinage*, London 1974.

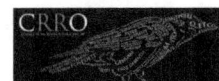

5.2.4.4 Coin Hoards of the Roman Republic Online (CHRR)

Coin Hoards of the Roman Republic Online (*CHRR*) dokumentiert Hortfunde von Münzen aus der Epoche zwischen 155 v. Chr. und 2 n. Chr. Die differenzierten Recherchemöglichkeiten entsprechen grundsätzlich den an der Datenbank *Coinage of the Roman Republic Online* (*CRRO*) aufgezeigten. Für eine differenzierte Interpretation von Hortfunden bietet *CHRR* das Analysetool *Hortfunde analysieren*, mit dem ein ausgewählter Hortfund nach unterschiedlichen Kategorien wie beispielsweise Münztyp, Nominale, Gottheit oder Münzstätte ausgewertet werden kann.

Hortfunde vs. Streufunde

Bei der Nutzung von Nachweisinstrumenten wie *CRRO* oder *CHHR* ist zu beachten, dass Hortfunde eine ganz andere Fundgattung als Streufunde darstellen und entsprechend eigene Interpretationen zulassen. Im Gegensatz zu Streufunden resultieren Hortfunde aus intentionell an einem bestimmten Zeitpunkt verborgenen Objekten, beispielsweise Münzen.

5.2.4.5 Online Coins of the Roman Empire (OCRE)

Von der American Numismatic Society (ANS) und dem Institute for the Study of the Ancient World der New York University wird gegenwärtig ein umfassendes Projekt zur Bestimmung, Katalogisierung und Erforschung der Münzen des Römischen Reiches entwickelt. Die Datenbank *Online Coins of the Roman Empire (OCRE)* als Herzstück des Projekts soll sämtliche zwischen 31. v. Chr. und 491 n. Chr. geprägten Münztypen aufnehmen. Die differenzierten Recherchemöglichkeiten sind analog zu den zuvor erläuterten Datenbanken *CRRO* und *CHRR*. Zu den Partnern von *OCRE* gehören unter anderen das British Museum und das Münzkabinett Berlin.

Es steht zu erwarten, dass durch den kollaborativen umfassenden Ansatz von *OCRE*, durch die Integration unterschiedlicher Ressourcen und durch die Nutzung digitaler Methoden und Standards die internationale numismatische Forschung ein unverzichtbares Werkzeug in die Hand bekommt.

5.2.4.6 CoinArchives – Ancient Coins

CoinArchives – Ancient Coins bietet Informationen aus Katalogen von Münzauktionen. Diese umfassen Beschreibungen, Bilder – und natürlich Auktionspreise. Neben dem freien Zugriff auf die aktuellen Daten steht mit *CoinArchivesPro* der Zugriff auf mehrere Millionen Datensätze zur Verfügung. Über *CoinArchives – Ancient Coins* können keine Münzen verkauft werden. Für wissenschaftliche Zwecke sind die Daten aber von großer Bedeutung, da sie die Münzdatenbanken öffentlicher Sammlungen ergänzen.

5.3 Keramik

Keramik spielt in Altertumswissenschaften und Archäologie eine nicht weniger zentrale Rolle als Numismatik und Epigraphik. Keramikfunde werden auf zahlreichen Grabungen gemacht und erlauben es nicht nur, den jeweiligen Fundplatz zu datieren, sondern auch Erkenntnisse über seine wirtschafts- und sozialgeschichtliche Entwicklung und Kontexte zu gewinnen. Neben der in Fülle überlieferten Gebrauchskeramik gab es in allen Epochen der Antike eine Spitzenproduktion, die sich nicht nur durch qualitativ hochwertige Ausführung an sich, sondern insbesondere durch künstlerische Gestaltung und Bemalung auszeichnet. Die kostbaren Vasenbilder geben Hinweise über die Entwicklung der Kunstgeschichte der antiken Welt, ihre Mythen, ihren Alltag.

5.3.1 Beazley Archive Pottery Database (BAPD)

Das *Classical Art Research Center* und *The Beazley Archive* der Oxford University bieten wichtige Datenbanken für die Forschung zur griechischen Vasenmalerei, unter denen die *Beazley Archive Pottery Database (BAPD)* am wichtigsten ist.

Der britische Klassische Archäologe John D. Beazley (1885–1970) ist bis heute die wichtigste Autorität für die griechische Vasenmalerei. Sein Nachlass bildet den Grundstock des *Beazley Archivs*, zu dem neben der weltweit umfangreichsten Sammlung von Photographien zur griechischen Vasenmalerei auch Negative, Zeichnungen, Briefe, Notizbücher sowie Abdrücke von Gemmen gehören (Abb. 43).

John D. Beazley

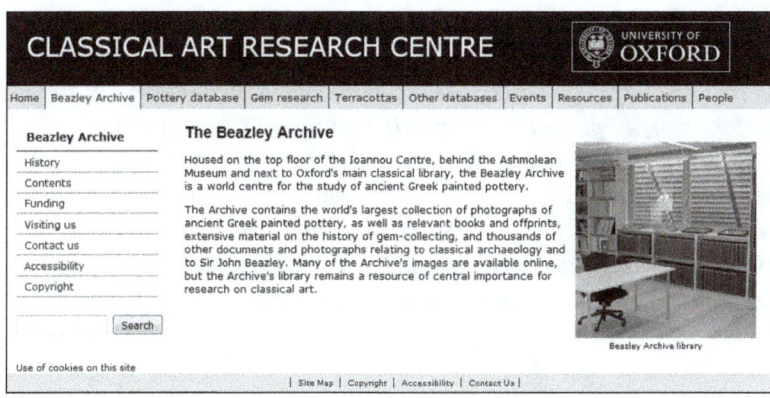

Abb. 43: The Beazley Archive.

Rechercheoptionen	Die *Beazley Archive Pottery Database (BAPD)* bietet zwei Hauptzugriffe auf die Inhalte: *Basic search* und *Full database*. Die *Basic search* erlaubt die systematische Recherche beispielsweise nach *Shape, Technique, Sub Technique, Painter or Potter, Inscription, Subject, Collection, Date*. Auf diese Weise können einzelne Sammlungen und Museen *en détail* studiert werden, lassen sich konkrete Inventarnummern oder die aktuelle Forschungsliteratur zum betreffenden Objekt recherchieren. Besonders gewinnbringend ist auch der chronologische Zugriff auf das Material: Hier kann beispielsweise die für einen bestimmten Zeitraum erzielte Treffermenge im nächsten Schritt analysiert werden nach Kriterien wie *Shape, Technique* oder *Subject*. Auf diese Weise lassen sich sehr schnell Entwicklungen der griechischen Vasenmalerei – auch im Hinblick auf die Motive des Dekors – erkennen. Besonders wichtig ist die Verlinkung der Datensätze mit der jeweiligen Dokumentation im *Corpus Vasorum Antiquorum* (*CVA*). Die *Full database* schließlich bietet eine *Standard Search* und *Advanced Search* mit der Möglichkeit, unter Anwendung von Thesauri sehr komplexe Suchanfragen zu formulieren.
Tipp	Integriert in die *Beazley Archive Pottery Database (BAPD)* sind die Daten von Henry R. Immerwahr: *A Corpus of Attic Vase Inscriptions (CAVI)* und dem darauf aufbauenden Projekt von Rudolf Wachter: *Attic Vase Inscriptions (AVI)*.
Gems database	Gemäß den Forschungsgegenständen und -feldern des *Beazley Archives* sind noch weitere Datenbanken entwickelt worden. Die im Besitz des Archivs befindlichen Abdrücke von Gemmen sind in der *Gems database* publiziert, die eine Recherche nach unterschiedlichen Kriterien zulässt: *Description, Signature, Collection/Publication, Material*.
Plaster casts database	Die *Plaster casts database* dokumentiert die etwa 900 Gipsabgüsse klassischer Plastik des Ashmolean Museum und basiert auf dem Werk von Donna C. Kurtz: *The reception of classical art in Britain: an Oxford story of plaster casts from the Antique*. Oxford, 2000.
Dictionary, Bibliographies	Sinnvolle Ergänzungen für das Studium der griechischen Vasenmalerei bieten schließlich ein *Dictionary* der Namen von Göttern, Menschen und mythischen Gestalten, die Gegenstand der Ikonographie der Vasen geworden sind, sowie *Bibliographies* zu den Forschungsgegenständen und -feldern des *Beazley Archives*.

5.3.2 Corpus Vasorum Antiquorum (CVA) Online

Das *Corpus Vasorum Antiquorum* (*CVA*) Online stellt einen großen Teil der seit 1922 im Druck erschienenen Bände im Open Access zu Verfügung. Recherchiert werden kann nach Ländern oder Museen, auf die digitalisierten Texte und Tafeln ist separat zuzugreifen. Die Suchmaske erlaubt einen differenzierten Zugriff auf das Material.

Die im gesamten Mittelmeerraum verbreiteten, häufig kostbar bemalten Gefäße zeigen Szenen aus Alltag, Mythos, Kult, Theater sowie historische Ereignisse und sind neben Inschriften und Münzen zentrale Quellen für die Erforschung der antiken Welt. Darüber hinaus lässt die Beobachtung ihrer Verbreitung Rückschlüsse auf Handelswege zu, die Analyse ihres Materials klärt Fragen der Archäometrie (Materialkunde), und schließlich spiegelt ihr Stil die Entwicklung der Kunstgeschichte wider.

Vasenmalerei als Quelle

Seit 1922 werden griechische, italische und zypriotische Gefäße vom 7. Jahrtausend v. Chr. bis in die Spätantike in den nach Ländern und Museen gegliederten Reihen des *Corpus Vasorum Antiquorum* (*CVA*) publiziert. Es ist damit das älteste Forschungsprojekt der Union Académique Internationale, des 1919 gegründeten internationalen Zusammenschlusses von Akademien (Abb. 44). Bis heute konnten in nahezu 400 Bänden mehr als 100.000 Objekte aus 28 Ländern und mehr als 150 Sammlungen beschrieben werden.

Publikationsgeschichte

Für das *Corpus Vasorum Antiquorum Deutschland* ist die Bayerische Akademie der Wissenschaften München zuständig. Gemäß der Zielsetzung des Gesamtprojektes wird die antike Keramik in öffentlichen Sammlungen Deutschlands nach einheitlichen Kriterien publiziert.

Seit 2004 sind der Text und die Abbildungen der nicht mehr im Druck erhältlichen Bände des *CVA* im Internet frei verfügbar, nachdem diese durch das *Beazley Archive* digitalisiert worden sind.

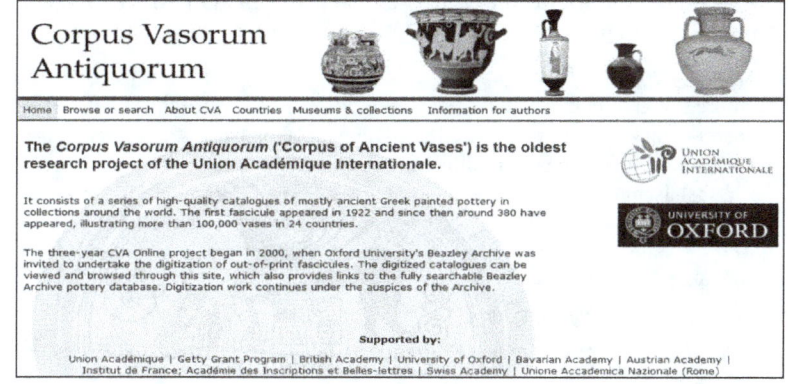

Abb. 44: Corpus Vasorum Antiquorum (CVA).

5.3.3 Samian Research – Terra Sigillata-Forschungen (RGZM)

Samian Navigator

Der *Samian Navigator* vereinigt Forschungsdatenbanken zu gestempelter und reliefverzierter Terra Sigillata und erlaubt die Abfrage der Datenbanken nach differenzierten Kriterien wie Namen, Verzierungen oder Transportwegen. Hervorgegangen ist das Projekt aus der internationalen Kooperation des Römisch-Germanischen Zentralmuseums (RGZM) Mainz mit den Universitäten Reading und Leeds.

Die Datenbank entstand im Zusammenhang mit dem wichtigen Werk über gallo-römische Terra Sigillata von Brian Hartley und Brenda M. Dickinson: *Names on Terra Sigillata: an index of makers' stamps & signatures on Gallo-Roman Terra Sigillata (Samian ware)*, 9 Bände, London, 2018–2012.

5.3.4 Study Group for Roman Pottery (SGRP) und weitere Initiativen zur Erforschung der Keramik der römischen Provinzen und des Mittelmeerraumes

> Für die Erforschung der Keramik des römischen Britannien ist die Bibliographie der *Study Group for Roman Pottery* (*SGRP*) wichtig, die einen hoch differenzierten, systematischen Zugriff auf die Daten ermöglicht, beispielsweise durch Auswahl von *Country*, *County*, *Fabric*, *Fieldwork Type*, *Site Type*.

Die 1971 gegründete *Study Group for Roman Pottery (SGRP)* widmet sich der Erforschung der Keramik des römischen Britannien und betreut neben zahlreichen Publikationen eine Spezialbibliographie. Diese ist aus dem 1986 gegründeten *Journal of Roman Pottery Studies* hervorgegangen und wurde zunächst auf den Seiten der SGRP veröffentlicht. Dort ist sie noch immer zugänglich, wird jedoch nicht mehr gepflegt. Die aktuelle Bibliographie wird gehostet durch den *Archaeological Data Service* (*ADS*).

Tipp

> Weitere Projekte und Initiativen zeigen die Vielfalt der Forschungen zur römischen Keramik, die insbesondere für die Provinzialrömische Archäologie relevant sind. Überall in Europa, auf dem Gebiet des Römischen Reiches, haben sich Gesellschaften zusammengefunden, die sich die Erforschung der Keramik zur Aufgabe gemacht haben. Die folgenden Seiten geben jeweils einen Einblick in die jeweiligen Forschungsaktivitäten und dokumentieren die aktuelle Forschungsliteratur:
>
> *Potsherd: Atlas of Roman Pottery*
>
> *Ex Officina Hispana: Sociedad de Estudios de la Cerámica Antigua en Hispania (S.E.C.A.H.)*

> *Société Française d'Etude de la Céramique Antique en Gaule (SFECAG)*
> *IARPotHP: International Association for Research on Pottery of the Hellenistic Period e.V.*
> *FACEM: Provenance Studies on Pottery in the Southern Central Mediterrenean from the 6th tot he 2nd c. B.C.*
> *IMMENSA AEQUORA: Reconstructing production and trade in the Mediterreanean Sea in the Hellenistic and Roman periods using new scientific and technological approaches*
> *instrumentum - Groupe de travail europeen sur l'artisanat et les productions manufacturees dans l'Antiquité*

5.4 Denkmäler: Plastik, Architektur, Funde

Nicht nur Inschriften oder Münzen werden mitsamt ihren Metadaten und Abbildungen in Datenbanken erfasst. Auch weitere Gattungen der Kunst und Architektur werden in Bilddatenbanken dokumentiert. In traditionellen gedruckten Monographien, Sammelbänden, Museumsinventaren oder Zeitschriften finden sich entsprechende Abbildungen entweder innerhalb des Textes oder als Anhang. Diese haben auch für Studium, Forschung und Lehre innerhalb der Digital Classics ihre Bedeutung genauso wenig verloren wie analoge Bildarchive in Form von Diatheken bzw. Fototheken, die einzelne Archäologische Institute besitzen und die noch nicht digitalisiert sind.

Bedeutung von Bilddatenbanken

Im Kontext der Digitalisierung der Altertumswissenschaften und Archäologie entstehen gegenwärtig zahlreiche Bilddatenbanken und Portale für die Bildrecherche, die einen spezifischen Mehrwert für die Arbeit mit Bildquellen bieten. Dieser Mehrwert liegt insbesondere in der zunehmenden Quantität und Qualität digitaler Bilder sowie in ihrer Vernetzung mit kontextrelevanten Ressourcen. Auf diese Weise ist es beispielsweise möglich, vergleichende Analysen auf der Grundlage einer sehr viel größeren zusammenhängenden Datenbasis als bisher durchzuführen. Die Menge und Komplexität der inzwischen zur Verfügung stehenden Angebote stellt jedoch besondere Herausforderungen an ein strukturiertes Vorgehen innerhalb des Forschungsprozesses.

Sicherlich findet man mit Hilfe der Bildsuche allgemeiner Suchmaschinen vielfältiges Material – dennoch ist hiervon für altertumswissenschaftliches und archäologisches Arbeiten grundsätzlich abzuraten: Es fehlen in der Regel zuverlässige Metadaten, d. h. wissenschaftliche Beschreibungen des jeweiligen Objektes, es fehlen dauerhafte Internetadressen der digitalen Abbildungen, und auch die Frage der Urheber- und Nutzungsrechte für das jeweilige Bild ist nicht immer eindeutig zu be-

Bildsuche

antworten. Daher ist für altertumswissenschaftliches Arbeiten die Kenntnis der wichtigsten fachlichen Bilddatenbanken mit klarer Referenzierbarkeit unverzichtbar.

Grundsätzlich unterscheidet man zwischen Bilddatenbanken, die aus der Digitalisierung einzelner Sammlungen oder Archive hervorgegangen sind, und Portalen, die eine parallele Recherche über mehrere unterschiedliche Bilddatenbanken ermöglichen. In jedem Fall ist exakt festzustellen, wo die Bildrechte liegen und wie das ausgewählte Bild zu zitieren ist.

Eine wichtige Rolle bei der altertumswissenschaftlichen und archäologischen Bildrecherche spielen die Museen. Insbesondere die wichtigsten archäologischen Museen der Welt verfügen inzwischen über ausgezeichnete Bilddatenbanken ihrer Objekte. Aus diesem Grund werden in diesem Kapitel besonders maßgebliche Beispiele vorgestellt.

5.4.1 iDAI.objects/Arachne – Objektdatenbank und kulturelle Archive des Deutschen Archäologischen Instituts (DAI)

Wichtigstes Ziel von *iDAI.objects/Arachne* ist die ganzheitliche Betrachtung archäologischer Objekte. Materielle, geographische und bibliographische Objekte und Informationen werden kontextualisiert.

Die Datenbank, die gemeinsam vom *CoDArchLab* am Archäologischen Institut der Universität zu Köln und dem DAI betrieben wird, enthält gleichermaßen Informationen zu materiellen Objekten wie auch zu den Beständen der sukzessiv digital erschlossenen kulturellen Archive des DAI. Im Zentrum von *Arachne* stehen die Objekte der römischen und griechischen Antike, die jeweils in ihren individuellen kulturgeschichtlichen Kontext eingebunden werden, so dass jede Einzelrecherche zugleich einen signifikanten inhaltlichen Mehrwert bedeutet.

Forschungsarchiv für Antike Plastik

Cologne Digital Archaeology Laboratory (CoDarchLab)

Aus dem ehemaligen Forschungsarchiv für Antike Plastik ist, entsprechend der neuen Möglichkeiten der Digital Humanities, die *Arbeitsstelle für Digitale Archäologie Köln – Cologne Digital Archaeology Laboratory (CoDArchLab)* erwachsen, die seit 1995 *Arachne* entwickelt. In Verbindung mit der Einrichtung des Lehrstuhls für Historisch-Kulturwissenschaftliche Informationsverarbeitung 2001 lag ein Forschungsschwerpunkt in der Software-Entwicklung für geisteswissenschaftliche Forschungsszenarien. Auf Basis einer kontinuierlichen Digitalisierung der vielfältigen Sammlungen und Bestände des Deutschen Archäologischen Instituts (DAI) und des ehemaligen Forschungsarchivs ist die Grundidee, möglichst viele bildliche und textuelle Objekte mit strukturierten Metadaten zu erschließen und für

Konzepte des Semantic Web aufzubereiten. Der methodische Ansatz, materielle, geographische und bibliographische Informationen zu kontextualisieren, zeigt sich unmittelbar in den Verlinkungen zwischen *iDAI.images/Arachne*, *iDAI.bibliography/ZENON* (s. S. 97f.) und dem *iDAI.gazetteer* (s. S. 153f.). Ein Teil der Daten von *iDAI.images/Arachne* ist eingebunden in *PropylaeumSEARCH* (s. S. 63ff.), das europäische Kulturportal *Europeana* und *CLAROS* (s. S. 128).

iDAI.objects/Arachne umfasst momentan insbesondere folgende Inhalte: *iDAI.images* (z. B. Glasnegative des DAI, Digitale Fototheken, Skulpturennegative), *iDAI.bookbrowser*, *Monumentbrowser*, *Sammlungen*, *Publikationen* (Abb. 45).

Inhalte

Auf diese komplexen Inhalte kann bereits mit einfachen Suchanfragen zugegriffen werden. Nach Eingabe eines beliebigen Recherchebegriffs werden die Ergebnisse nach einzelnen Kategorien präsentiert, beispielsweise Bauwerke, Einzelobjekte, Sammlungen, Inschriften. Nach Auswahl einer Kategorie und eines einzelnen Objektes erhält man die jeweilige Identifikationsnummer des Datensatzes sowie eine detaillierte Kurzbeschreibung des Objektes. Über den Kontextbrowser erfährt man die Beziehung eines Datensatzes zu anderen Datensätzen, beispielsweise die Verknüpfung des Objektes mit seinem antiken Aufstellungsort. Entsprechend kann man unterschiedliche Knoten ins Zentrum stellen und von dort aus weiter navigieren.

Recherche: Kategorien, Einzelobjekte, Kontextbrowser

Neben der übergreifenden Recherche kann man auch einzelne Inhalte von *iDAI.objects/Arachne* direkt auswählen, um mit diesen zu arbeiten. Für altertumswissenschaftliche Fragestellungen besonders relevant sind beispielsweise die digitalen Fototheken der Abteilungen des Deutschen Archäologischen Instituts in Berlin, Istanbul, Kairo, Madrid und Rom mit insgesamt mehreren Millionen Bildern.

digitale Fototheken

Der *iDAI.bookbrowser* enthält Digitalisate von etwa 2000 altertumswissenschaftlichen, zum großen Teil für die Volltextsuche vorbereiteten Drucken aus dem 16. bis 19. Jahrhundert, die nicht nur in *ZENON*, sondern auch in Portalen wie dem Fachinformationsdienst Altertumswissenschaften *Propylaeum* oder dem *Zentralen Verzeichnis Digitalisierter Drucke (zvdd)* nachgewiesen werden. Auf diese Weise werden archäologische Objekte und archäologischer Diskurs ganzheitlich präsentiert.

iDAI.book-browser

Der *Monumentbrowser* ermöglicht die virtuelle Besichtigung wichtiger Denkmäler wie der Ara Pacis, des Pergamonaltars, von Sarkophagen oder der Trajanssäule.

Monumentbrowser

Schließlich sind in *iDAI.objects/Arachne* unter anderem folgende Sammlungen erschlossen: Antikensammlung der Staatlichen Museen zu Berlin, Katalog der Gipsabgüsse nach griechisch-römischen Skulp-

Sammlungen

turen in Berliner Sammlungen, Abguss-Sammlung Bonn, Abguss-Sammlung Saarbrücken, Schloss Fasanerie (Adolphseck), Antikenmuseum der Universität Leipzig.

Abb. 45: iDAI.objects/Arachne – Objektdatenbank und kulturelle Archive des Deutschen Archäologischen Instituts (DAI).

Tipp

Das von der Universität Oxford seit 2000 betriebene Portal *CLAROS* (*Classical Art Research Online Services*) ermöglicht eine parallele Recherche über zentrale Sammlungen zur griechisch-römischen Antike an Forschungsinstituten und Museen, beispielsweise *Beazley Archive*, *Lexicon Iconographicum Mythologiae Classicae* (*LIMC*), *Arachne*. CLAROS wird gemeinsam mit dem *Cologne Digital Archaeology Laboratory* (*CoDArchLab*) betrieben.

5.4.2 prometheus – das verteilte digitale Bildarchiv für Forschung und Lehre e. V.

In einem gemeinsamen Portal führt *prometheus* zahlreiche Forschungs-, Museums- und Institutsdatenbanken zusammen und bietet nicht nur für Kunstwissenschaften, sondern gleichermaßen für alle Kulturwissenschaften, die mit Bildquellen arbeiten, eine zentrale Lern-, Lehr- und Forschungsplattform.

Das Portal *prometheus* umfasst inzwischen 88 Datenbanken unterschiedlicher Institutionen mit etwa 1,5 Millionen Bildern, darunter auch Teile zentraler Ressourcen wie *iDAI.images/Arachne* (Abb. 46).

verteilte Suche

In einer einfachen und erweiterten Suche kann hier nach differenzierten Kriterien recherchiert werden. Die hochauflösenden Digitalisate lassen sich vergrößern und werden von ausführlichen Objektinformationen begleitet, beispielsweise: Standort mit Inventarnummer, Fundort, Material, Datierung, Bildnachweise – Informationen, die für die exakte wissenschaftliche Zitation unverzichtbar sind. Die Anbindung an Google Maps ermöglicht die komfortable Lokalisierung des aufgefundenen Objekts. Die einzelnen Datensätze sind verlinkt mit den jeweiligen Ursprungsdatenbanken und enthalten Informationen zu den Bildrechten und Publikationsmöglichkeiten. Innerhalb von *prometheus* wird auch ein Open-Access-Bereich für gemeinfreies Bildmaterial angeboten.

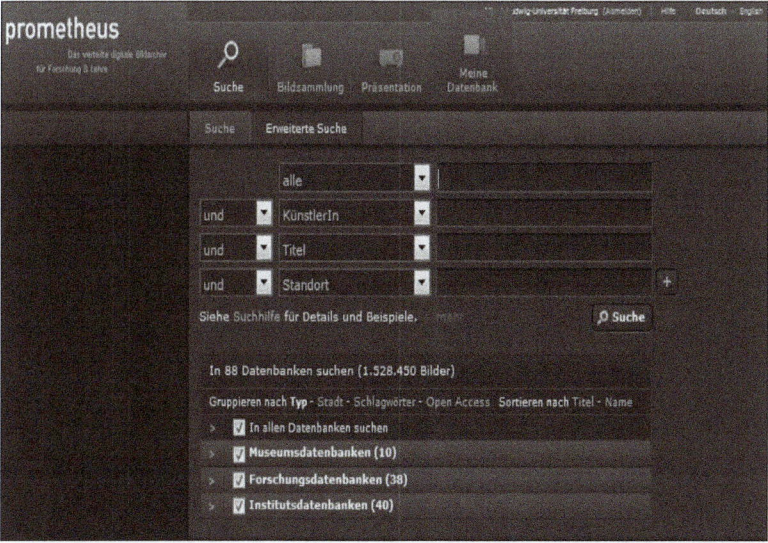

Abb. 46: prometheus – das verteilte digitale Bildarchiv für Forschung und Lehre e. V.

Für ihre weitere Bearbeitung können die gefundenen Bilder in individuellen Favoritenlisten und Bildsammlungen zur komfortablen Erstellung eigener Präsentationen abgelegt werden. Ein Export der Bilder mitsamt ihren beschreibenden Metadaten wird unterstützt.

Unter *Tools und Lernen* werden Hinweise und Materialien für den Umgang mit digitalen Bildern bereitgestellt, so dass *prometheus* weit mehr ist als eine reine Bilddatenbank, sondern den systematischen Einstieg in die digitale Bildwissenschaft bietet.

5.4.3 Antikensammlung der Staatlichen Museen zu Berlin

Die Antikensammlung der Staatlichen Museen zu Berlin gehört zu den weltweit interessantesten und bedeutendsten Sammlungen antiker Kunst. Wenn auch der Pergamonaltar zu den bekanntesten Objekten gehört, so ist die Sammlung noch sehr viel reichhaltiger – insbesondere hinsichtlich der Skulpturen, die im Folgenden in Bezug auf einschlägige Datenbanken näher betrachtet werden sollen. Ausgestellt wird die Antikensammlung in mehreren Berliner Museen:

- Pergamonmuseum: Antikensammlung, Vorderasiatisches Museum, Museum für Islamische Kunst
- Altes Museum: Antikensammlung (Kunst und Kultur der Griechen, Römer, Etrusker), Münzkabinett
- Neues Museum: Antikensammlung, Ägyptisches Museum und Papyrussammlung, Museum für Vor- und Frühgeschichte
- Bode-Museum: Skulpturensammlung und Museum für Byzantinische Kunst, Münzkabinett

Die Antikensammlung steht im Zentrum des Exzellenzclusters *Topoi*, das von den Staatlichen Museen zu Berlin, der Freien Universität und der Humboldt-Universität zu Berlin getragen wird.

SMB-digital Die Staatlichen Museen zu Berlin bieten mit *SMB-digital – Online-Datenbank der Sammlungen* ein Portal, das nicht nur eine sammlungsübergreifende Recherche erlaubt, sondern auch den Zugriff auf einzelne Sammlungen, beispielsweise die Antikensammlung. Die einzelnen Objekte sind mit den wichtigsten Metadaten sowie einer für die Zitation notwendigen dauerhaften Adresse ausgestattet.

Google Arts & Culture Das Alte Museum und das Pergamonmuseum sind außerdem Partner im Projekt *Google Arts & Culture*, einer virtuellen Ausstellung von mehr als 1000 Museen und Archiven weltweit in Zusammenarbeit mit dem Google Cultural Institute.

5.4.3.1 Pergamonmuseum

Das Pergamonmuseum, ursprünglich errichtet für die Aufnahme des zwischen 1878 und 1886 von Carl Humann (1839–1896) auf dem Burgberg der Stadt Pergamon geborgenen und in Berlin wieder zusammengesetzten Altars, wurde 1930 eröffnet und beherbergt heute neben dem Pergamonaltar als prominentestem Stück der Antikensammlung das Vorderasiatische Museum und das Museum für Islamische Kunst.

Pergamonaltar

Der Altarsaal mit Pergamonaltar wurde in einem aufwändigen 3D-Modell visualisiert. Dabei lassen sich die Friese nicht nur beliebig drehen, sondern die einzelnen Figuren auch individuell vermessen. Schließlich wird man von der wissenschaftlichen Beschreibung direkt auf die darin thematisierten Figuren geleitet.

3D-Modell

5.4.3.2 Gesamtkatalog der Skulpturen in der Antikensammlung der Staatlichen Museen zu Berlin

Für die Erforschung antiker Plastik spielen die unterschiedlichen Sammlungen in Berlin eine zentrale Rolle. Diese sind im Rahmen aktueller Forschungen in leistungsfähigen Datenbanken dokumentiert. Im Folgenden werden drei zentrale Projekte vorgestellt, die teilweise im Rahmen von *iDAI.objects/Arachne* und den Aktivitäten des Deutschen Archäologischen Instituts realisiert wurden.

Berliner Sammlungen

Der etwa 2.600 griechische, zyprische, etruskische und römische Skulpturen in Stein und Bronze umfassende Gesamtkatalog der Skulpturen der Berliner Museen ist das Ergebnis der 2012 abgeschlossenen Neubearbeitung der Berliner Antikensammlung im Rahmen des *Berliner Skulpturennetzwerks. Kontextualisierung und Übersetzung antiker Plastik*. In diesem Rahmen wurden Skulpturen entweder zum ersten Mal oder neu fotografiert und beschrieben. Hierbei wurden auch verlorene Objekte berücksichtigt. Die Erforschung der Kontexte gab Aufschluss über den ursprünglichen Aufstellungszusammenhang und über die Rezeptionsgeschichte.

Kontextualisierungen

Der Gesamtkatalog ist in *iDAI.objects/Arachne* integriert und bietet die zuvor beschriebenen Recherchefunktionen sowie die Einbettung der Einzelobjekte in den Kontextbrowser.

5.4.3.3 Antike Bronzen in Berlin

Die Bilddatenbank *Antike Bronzen in Berlin* enthält etwa 8.300 Bronze-, Blei- und Eisenobjekte (Bestände und Verluste) der Antikensammlung – Staatliche Museen zu Berlin. Eine differenzierte Recherche ist beispielsweise nach Gattung, Material, Provenienz oder Namen möglich.

Grundlage der Datenbank ist einerseits der bis heute grundlegende Katalog der Berliner Sammlung von Carl Friederichs: *Berlins antike Bildwerke. Geräthe und Broncen im Alten Museum*. Düsseldorf 1871, anderseits der Fundus der zwischen 1871 und 1945 vorgenommenen Erwerbungen. Die Datenbank dokumentiert auch die kriegsbedingt verlorenen oder heute im Ausland aufbewahrten Bronzen.

Die Recherchemaske erlaubt einen differenzierten Zugriff auf die Objekte, die ausführlich beschrieben werden. Insbesondere die Provenienzen und die Forschungsliteratur werden detailliert dokumentiert. Die Fotos sind durchgängig von exzellenter Qualität.

5.4.3.4 Katalog der Gipsabgüsse nach griechisch-römischen Skulpturen in Berliner Sammlungen

Die Geschichte der Berliner Gips-Abguss-Sammlung reicht bis ins 17. Jahrhundert zurück. Ursprünglich in der Akademie der Künste und im Neuen Museum untergebracht, fand sie ihren Platz bis zum Ende des 2. Weltkrieges in den Räumen der Universität. Nach umfangreichen kriegsbedingten Verlusten hat die Sammlung heute wieder einen bedeutenden Umfang erreicht und bildet eine wichtige Forschungsressource für die Altertumswissenschaften in Berlin.

Die Datenbank inkludiert etwa 3.500 Objekte aus unterschiedlichen Berliner Sammlungen: der Freien Universität, der Staatlichen Museen zu Berlin (Antikensammlung und Gipsformerei) und der Humboldt Universität. Wie der *Gesamtkatalog der Skulpturen in der Antikensammlung der Staatlichen Museen zu Berlin* (s. S. 131) wurde die wissenschaftliche Neuaufnahme auch der Gipsabgüsse im Rahmen des *Berliner Skulpturennetzwerks. Kontextualisierung und Übersetzung antiker Plastik* durchgeführt.

5.4.4 British Museum London

Das 1759 eröffnete British Museum London gehört zu den bedeutendsten Museen der Welt. In seinem Besitz befinden sich heute etwa acht Millionen Objekte, die die gesamte Kulturgeschichte der Menschheit

dokumentieren. Insbesondere für die Altertumswissenschaften und Archäologie bietet das British Museum bedeutende Sammlungen und Einzelmonumente:
- Frühgeschichte
- Naher Osten
- Ägypten (Mumiensammlung, Stein von Rosette)
- Griechisch-römische Antike (Elgin Marbles)
- Münzsammlung

Wie alle Museen kann auch das British Museum lediglich einen Teil seiner Sammlungen in der Dauerausstellung berücksichtigen – der Großteil wird in den Depots aufbewahrt. Da für die altertumswissenschaftliche und archäologische Forschung gerade diese, häufig noch nie publizierten Objekte von besonderem Interesse sind, lohnt sich die Arbeit mit den online publizierten Kollektionen, die neben den Beschreibungen häufig auch Fotografien inkludieren.

Die Webseite des British Museum bietet im Bereich *Research* die *Collection Search* mit Zugriff auf die einzelnen Objekte. In der *Advanced Search* kann nach den unterschiedlichsten Kriterien recherchiert werden, beispielsweise nach *Cultures/periods/dynasties*, *Object types*, *Subjects*, *Places* oder *Materials*. Auf Objektebene finden sich ausführliche Beschreibungen und rechtliche Hinweise für die Nutzung der Fotografien.

Dauerausstellung vs. Museumsdepot

5.4.5 Musée du Louvre Paris

Das Musée du Louvre ist eines der wichtigsten Kunstmuseen der Welt, dessen Sammlung von König Franz I. (1515–1547) begründet wurde. Für die Altertumswissenschaften und Archäologie sind folgende Abteilungen von besonderer Bedeutung:
- Antiquités orientales
- Antiquités egyptiennes
- Antiquités grecques, étrusques et romaines

Ein virtueller Rundgang durch die einzelnen Abteilungen und Säle mit den etwa 30.000 Exponaten des Louvre ist mit Hilfe der Datenbank *Atlas* möglich. Zu jedem einzelnen Exponat stehen exakte Beschreibungen und Fotografien aus unterschiedlichen Perspektiven zur Verfügung. Eine weitere für Altertumswissenschaft und Archäologie relevante Datenbank, die *Clémence Neyret database*, dokumentiert die Sammlung koptischer Keramik.

virtuelle Besichtigung

5.4.6 Metropolitan Museum of Art New York (Met)

Das 1870 gegründete, größte Kunstmuseum der Vereinigten Staaten von Amerika besitzt mit mehr als drei Millionen Objekten nicht nur eine der umfangreichsten, sondern zugleich eine der wichtigsten Kunstsammlungen der Welt. Den Altertumswissenschaften und der Archäologie widmen sich insbesondere folgende Abteilungen des Museums:
- Ancient Near Eastern Art
- Egyptian Art
- Greek and Roman Art
- Arms and Armor
- Medieval Art

Collection database

Auch das Metropolitan Museum besitzt eine frei zugängliche Datenbank mit mehr als 400.000 Datensätzen und Fotografien zu Sammlungsobjekten. Die Recherche erfolgt systematisch – beispielsweise über die jeweilige Abteilung des Museums, Herkunft, Material oder Objekttyp. Die Einzelobjekte sind ausführlich beschrieben und mit bibliographischen Angaben versehen. Auf diese Weise kann man sich bereits virtuell intensiv auf einen Besuch des Museums vor Ort vorbereiten.

5.4.7 Kunsthistorisches Museum Wien

Das 1891 eröffnete und aus den Sammlungen der Habsburger hervorgegangene Kunsthistorische Museum Wien gehört heute zu den wichtigsten Kunstmuseen der Welt. Für Altertumswissenschaften und Archäologie sind folgende Sammlungen zentral:
- Ägyptisch-orientalische Sammlung
- Antikensammlung
- Münzkabinett
- Ephesos Museum (in der Neuen Burg)

virtueller Rundgang

Objektdatenbank

Ein virtueller Besuch des Kunsthistorischen Museums ist zum Einen über den Saalplan möglich. Nach Auswahl des interessierenden Saales gelangt man zu den einzelnen, dort ausgestellten Objekten. Zum Anderen ermöglicht die Objektdatenbank über eine einfache und erweiterte Suche sowie über zahlreiche inhaltliche Filter einen gezielten Zugriff auf die Sammlungen. Die Einzelobjekte besitzen ausführliche wissenschaftliche Beschreibungen, qualitativ hochwertige Fotografien sowie zitierfähige Permalinks.

interaktiver Katalog des Münzkabinetts

Obwohl Münzen auch über die allgemeine Objektdatenbank recherchierbar sind, verfügt das Münzkabinett noch über einen eigenen, interaktiven Katalog. Wie in der Objektdatenbank gehören zu den Metadaten der Münzen ausführliche wissenschaftliche Beschreibungen, Literaturangaben sowie Permalinks für die Zitation.

5.4.8 Munich Digital Research Archives (MUDIRA)

Für Bildrecherche auf dem Gebiet der Ägyptologie bieten die vom Institut für Ägyptologie und Koptologie der Ludwig-Maximilians-Universität (LMU) und dem Staatlichen Museum Ägyptischer Kunst (SMÄK) München digitalisierten, umfangreichen Bildsammlungen zu Ägypten einen geeigneten Einstieg.

Die seit 2012 im Aufbau befindliche Datenbank umfasst neben etwa 30.000 Kleinbild-Diapositiven mit Originalaufnahmen aus Ägypten sowie aus ägyptologischen Sammlungen etwa 6.000 Bilder aus dem reichen Archiv des Uni-Dia-Verlages.

Die differenzierte Suchmaske erlaubt den Zugriff auf die Objekte beispielsweise nach den Kriterien Ort, Gattung oder Material. Intensive Recherchen werden durch die Möglichkeit der Erstellung von Merklisten erleichtert. Jedes Bild besitzt eine Inventar- und Identifikationsnummer, so dass stets eine exakte Referenzierung möglich ist. Das Herunterladen von Bildern erfordert eine individuelle Anmeldung in der Datenbank. Die Nutzung im Falle einer Publikation erfordert – wie auch bei anderen Bilddatenbanken – die Genehmigung durch den jeweiligen Rechteinhaber.

5.4.9 Ubi Erat Lupa – römische Steindenkmäler

Rundplastiken, Reliefs, Architekturfragmente, Inschriften und weitere Steindenkmäler, die die Ausbreitung der römischen Welt dokumentieren, sind Inhalt der vorzüglich konzipierten Bilddatenbank *Lupa*, die insbesondere für die Provinzialrömische Archäologie von Bedeutung ist.

Die chronologische Ausdehnung der dokumentierten Steindenkmäler reicht von prähistorischer Zeit bis in die Epoche Justinians (um 500 n. Chr.). Der österreichischen Heimat des Projektes ist es geschuldet, dass der geographische Schwerpunkt in Mittel- und Südosteuropa liegt. Museen und Sammlungen können ihre Steindenkmäler *Lupa* zur Verfügung stellen – diese werden professionell fotografiert und mit Metadaten versehen.

Rechercheoptionen

Der Datenbestand von etwa 24.000 Steindenkmälern und 40.000 Bildern lässt sich differenziert nach Objekt-Typ, Ikonographie, Inschrift, Fundort, Verwahrort oder Museum abfragen. Jedes einzelne Objekt wird differenziert beschrieben, bibliographisch dokumentiert und meistens durch Abbildungen visualisiert. Fundort und Verwahrort lassen sich durch die Verknüpfung mit Google Maps ansprechend anzeigen.

Lupa ist eingebunden in *EAGLE* (*Europeana network of Ancient Greek and Latin Epigraphy*, s. S. 112f.) und wird von *CHC – Research Group for Archaeometry and Cultural Heritage Computing* der Universität Salzburg betrieben.

5.4.10 TOMBA

Die Bilddatenbank *TOMBA* erfasst Gräber der Eliten aus Bronze- und früher Eisenzeit in Europa (ca. 2400/2300–480/450 v.Chr.), die aufgrund ihrer Grabbeigaben Rückschlüsse auf Formierung und Ausprägung früher Oberschichten im Kontext sich allmählich ausdifferenzierender Gesellschaftssysteme erlauben. Differenzierte Rechercheoptionen in mehreren Sprachen erlauben den präzisen Zugriff auf die sorgfältig erschlossenen Daten. Eine umfangreiche Spezialbibliographie rundet das Angebot ab.

Gräber der Eliten

Unter den Datenbanken des Römisch-Germanischen Zentralmuseums Mainz (RGZM) ist *TOMBA* insbesondere für die Ur- und Frühgeschichte wichtig. In der archäologischen Forschung spielt die Analyse von Nekropolen und Einzelgräbern eine Schlüsselrolle, da oft nur hier Artefakte überliefert werden, die in aufgelassenen Siedlungen meistens verloren gegangen sind. Die Rekonstruktion von Bestattungstraditionen und -riten anhand der Grabfunde als archäologische Quellen ermöglicht Beobachtungen zur Entwicklung früher Gesellschaftsformationen – nicht zuletzt im Hinblick auf Kulturkontakte über Warenaustausch. Neben dem Römisch-Germanischen Zentralmuseum Mainz sind die Prähistorischen Institute und Museen in Arhus, Athen, Birmingham, Florenz, Saint-Germain-en-Laye und Wien an *TOMBA* beteiligt.

Rechercheoptionen

Der Zugriff auf die erfassten und digital präsentierten Grabfunde erfolgt über die Kategorien *Datierungen*, *Fund*, *Fundort*, *Typologie der Objekte*. Letztere sind differenziert in *Wagen*, *Pferdegeschirr*, *Waffen*, *Prestigegefäße*, *Edelmetallschmuck* und *andere Prestigegüter*. Der Zugriff auf die Daten über *Themen*, *Literatur* und *Zeittafel* runden das Angebot ab.

5.4.11 NAVIS

Die *NAVIS*-Bilddatenbanken des Römisch-Germanischen Zentralmuseums Mainz (RGZM) dokumentieren Informationen zur europäischen Schiffsarchäologie: Schiffsfunde *(NAVIS I)*, Schiffsdarstellungen *(NAVIS II)* und Münzen mit Schiffsdarstellungen *(NAVIS III)*.

Die Schiffsarchäologie als Teil der Unterwasserarchäologie widmet sich Schiffen, die in der Antike gesunken und als archäologische Quellen unter Wasser erhalten sind. Sie können nicht nur Kleinfunde, sondern auch bedeutende Kunstschätze bergen. Erkenntnisse der Schiffsarchäologie lassen Rückschlüsse auf Kulturkontakte, Handelsbeziehungen und Warenaustausch zu.

Schiffsarchäologie

NAVIS I bietet Informationen zu mehr als 100 Schiffsfunden aus der Antike. Die differenzierte Recherche in mehreren Sprachen ist nach unterschiedlichen Aspekten möglich, beispielsweise: Museen, die Schiffsfunde aufbewahren, die einzelnen Schiffswracks mit *NAVIS*-Identifikationsnummern, Karten. Die eigentliche Datenbank umfasst ausführliche Informationen zu den Wracks, Bilder, Datierung, Schiffsladung und Literaturhinweise.

NAVIS I

NAVIS II dokumentiert in Ergänzung zu *NAVIS I* mehr als 1500 Schiffdarstellungen. Die Recherche ist in mehreren Sprachen nach unterschiedlichen Aspekten möglich, beispielsweise: Länder, Schiffsteile, Schiffseigenschaften, Objektschlagwörter, Datierung, Forschung, Häfen.

NAVIS II

NAVIS III ist als Ergänzung von *NAVIS I* und *NAVIS II* konzipiert und beinhaltet mehr als 600 Münzen mit kaiserzeitlichen Schiffsdarstellungen im Besitz des Römisch-Germanischen Zentralmuseums Mainz. Recherchierbar sind die Objekte neben den Kriterien in *NAVIS I* und *NAVIS II* nach chronologischen und numismatischen Kriterien, beispielsweise: *Münzherr, Präge-Ort, Münzart, Schiffsmerkmal*. Spezielle Präsentationstools erlauben eine parallele Analyse unterschiedlicher Münzen.

NAVIS III

5.4.12 Theatrum

Die Landesarchäologie Mainz entwickelte aus den Forschungen zum römischen Theater von Mogontiacum – Mainz eine Überblicksseite zu sämtlichen Theatern im Römischen Reich. Zu jedem Monument werden Maße, Inschriften, Schriftquellen, Beschreibung, Ausstattung und Literatur erfasst, so dass ein guter Einstieg in die Thematik möglich ist.

Eine Gesamtbibliographie und ein Lexikon mit Fachbegriffen rund um das Thema Theater rundet das Angebot ab.

> **Tipp:** Analog zum Pojekt *Theatrum* entsteht die Webseite *Amphitheatrum*, die die Amphitheater des Römischen Reiches dokumentieren möchte.

5.4.13 Der Obergermanisch-Raetische Limes

bekanntestes archäologisches Denkmal

Der Obergermanisch-Raetische Limes stellt mit einer Länge von 550 Kilometern das monumentalste und bekannteste archäologische Denkmal Deutschlands dar, das durch vier Bundesländer verläuft. Im 2. Jahrhundert n. Chr. errichtet, bildete der mit etwa 100 Militärlagern und 900 Wachtürmen befestigte Limes die Grenze zwischen dem Römischen Reich und den germanischen Territorien. Während der Limes in Obergermanien als Holzpalisade und Erdwall mit Graben ausgeführt war, bestand er in Raetien aus einer wehrhaften Steinmauer.

Deutsche Limeskommission

Nach der Gründung der Deutschen Limeskommission (DLK) im Jahr 2003 fand 2005 eine Aufnahme des Denkmals in die UNESCO-Welterbeliste statt. Gemeinsam mit dem Hadrianswall und dem Antoninuswall in Großbritannien ist der Obergermanisch-Raetische Limes Teil der transnationalen seriellen Welterbestätte *Grenzen des Römischen Reiches*.

Die Webseite der Deutschen Limeskommission bietet eine Übersicht über die wichtigsten Informationen dieses prominenten archäologischen Denkmals, eine Karte mit detaillierter Lage der Fundstätten sowie eine Auswahlbibliographie und Linksammlung. Die *Limesdatenbank* indessen ist nicht für den wissenschaftlichen Gebrauch konzipiert, sondern für raum- und bauplanerische Zwecke.

5.4.14 Der römische Limes in Österreich

Die Webseite des Welterbes Limes dokumentiert den römischen Limes in Österreich in detaillierter Weise und eignet sich auch für wissenschaftliche Lektüre. Neben einem knappen Überblick über die Forschungsgeschichte werden die einzelnen Limes-Fundorte dokumentiert, die Spezialmuseen vorgestellt und interaktive Karten präsentiert. Ein Glossar sowie eine Zusammenstellung der Webseiten zu den Grenzen des Römischen Reiches runden das Angebot ab und erlauben einen spezifischen Einstieg in die Thematik.

5.4.15 REALonline – digitales Bildarchiv

Das digitale Bildarchiv REALonline erfasst Bildmaterial zur Alltagsgeschichte des Spätmittelalters und der frühen Neuzeit aus dem mitteleuropäischen Raum. Der Bestand lässt sich in einer Katalogsuche und einer Konzeptsuche differenziert analysieren, beispielsweise durch die Recherche nach: Bildthema, Historische Orte, Handlungen, Personennamen, Standesbezeichnungen, Gestik, Kleidung, materielle Objekte, Tiere.

Das *Institut für Realienkunde des Mittelalters und der frühen Neuzeit* (IMAREAL) wurde 1969 als Forschungseinrichtung der Österreichischen Akademie der Wissenschaften gegründet und gehört seit 2012 zum *Interdisziplinären Zentrum für Mittelalterstudien* der Universität Salzburg. Seine kulturgeschichtlich orientierte Forschung gründet auf Dokumentation und Analyse der materiellen Überlieferung menschlichen Lebens. Die als Kulturgutforschung verstandene Realienkunde ist von Bedeutung insbesondere für die Archäologie des Mittelalters.

Kulturgutforschung

Die Recherchemaske unterscheidet zwischen *Katalogsuche* und *Konzeptsuche*. Während die *Katalogsuche* den systematischen Zugriff auf *Orte, Personennamen, Standesbezeichnungen* oder *Kleidung* ermöglicht, ist die *Konzeptsuche* höchst aufschlussreich für die Frage, wie bestimmte Themen oder Handlungen visualisiert wurden: Wie soll man sich weltliche oder geistliche Rituale oder Zeremonien wie eine Krönung, einen Ritterschlag oder eine Kommunion vorstellen? Mit welchen Attributen wurden die zahlreichen Heiligen dargestellt? Die Bilder werden in der Datenbank *formal* (Informationen zu Künstler, Gattung, Datierung, Provenienz, Aufstellungsort sowie die Archivierungsdaten der Fotos, Dias und Negative) und *inhaltlich* (Informationen zu den abgebildeten Personen, Kleidung, Objekten, Architektur, Landschaften, Tieren und Pflanzen) beschrieben. In der Beschreibung werden häufig quellennahe Begriffe verwendet.

Rechercheoptionen

> Im Kontext der Forschungen des Instituts für Realienkunde (IMAREAL) befindet sich die Datenbank *archREAL – Archäologische Kleinfunddatenbank zur mittelalterlichen Realienkunde* im Aufbau. Nach den Kriterien *Realie, Datierung* oder *Fundort* lassen sich gegenwärtig etwa 7000 Objekte mit mehr als 1000 Abbildungen systematisch recherchieren. Innerhalb von Forschungsprojekten oder Qualifikationsarbeiten sollen im Sinne einer kollaborativen Weiterentwicklung der Datenbank entweder ausgewählte Fundkategorien (z. B. Fibel, Schalen, Steigbügel) oder sämtliche Kleinfunde eines Fundortes oder Museums erfasst werden. Wie bei *REALonline* liegt der zeitliche Schwerpunkt zwischen 1000 und 1600, der geographische auf Europa.

Tipp

5.5 Papyrologie

Schriftträger und Gebrauchszusammenhang

Neben Stein oder Metall waren in der Antike unterschiedliche Schriftträger in Gebrauch: Ostraka (Tonscherben), Wachstafeln, Pergament oder Papyrus. Fanden erstgenannte insbesondere im öffentlichen Raum Verwendung, so besaßen letztgenannte vor allem in Alltagskommunikation und Verwaltungshandeln ihren spezifischen Sitz im Leben. Mit diesen befasst sich die Papyrologie.

Papyrusstaude

Aus Papyrusstauden hergestellt, war dieser pflanzliche Beschreibstoff zwar robust, aber weniger dauerhaft als Schriftträger wie Stein, Metall oder das aus Tierhaut gewonnene Pergament. Die meisten Papyri stammen aus griechisch-römischer Zeit und haben sich nur in extrem trockenen Gebieten, beispielsweise in Ägypten, erhalten.

Nutzen der Digitalisierung

Wie im Falle epigraphischer Quellen der Antike wurden Papyri in Corpora ediert, um sie der Forschung zur Verfügung zu stellen. Diese liegen häufig Datenbanken und digitalen Editionen zu Grunde. Insbesondere die Papyrologie kann von der Digitalisierung der Altertumswissenschaften profitieren. Da die fragilen und lichtempfindlichen Dokumente aus konservatorischen Gründen heute weitgehend der Benutzung entzogen sind, werden sie durch Digitalisierung geschützt und in Datenbanken teilweise mit Transkription und Übersetzung sowie sämtlichen relevanten Metadaten aus den wissenschaftlichen Katalogen zugänglich gemacht. Da Papyrusfragmente in unterschiedliche Sammlungen gelangt sein können, wird in Portalen eine sammlungsübergreifende Recherche und virtuelle Zusammenführung einzelner Dokumente ermöglicht.

5.5.1 Papyri.info

Papyri.info ist ein internationales Portal, das einerseits mit dem *Papyrological Navigator (PN)* die Recherche von Papyri aus weltweit bedeutenden Sammlungen ermöglicht, andererseits mit dem *Papyrological Editor (PE)* ein Instrument zur wissenschaftlichen Edition von Papyri bereitstellt.

Papyri.info basiert auf dem *Advanced Papyrological Information System (APIS)*, einem Repositorium, das auf der Grundlage weltweit bedeutender Sammlungen papyrologische Informationen und Metadaten dokumentiert: wissenschaftliche Beschreibungen, Provenienzen, Datierungen, Transkriptionen, Übersetzungen, weitere publizierte und nicht publizierte Materialien sowie bibliographische Informationen.

Zu den wichtigsten Ressourcen innerhalb *Papyri.info* gehört das *Heidelberger Gesamtverzeichnis der griechischen Papyrusurkunden Ägyptens (HGV)*, die *Duke Databank of Documentary Papyri (DDbDP)* und die *Bibliographie Papyrologique (BP)*. *Papyri.info* ergänzt das papyrologische Portal *Trismegistos* (s. S. 141 f.).

Der *Papyrological Navigator (PN)* bietet eine differenzierte Suchmaske, die eine Recherche in den Texten, Metadaten, Übersetzungen, innerhalb einzelner Sammlungen oder in Bezug auf einzelne Provenienzen ermöglicht. Sofern existent, werden auch Bilder der Papyri eingebunden.

Rechercheoptionen

Papyri.info bietet schon jetzt eine leistungsfähige Virtuelle Arbeitsumgebung für papyrologische Forschung, die künftig weitere Ressourcen einbinden wird.

5.5.2 Trismegistos (TM)

Trismegistos bietet ein interdisziplinäres Portal für papyrologische und epigraphische Quellen nicht nur aus dem griechisch-römischen Ägypten, sondern aus der gesamten antiken Welt. Es integriert unterschiedliche, aus vielfältigen Forschungsprojekten stammende Ressourcen. Um die Kerndatenbank *Texts* sind inzwischen weitere Datenbanken entstanden: *Collections*, *Archives*, *People* und *Places* (Abb. 47).

Papyrologie und Epigraphik

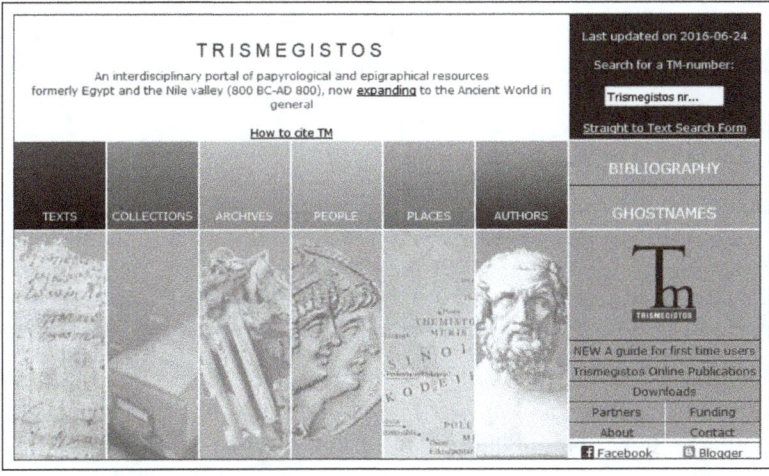

Abb. 47: Trismegistos.

Der Zugriff auf die Texte der Dokumente erfolgt über *Texts*. Hierin findet sich neben der jeweiligen Edition der Nachweis des Dokumentes in

Texts

der betreffenden Sammlung, beispielsweise im *Heidelberger Gesamtverzeichnis der griechischen Papyrusurkunden Ägyptens (HGV)*.

Collections Einen ausgezeichneten Überblick insbesondere auch über die kleineren öffentlichen und privaten Sammlungen aus der ganzen Welt – mittlerweile sind mehr als 3700 verzeichnet – bietet die Datenbank *Collections*. Ein besonders anschaulicher Zugriff auf die Sammlungen ist über die Präsentation mit Google Maps möglich.

Archives Einen Überblick über etwa 500 Textsammlungen ermöglicht die Datenbank *Archives*. Die wissenschaftlichen Beschreibungen zeichnen sich auch hier durch besondere Detailliertheit aus.

People Die Datenbank *People* umfasst prosopographische und onomastische Informationen über Personen, die zwischen 800 v. Chr. und 800 n. Chr. in Ägypten lebten und nicht zu den Herrscherdynastien gehörten. Eine Recherche auf Griechisch, Ägyptisch und Koptisch ist nach Namen, Personen und quellenmäßig belegten Zeugnissen möglich. Eine Besonderheit ist die tabellarische Darstellung von chronologischer Überlieferung und Herkunft einzelner Namen sowie die Visualisierung innerhalb eines onomastischen Netzwerks.

Places Der innerhalb altertumswissenschaftlicher Forschung verbreitete Trend zu Georeferenzierung wird in *Trismegistos* realisiert durch die Datenbank *Places*. Neben einer einfachen und erweiterten Suche lassen sich sämtliche Orte als Liste oder auf einer Karte anzeigen. Den einzelnen Datensätzen sind Verlinkungen mit *Pleiades* (s. S. 156f.) zugewiesen.

Neben *Papyri.info* bietet *Trismegistos* einen ausgezeichneten Überblick über die internationale Forschung auf dem Gebiet der Papyrologie.

5.5.3 Papyrus Portal

Für die Papyri in deutschen Sammlungen wurde das *Papyrus Portal* entwickelt, in dem innerhalb einer einheitlichen Suchmaske die nach einem einheitlichen Metadatenstandard erschlossenen und digitalisierten Papyri parallel recherchiert werden können.

deutsche Papyrussammlungen Ergänzend zur internationalen Sicht auf die papyrologische Forschung erhält man über das *Papyrus Portal* einen Überblick über wichtige deutsche Papyrussammlungen (Abb. 48). In einer virtuellen Zusammenführung werden die Suchergebnisse einheitlich präsentiert, zugleich ist die Kompatibilität mit anderen Papyrussammlungen gewährleistet. Von der Metasuche aus ist der Zugriff auf die oft ausführlicheren Originaldaten der Ursprungsdatenbanken möglich. Vorbild ist das *Advanced Papyrological Information System* (s. S. 140f.).

Entwickelt wurde das *Papyrus Portal* an der Universität Leipzig, einem Zentrum der Papyrusforschung in Deutschland. Neben der bedeutenden Leipziger Sammlung lässt sich über das *Papyrus Portal* in den Sammlungen in Berlin, Bonn, Bremen, Erlangen, Gießen, Halle, Heidelberg, Jena, Köln, Marburg, Trier und Würzburg recherchieren.

Abb. 48: Papyrus Portal.

Die Recherchemaske erlaubt einen differenzierten Zugriff auf die Objekte nach unterschiedlichen Kriterien: Inventarnummer, Titel, Inhalt, Sprache, Textart, Material, Herkunft oder Datierung.

Rechercheoptionen

5.5.4 Berliner Papyrusdatenbank (BerlPap)

Unter den deutschen Bibliotheken und Museen, die im ausgehenden 19. und beginnenden 20. Jahrhundert Papyri sammelten, baute das Berliner Museum die heute bedeutendste nationale Papyrussammlung auf, die zugleich zu den fünf wichtigsten weltweit zählt. Die Papyrussammlung der Staatlichen Museen zu Berlin (Ägyptisches Museum und Papyrussammlung) umfasst mehrere tausend Papyri, Ostraka, Pergamente, Textilien, Papiere, Leder, Holz- und Wachstafeln mit griechischen, lateinischen, ägyptischen, hebräischen, syrischen, arabischen und persischen Texten. Die Papyri stammen aus Grabungen, die das Museum zu Beginn des 20. Jahrhunderts in Ägypten durchgeführt hat, und aus Ankäufen und Schenkungen. Die *Berliner Papyrusdatenbank* (*BerlPap*) präsentiert diese Sammlung besonders vorbildlich – hinsichtlich der inhaltlichen Erschließung und Dokumentation der relevanten Forschungsliteratur, aber auch durch vorzügliche Digitalisate.

5.5.5 Heidelberger Gesamtverzeichnis der griechischen Papyrusurkunden Ägyptens (HGV)

Das Institut für Papyrologie der Universität Heidelberg und die Arbeitsstelle *Papyrus-Editionen* der Heidelberger Akademie der Wissenschaften publizierten ein elektronisches Gesamtverzeichnis der bisher veröffentlichten griechischen Papyrusurkunden Ägyptens. Obwohl dieses bereits im Jahr 2000 abgeschlossen war, ist die Datenbank heute vernetzt mit *Papyri.info* (s. S. 140f.), *Trismegistos* (s. S. 141f.) oder der *Berliner Papyrusdatenbank* (s. S. 143), so dass alle relevanten Informationen zu einem Papyrus auf einen Blick sichtbar sind.

5.5.6 Oxyrhynchus Online

Auf einer antiken Mülldeponie der unterägyptischen griechischen Verwaltungsstadt Oxyrhynchus wurden in der zweiten Hälfte des 19. Jahrhunderts etwa 400.000 Papyrusfragmente entdeckt. Diese befinden sich heute zum Großteil im Ashmolean Museum in Oxford. Obwohl bereits 1898 der erste Band des Editionsprojektes *The Oxyrhynchos Papyri* publiziert wurde, konnten bis zum Jahr 2011 in 76 Bänden erst etwa 4000 Texte ediert werden.

Neben der gedruckten Edition werden die Oxyrhynchus Papyri in einer Datenbank erschlossen, in der nach Kategorien *authors*, *title genres* und *dates* recherchiert werden kann. In einem knappen Überblick werden Informationen über Datierung, Autor, Aufbewahrungsort präsentiert.

5.6 Texte

Quellenvielfalt

Epigraphik, Numismatik, Papyrologie, Sphragistik, die vielfältigen archäologischen Quellen – nicht allein die materiellen Hinterlassenschaften, die die Historischen Grundwissenschaften analysieren, bilden Gegenstände der Altertumswissenschaften und Archäologie. Diese sind immer auch vor dem Hintergrund der reichen literarischen Überlieferung der Antike zu interpretieren (vgl. Abb. 2).

Klassische Philologie

Innerhalb der Altertumswissenschaft widmet sich die Klassische Philologie mit ihren beiden Teildisziplinen Gräzistik und Latinistik der literarischen Überlieferung. Gegenstände dieser Disziplinen sind nicht allein die Literatur- und die Sprachwissenschaft, sondern auch deren Grundlagen: die Überlieferungsgeschichte der literarischen Zeugnisse, die Textkritik und die Editionswissenschaft. Nur ihre sorgfältige Kollektion, Rekonstruktion, Edition, Kommentierung und Übersetzung schafft die Voraussetzung dafür, dass auch künftig das literarische Erbe der Antike rezipiert werden kann. Die Interpretation dieser Literatur ist jedoch nur mit genauer Kenntnis ihrer Eigenart möglich, beispielsweise der Sprache, der Gattungskonventionen oder der Rolle der Rhetorik. Wie für Klassische Philologen eine grundlegende Orientierung in der Alten Geschichte mit ihren Historischen Grundwissenschaften oder der Klassischen Archäologie notwendig ist, so benötigen Klassische Archäologen oder Althistoriker Kompetenzen im Umgang mit der Literatur der Antike.

Die antike Literatur ist in textkritischen Editionen (teilweise mit Übersetzung) erschienen, beispielsweise: *Bibliotheca scriptorum Graecorum et Latinorum Teubneriana* (*Bibliotheca Teubneriana*), *Scriptorum Classicorum Bibliotheca Oxoniensis* (*Oxford Classical Texts*), *Loeb Classical Library*, *Collection Budé*, *Sammlung Tusculum*, *Patrologia Graeca*, *Patrologia Latina*.

Textausgaben

Mit der fortschreitenden Digitalisierung der Altertumswissenschaften sind inzwischen fast sämtliche Texte aus der Antike in digitale Bibliotheken oder Datenbanken überführt worden und ergänzen die traditionell gedruckten Ausgaben. Im Folgenden werden ausgewählte Volltextdatenbanken vorgestellt.

digitale Editionen und Datenbanken

5.6.1 Griechische Texte

5.6.1.1 Perseus Digital Library – Perseus Collection: Greek and Roman Materials

Perseus Digital Library war eines der ersten Projekte, das Konzepte der Digital Humanities im Bereich der Philologie etablierte. Die digitale Bibliothek beinhaltet in der Sektion *Greek and Roman Materials* neben mehr als 400 Volltexten klassischer Literatur, teilweise mit englischer Übersetzung, zahlreiche Hilfsmittel wie Wörterbücher und Instrumente zur Syntax- und Formenanalyse der Textcorpora.

Die an der renommierten Tufts University (Medford, Massachusetts) bereits 1987 begründete *Perseus Digital Library* ist eine der ältesten digitalen Bibliotheken. Sie umfasst unterschiedliche Kollektionen, darunter eine umfangreiche Sammlung griechischer und lateinischer Literatur auf Grundlage etablierter wissenschaftlicher Editionen und teilweise mit englischer Übersetzung.

Perseus Digital Library bietet sämtliche Vorzüge einer Volltextdatenbank: Beispielsweise können die Texte einzelner Autoren oder Corpora gezielt nach der Verwendung einzelner Wörter oder Wortformen analysiert werden, um philologische Fragestellungen nach dem individuellen Wortgebrauch zu beantworten. Die Orientierung im Text (Buch, Kapitel, Abschnitt) wird ermöglicht durch die ansprechende Visualisierung mit Hilfe von Balken. Das zu jedem Abschnitt gebotene *Vocabulary Tool* zeigt die Worthäufigkeiten auf und bietet zugleich die englische Übersetzung der einzelnen Vokabeln. Ist eine englische Übersetzung vorhanden, so lässt sich diese unmittelbar aufrufen. Weitere Cross-References werden geboten zu Wörterbüchern oder Lexika. Um die zuverlässige Zitation der aus der *Perseus Digital Library* entnommenen Textstellen zu gewährleisten, werden schließlich Persistent Identifiers (*Citation URL*) angeboten. Verknüpfungen aus der Textsuche heraus gibt es beispielsweise mit dem *Art & Archaeology Artefact Browser*.

Humanist and Renaissance Italian Poetry in Latin

Für eher rezeptionsorientierte Forschungsfragen aus der Klassischen Philologie interessant ist die Sammlung *Humanist and Renaissance Italian Poetry in Latin* – hierzu zählen beispielsweise Pietro Bembo, Giovanni Boccaccio, Enea Silvio Piccolomini, Angelo Poliziano oder Giovanni Pontano.

Mit einer Volltextdatenbank wie der *Perseus Digital Library* oder den im Folgenden vorgestellten Datenbanken lassen sich an Texte als Quellen für die Altertumswissenschaften Fragen stellen und Antworten finden, wie es auf der Basis gedruckter Ausgaben nicht möglich ist.

5.6.1.2 Thesaurus Linguae Graecae (TLG) – A Digital Library of Greek Literature

Die Datenbank-Ausgabe des *Thesaurus Linguae Graecae* (*TLG*) enthält die griechischen Texte aus der Zeit vom 8. Jh. v. Chr. bis 600 n. Chr. sowie ein breites Spektrum griechischer Texte des Mittelalters von 600 n. Chr. bis 1453 n. Chr. Die differenzierte Suchmaske erlaubt komplexe Recherchen beispielsweise nach Autor, Werk, Datierung, Gattung. Die Darstellung der Texte erfolgt in griechischen Buchstaben oder transliteriert in lateinische.

Die Bezeichnung *Thesaurus Linguae Graecae* geht auf das Werk des Henri Estienne (Henricus Stephanus): *Thesaurus Graecae Linguae*, Genf 1572, zurück. Durch die Entwicklung der Textkritik insbesondere im 19. Jahrhundert sowie durch die Funde neuer Papyri bis in die Gegenwart konnte die Erforschung der griechischen Sprache und ihrer Autoren auf eine neue Grundlage gestellt werden – die traditionellen Lexika veralteten. Unter dem Namen *Thesaurus Linguae Graecae* gründete Bruno Snell am Institut für Griechische und Lateinische Philologie der Universität Hamburg eine Forschungsstelle, an der lexikographische Projekte zur Erfassung des altgriechischen Wortschatzes angesiedelt waren. Eine Schülerin Snells, Marianne McDonald, griff das Konzept auf und initiierte 1972 die Gründung des *Thesaurus Linguae Graecae* an der University of California, Irvine. Ziel des Projektes war die Identifizierung, Sammlung und Strukturierung griechischer Wörter und Wortformen literarischer und nicht-literarischer Texte. Der *Thesaurus* wurde indessen viel mehr als ein Lexikon: Von Anfang an auf die elektronische Datenverarbeitung gestützt, wurden griechische Textausgaben von Homer (8. Jh. v. Chr.) bis zum Fall Konstantinopels 1453 digitalisiert, so dass über mehrere Zwischenstufen und Migrationen eine repräsentative Volltextdatenbank der griechischen Sprache und Literatur entstand, die sämtliche Möglichkeiten einer differenzierten Recherche und Textanalyse bietet.

5.6.1.3 Jacoby Online – Die Fragmente der griechischen Historiker (FGrHist)

Die Datenbank *Jacoby Online* bietet eine strukturierte Sammlung von 856 fragmentarisch überlieferten griechischen Historikern mit englischer Übersetzung und Kommentar.

Da nur wenige griechische Historiker vollständig erhalten sind, kommt den verstreut überlieferten Fragmenten und indirekten Bezeugungen durch Paraphrasen oder wörtliche Zitate anderer Autoren eine zentrale Bedeutung zu. Der *Jacoby* stellt somit eines der wichtigsten Grundwerke altertumswissenschaftlicher Forschung, insbesondere für die Alte Geschichte und die Klassische Philologie, dar. Da seine editorische Situation recht komplex ist, sei ein kurzer Blick auf die Entstehungsgeschichte vorangestellt.

Die nur fragmentarisch überlieferten griechischen Historiker möglichst vollständig und systematisch zu erfassen war Ziel des monumentalen Werkes des Felix Jacoby: *Die Fragmente der griechischen Historiker, Berlin 1923ff*. Wenn Jacoby (1876–1959) auch an Karl Müller: *Fragmenta historicorum Graecorum, Paris 1841ff.* anknüpfen konnte, so wollte er über diese deutlich hinausgehen. Obwohl Jacoby insgesamt 856 Historikerfragmente ediert und von diesen 607 selbst kommentiert hat, ließ er sein Werk als Torso zurück, da er bis zu seinem Tod nur drei der geplanten sechs Teile in 15 Bänden publizieren konnte.

Die 2005 beim Verlag Brill erschienene erste elektronische Ausgabe der *Fragmente der griechischen Historiker* auf CD-ROM wurde von *Brill's New Jacoby* (*BNJ*) als Online-Edition abgelöst. Sie ist die überarbeitete Ausgabe der drei von Jacoby selbst publizierten Teile mit den

Publikationsgeschichte

Themen *Genealogie und Mythographie, Universal- und Zeitgeschichte* sowie *Ethnographie und Horographie*, ergänzt um neue Autoren und Fragmente, die Jacoby noch nicht bekannt waren. Neu sind außerdem die englischen Übersetzungen der Fragmente, die kritischen Kommentare, die Kurzbiographien zu einzelnen Historikern und eine Auswahlbibliographie. Das von Jacoby verwendete System der Nummerierung wird beibehalten.

Um eine echte Fortführung der ersten drei Teile Jacobys handelt es sich bei Teil IV mit den von Jacoby selbst vorgesehenen Fragmenten biographischer und antiquarischer Texte. Dieser wird insgesamt mehr als 20 Bände mit griechischem Text, Übersetzung und Kommentar umfassen. Bis zur Fertigstellung des Drucks wird das Material in Brill's Online-Edition zugänglich sein.

Der ebenfalls von Jacoby geplante, über seine drei publizierten Teile jedoch hinausgehende Teil V widmet sich der historischen Geographie mit Edition, Übersetzung und Kommentar von 96 Autoren, die ebenfalls Bestandteil von *Jacoby Online* sind.

> **Tipp**
>
> Es gibt auch zahlreiche römische Historiker, die nur fragmentarisch oder in indirekten Zeugnissen überliefert sind. Ediert wurden diese zuerst von Hermann Peter: *Historicorum Romanorum Reliquiae*. 3 Bände. Leipzig, 1870–1914 und Hermann Peter: *Historicorum Romanorum Fragmenta*. Leipzig, 1883. Die neue, ebenfalls gedruckte Edition umfasst 110 Autoren, davon 108 namentlich bekannte: Tim J. Cornell; Edward Bispham (Hrsg.): *The Fragments of the Roman Historians*. 3 Bände. Oxford, 2013. Band 1 bietet die ausführliche Einleitung und Kurzbiographien der edierten römischen Historiker, Band 2 die Texte und Übersetzungen, Band 3 die Kommentare.

5.6.1.4 Patrologia Graeca (PG)

Migne

Die Volltextdatenbank *Patrologia Graeca (PG)* basiert auf der *Patrologia Graeco-Latina*, die von Jacques-Paul Migne (1800–1875) zwischen 1857 und 1866 in 161 Bänden herausgegeben wurde. Sie enthält die christlich-griechische Kirchenliteratur mit den wichtigsten Werken spätantiker und mittelalterlicher Theologie, Philosophie und Geschichte aus der Zeit von 100 n. Chr. bis 1478 und ist grundlegend für Forschungen zum frühen Christentum. Den griechischen Texten ist eine lateinische Übersetzung gegenüber gestellt.

Die Datenbank beinhaltet die digitalen Faksimiles der gedruckten Bände. Die Volltexterschließung mit unterschiedlichen Rechercheoptionen sowie Autoren-, Werktitel- und Sachindex machen den Mehrwert der digitalen im Vergleich zur gedruckten Edition aus. Die Texte können sowohl ausgedruckt, heruntergeladen oder per Mail versendet werden.

5.6.2 Lateinische Texte

5.6.2.1 Bibliotheca Teubneriana Latina Online (BTL)

Kern der umfassenden Volltextdatenbank zur lateinischen Literatur sind die in der *Bibliotheca Teubneriana* erschienenen Editionen lateinischer Texte aus Antike, Mittelalter und Neuzeit.

In der Datenbank erfasst sind etwa 1.200 Texte von mehr als 600 Autoren der Epoche des republikanischen, kaiserzeitlichen und spätantiken Lateins. Darüber hinaus ist auch die mittellateinische und neulateinische Literatur berücksichtigt. Inkludiert sind sämtliche, seit 1849 erschienenen lateinischen Textausgaben der renommierten Reihe *Bibliotheca Scriptorum Graecorum et Romanorum Teubneriana*. Neben den inzwischen vergriffenen Bänden der Reihe wird die Datenbank um die jedes Jahr neu im Druck erscheinenden Textausgaben erweitert. Die Datenbank beinhaltet jedoch weder die jeweilige Praefatio noch den Apparatus criticus der Einzelausgaben.

Geeignet ist die Datenbank für jede Art systematischer Volltextsuche über die wichtigsten Texte der lateinischen Literatur. Insbesondere für sprachwissenschaftliche Forschungen und Analysen bietet sie differenzierte Recherchemöglichkeiten in etwa 13 Millionen Wortformen. Für textkritische Fragestellungen ist jedoch wegen des Fehlens der Preafationes und kritischen Apparate noch immer auf die gedruckten Editionen zurückzugreifen.

5.6.2.2 Library of Latin Texts – Series A (LLT-A) und Library of Latin Texts – Series B (LLT-B)

Die *Library of Latin Texts – Series A* (*LLT-A*) ist hinsichtlich der Breite der darin enthaltenen lateinischen Texte umfassend, indem sie von der Antike bis ins 20. Jahrhundert hineinreicht. Sie bietet hoch differenzierte Möglichkeiten der Analyse der Texte und der darin vorkommenden Wortformen. *Die Library of Latin Texts – Series B* (*LLT-B*) ergänzt als Volltextdatenbank *LLT-A* mit dem Fokus auf die lateinische Literatur vom 2. bis zum 16. Jahrhundert.

Von den Anfängen der lateinischen Literatur mit Livius Andronicus aus dem 3. Jahrhundert v. Chr. bis zum 2. Vatikanischen Konzil (1962–1965) umfasst die *LLT-A* die Werke der klassischen und silbernen Latinität, der lateinischen Spätantike, die Kirchenväter, die mittelalterliche lateinische Literatur sowie das lateinische Schrifttum der Reformation und Gegenreformation. Dazu gehören das *Corpus Christianorum/Series Latina*, die *Continuatio Mediaevalis* sowie weitere Ausgaben des *Corpus*

Scriptorum Ecclesiasticorum Latinorum, die *Patrologia Latina*, die *Sources Chrétiennes,* die *Opera Sancti Bernardi*, die *Biblia Sacra Vulgata* und die pseudepigraphischen Schriften des Alten Testaments. Ergänzend dazu enthält *LLT-B* Texte verschiedener Gattungen wie Chroniken, Lebensbeschreibungen von Heiligen, Reisebeschreibungen, juristische Werke, theologische, philosophische und naturwissenschaftliche Schriften aus dem 2. bis zum 16. Jahrhundert.

Rechercheoptionen

Die Recherchemöglichkeiten sind außerordentlich differenziert und ermöglichen die unterschiedlichsten sprachwissenschaftlichen und literaturwissenschaftlichen Analysen (Abb. 49). Die einzelnen Fundstellen sind im Textzusammenhang darstellbar und können im PDF-Format jeweils exportiert werden.

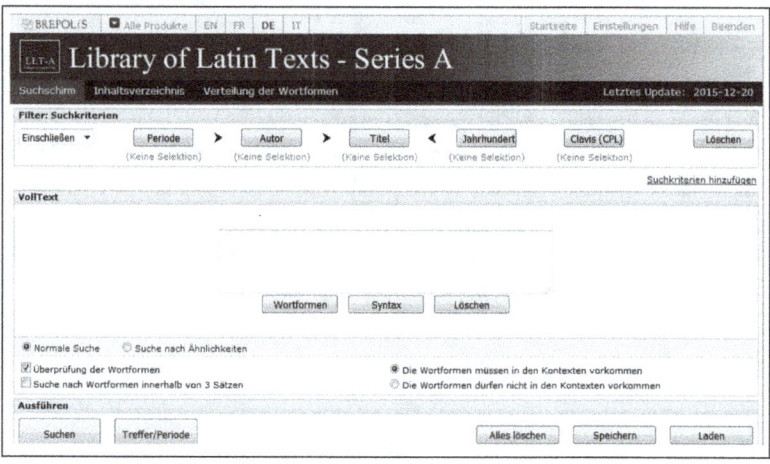

Abb. 49: Library of Latin Texts – Series A.

Cross Database Searchtool

Schließlich bietet der Verlag Brepols Publishers das *Cross Database Searchtool* an, das eine datenbankübergreifende Recherche der lateinischen Volltextdatenbanken desselben Verlags ermöglicht: *Library of Latin Texts - Series A, Library of Latin Texts - Series B, Aristoteles Latinus Database, Monumenta Germaniae Historica.* Das Corpus zu analysierender lateinischer Texte wird auf diese Weise bedeutend erweitert. Unter den vielen Besonderheiten herauszugreifen sind die differenzierten statistischen Analysemöglichkeiten einzelner Texte sowie die Möglichkeit des unmittelbaren Vergleiches einzelner Corpora.

5.6.2.3 Classical Latin Texts (Packard Humanities Institute)

PHI Latin Texts ist eine Volltextdatenbank mit literarischen Texten der lateinischen Literatur von den Anfängen bis zum 3. Jahrhundert n. Chr. und wird vom Packard Humanities Institute herausgegeben.

Grundlage der Volltextdatenbank *Classical Latin Texts* sind klassische Editionen kanonischer lateinischer Autoren. Die Volltextsuche ermöglicht es, die Werke einzelner oder mehrerer Autoren nach Wörtern, Formen und Begriffen zu analysieren. So lässt sich beispielsweise in der Volltextsuche feststellen, von welchen Autoren in welchen Werken eine bestimmte Wortform verwendet wird, während in der Konkordanz die gesuchte Wortform in ihrem spezifischen Kontext in den Werken sämtlicher Autoren alphabetisch dargestellt wird. Hieraus lässt sich in den jeweiligen Werkkontext des interessierenden Autors wechseln.

PHI Latin Texts

5.6.2.4 Patrologia Latina (PL)

Im Zusammenhang mit der *Patrologia Graeca (PG)* steht die *Patrologia Latina (PL)*, die Edition des lateinischen Schrifttums der Kirche von den Anfängen bis ins Hochmittelalter in insgesamt 217 Bänden, die Jacques-Paul Migne in zwei Reihen (series prima: Band 1–73, series secunda: Band 74–217) zwischen 1844 und 1855 publiziert hat. Vier Bände mit Indizes (Band 218–221) folgten 1862–1865.

Migne

Die elektronische Volltextausgabe *Patrologia Latina Database* auf CD-ROM und Online-Datenbank beruht auf der Erstausgabe Mignes. Texte der *Patrologia Latina* sind auch Bestandteil der *Library of Latin Texts* (s. S. 149f.).

5.6.3 Altorientalische Texte

5.6.3.1 Cuneiform Digital Library Initiative (CDLI)

Cuneiform Digital Library Initiative (CDLI) ist eine von internationalen Vertretern der Forschercommunity aus Assyrologen, Museumskuratoren und Wissenschaftshistorikern unter Federführung der University of California in Los Angeles und des Max-Planck-Instituts für Wissenschaftsgeschichte Berlin konzipierte Datenbank, die Keilschrifttafeln aus dem Zeitraum von ca. 3350 v. Chr. bis ca. 400 v. Chr. digital erschließt. Gegenwärtig umfasst die Datenbank etwa 125.000 von weltweit etwa 500.000 erhaltenen Keilschrifttafeln und anderer beschrifteter Dokumente wie Siegel aus öffentlichen und privaten Sammlungen. Vertretene Sprachen sind u. a. Sumerisch, Akkadisch, Babylonisch,

Assyrisch, Eblaitisch, Elamisch, Hethitisch, Urartäisch, Altkanaanäisch und Altpersisch.

Rechercheoptionen Eine differenzierte Suchmaske erlaubt den Zugriff auf die Dokumente nach vielfältigen Kriterien, wie beispielsweise: Chronologie, Provenienz, Objekttyp, Sprache, Transkription oder Übersetzung.

CDLI:wiki Von großem Nutzen für Keilschriftforschung, Vorderasiatische Archäologie und Altertumskunde sind die vielfältigen, im *CDLI:wiki – A Library of Knowledge of the Cuneiform Digital library Initiative* zusammengestellten Informationen zu inhaltlichen, methodischen und technischen Fragen.

5.6.3.2 The Electronic Text Corpus of Sumerian Literature (ETCSL)

Das vom altorientalischen Volk der Sumerer im Südmesopotamien des 3./2. Jahrtausends v. Chr. gesprochene Sumerisch ist die älteste Schriftsprache, von der Texte aus drei Jahrtausenden überliefert sind. Die sumerische Keilschrift, die älter ist als die ägyptische Hieroglyphenschrift, wurde unter anderem von Akkadern, Babyloniern, Assyrern und Hethitern für ihre eigenen Sprachen adaptiert.

Volltextdatenbank Das an der University of Oxford entwickelte *Electronic Text Corpus of Sumerian Literature (ETCSL)* erschließt in einer Volltextdatenbank etwa 400 sumerische literarische Texte, darunter Mythen, Epen und Hymnen. Die in Unicode und ASCII kodierten Texte sind transkribiert und mit englischen Übersetzungen versehen. Sowohl Transkriptionen als auch Übersetzungen sind im Volltext durchsuchbar. Umfangreiche bibliographische Angaben ermöglichen die gezielte weitere Erforschung der ausgewählten Texte. Obwohl das Projekt 2006 abgeschlossen und die Datenbank seitdem nicht mehr aktualisiert wurde, bietet sie doch eine ausgezeichnete Einführung in die sumerische Sprache und Literatur.

5.6.3.3 Database of Neo-Sumerian Texts (BDTNS)

Das von Manuel Molina geleitete spanische Projekt, das mit der *Cuneiform Digital Library Initiative (CDLI)* eng kooperiert, bietet eine Datenbank neusumerischer Keilschrift-Texte, die im Reich der III. Dynastie von Ur entstanden und dem administrativen Bereich zuzuordnen sind. Die etwa 97.000 Texte stammen aus 751 Sammlungen in 40 Ländern. Die Besonderheit besteht darin, dass etwa 10.000 Texte bisher unpubliziert sind. Mehr als 60.000 Texte liegen transkribiert, allerdings ohne Übersetzungen vor. Ein Großteil der Objekte ist fotografiert. Berücksichtigt werden auch 23.000 Legenden auf Rollsiegeln. Umfangreiche bibliographische Angaben machen die *Database of Neo-Sumerian Texts (BDTNS)* zu einem leistungsfähigen Instrument für die Erforschung neusumerischer Texte.

5.6.3.4 Electronic Tools and Ancient Near Eastern Archives (ETANA)

Das Portal wurde von zahlreichen internationalen Partnern im Jahr 2001 mit dem Ziel gegründet, in einem Repositorium retrodigitalisierte, urheberrechtsfreie Texte und Editionen altorientalischer Quellen sowie Open-Access-Publikationen zusammenzuführen.

Weitere Angebote des Portals sind *eTACT*, das Repositorium für online verfügbare Übersetzungen akkadischer Texte und *Abzu*, ein Webverzeichnis für Informationen und Materialien rund um die Erforschung des Alten Orients.

5.7 Geographie

Die Gegenstände historischer Disziplinen wie der Altertumswissenschaften und der Archäologie haben in der Regel einen konkreten Bezug zu einem geographischen Raum. Dieser lässt sich durch die digitalen Möglichkeiten in besonderer Weise abbilden und visualisieren. Innerhalb zahlreicher webbasierter Projekte und Datenbanken spielt daher die Georeferenzierung eine zentrale Rolle: Beispielsweise lassen sich archäologische Funde oder prosopographische Erkenntnisse mit konkreten Orten und Landschaften der antiken Welt korrelieren, wofür so genannte *Gazetteers*, Ortsverzeichnisse, Verwendung finden.

Raum und Geschichte

5.7.1 iDAI.gazetteer

Das digitale Ortslexikon *iDAI.gazetteer* ist zentraler Knotenpunkt innerhalb der digitalen Datenwelt (*iDAI.welt*) des Deutschen Archäologischen Instituts (DAI). Es verbindet Orte und Regionen mit geographischen Koordinaten und korreliert diese mit objektbezogenen und bibliographischen Informationen.

Mit dem geographischen Ortsverzeichnis *iDAI.gazetteer* bietet das Deutsche Archäologische Institut (DAI) einen zentralen Baustein seiner digitalen Forschungs- und Informationsinfrastruktur. Kern ist das entstehende Normdatenvokabular für sämtliche ortsbezogene Informationen und Informationssysteme des Deutschen Archäologischen Instituts (DAI). Normierte Ortsnamen werden mit Koordinaten verbunden – geographische, materielle und bibliographische Informationen auf diese Weise exakt miteinander vernetzt (Abb. 50).

Raum – Objekt – Literatur

Wo genau liegt eine in der antiken Literatur überlieferte Stadt? Welche archäologischen Funde stammen von dort? Welche wissenschaftlichen Publikationen existieren zu dieser? Wie können unter-

Rechercheoptionen

schiedliche Orte mit gleichem Namen eindeutig gekennzeichnet werden? Eine Antwort auf diese komplexen Fragen ist mit Hilfe des *iDAI.gazetteer* möglich. Von dem interessierenden antiken Ort ausgehend lässt sich nicht nur direkt auf die von dort stammenden, in *iDAI.objects/Arachne* verzeichneten Funde zugreifen, sondern zugleich auf die damit verbundenen bibliographischen Ressourcen in *iDAI.bibliography/ZENON*. Auf diese Weise erschließt sich ein konkreter antiker Raum mitsamt seiner Fundobjekte und Forschungsdokumentation.

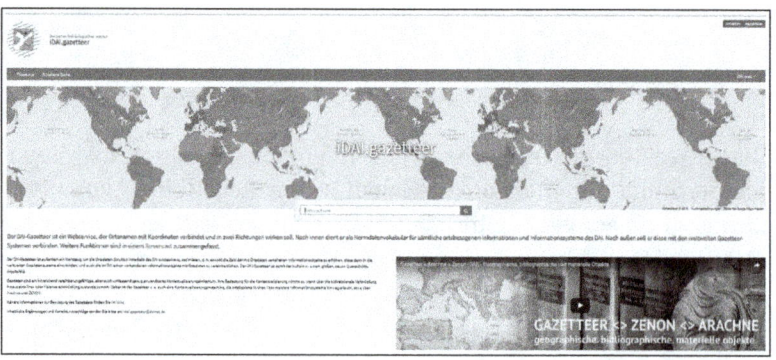

Abb. 50: iDAI.gazetteer.

5.7.2 iDAI.geoserver

iDAI.geoserver ist der zentrale Zugang zu den online verfügbaren Geodaten des Deutschen Archäologischen Instituts (DAI). Diese lassen sich recherchieren und herunterladen.

Geoinformationssysteme (GIS)

In den letzten Jahrzehnten ist die Bedeutung von Geodaten und Geoinformationssystemen (GIS) in der archäologischen Forschung zunehmend gewachsen: von der lokalen Ebene mit Grabungsdaten über die regionale Ebene, die häufig im Rahmen von landschaftsarchäologischen Fragestellungen untersucht wird, bis hin zur globalen Ebene.

Im Rahmen von DAI-Projekten werden viele Daten zumeist mit einem hohen Aufwand erhoben und haben ein großes Potenzial für darauf aufbauende und spätere Forschung. Insofern spielt die Speicherung und Bereitstellung der Daten auch eine zunehmende Rolle.

Mit dem *iDAI.geoserver* als Teil der *iDAI.welt* wurde eine webbasierte Infrastruktur geschaffen, die diese Problematik adressiert und Forschern die Möglichkeit gibt, ihre räumlichen Daten mit Metadaten zu versehen und auf einem Server zu speichern.

Die Metadaten, die die einzelnen Ebenen beschreiben, lassen sich durchsuchen, können online betrachtet und in verschiedenen Geodatenformaten heruntergeladen werden. Als angemeldeter Benutzer ist es darüber hinaus möglich mit Hilfe der Ebenen Karten zu erstellen, die sich in andere Webseiten einbinden lassen. Die gesamte Infrastruktur basiert auf Standards, wodurch eine Interoperabilität mit Desktop-GIS und WebGIS-Systemen gewährleistet ist.

5.7.3 RGZM GeoNameService

Mit dem *GeoNameService* hat das Römisch-Germanische Zentralmuseum (RGZM) einen webbasierten Dienst entwickelt, der der Archäologie standortbasierte Geodaten zur Verfügung stellt. Die Datenbank enthält mehr als 11 Millionen Orte, die jeweils einem Gebiet zugeordnet und mit exakten Breiten- und Längengraden erfasst sind. Jeder Ort lässt sich auf einer einfachen oder interaktiven Karte oder mit Google Earth anzeigen. Für ausführliche Recherchen wird dem Nutzer ein Merkzettel zur Verfügung gestellt.

5.7.4 ORBIS – The Stanford Geospatial Network Model of the Roman World

Die Ausdehnung des Römischen Reiches hatte ganz außergewöhnliche Anforderungen nicht nur für seine militärische Beherrschung, sondern gleichermaßen für seine friedliche Administration zur Folge. Insbesondere die urbanen Zentren wurden durch ein dichtes Netz von Straßen miteinander verbunden, die Wege für Menschen und Infrastrukturen für Kommunikation verkörperten.

Wege durch das Imperium Romanum

Mit *ORBIS* wird auf der Basis antiker Quellen und unter Umsetzung von Konzepten aus den Digital Humanities ein dynamisches und interaktives Werkzeug entwickelt, das es erlaubt, diese Wege durch den Orbis Romanus für ein Netz von 632 Orten exakt zu rekonstruieren (Abb. 51). So lässt sich anhand dieses Modells beispielsweise berechnen, mit welchem Aufwand an Zeit und Kosten man in einem bestimmten Monat von Rom nach Konstantinopel gelangen konnte. Dabei kann man wählen zwischen der schnellsten, der kostengünstigsten oder der kürzesten Verbindung sowie zwischen Straße, Fluss oder offenem Meer.

Berechnungen

Die vielfältigen geographischen und räumlichen Visualisierungen ermöglichen einen bisher ungewohnten Einblick in die raum-zeitliche Dimension der Römischen Welt.

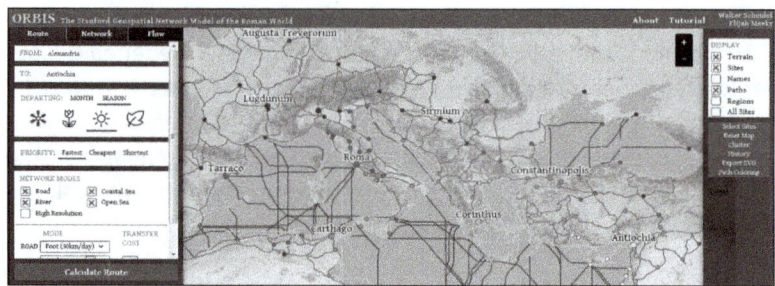

Abb. 51: ORBIS – The Stanford Geospatial Network Model of the Roman World.

5.7.5 Pelagios

Pelagios ist ein geographiebasiertes Online-Netzwerk für die Altertumswissenschaften mit dem Ziel, altertumswissenschaftliche Informationen und Forschungsdaten – Texte, Bilder, Inschriften, sonstige archäologische Objekte, Open-Access-Publikationen – über ihre geographischen Bezüge miteinander zu vernetzen.

Roman World Map

Peripleo

Zwei Wege ermöglichen den Zugriff auf die geographiebasierten Daten: Entweder lassen sich über die Roman World Map antike Orte identifizieren und von dort die Suchmaschine *Peripleo* aufrufen. Oder die Recherche startet direkt mit der Suchmaschine *Peripleo*, die auch Daten weiterer geographiebasierter Systeme bereitstellt. Zu diesen gehören beispielsweise *iDAI.gazetteer*, *Pleiades*, *Digital Atlas of the Roman Empire* (*DARE*) oder *Vici.org*.

Tipp

> Ein wichtiger Partner von *Pelagios* ist der an der Universität Lund angesiedelte *Digital Atlas of the Roman Empire* (*DARE*), der nach dem Vorbild des Barrington-Atlas (Richard J. A. Talbert: *Barrington Atlas of the Greek and Roman World*. Princeton, 2000) konzipiert ist.
> *Vici.org* ist ein archäologischer Atlas der Antike, der nach dem Wikipedia-Prinzip kollaboratives Arbeiten mit Open Data unterstützt.

5.7.6 Pleiades

PLEIADES

Pleiades ist wie der *iDAI.gazetteer* ein digitales Verzeichnis antiker Orte und geographischer Informationen. Kollaborativ im Sinne von *citizen science* und *citizen humanities* begründet, möchte es ein zentrales Werkzeug für die digitalen Altertumswissenschaften des 21. Jahrhunderts bieten und kontinuierlich weiter entwickeln. Die geographischen Daten sollen frei nutzbar bleiben. Der Schwerpunkt der griechisch-römischen Antike soll geographisch in den Nahen Osten und in den keltischen Kulturraum erweitert werden, chronologisch in die byzantinischen und mittelalterlichen Jahrhunderte.

Die zentrale Aufgabe von *Pleiades* ist es, antiken Orten einen eindeutigen Bezeichner zuzuweisen und die unterschiedlichen historischen Benennungen im Sinne eines Normvokabulars zu standardisieren. Dabei wird jeder Eintrag durch die Einbindung unterschiedlicher verwandter Ressourcen inhaltlich angereichert wie beispielsweise: *Digital Atlas of the Roman Empire* (*DARE*), *Vici.org*, *Barrington Atlas of the Greek and Roman World*, *New Pauly* oder *Perseus Digital Library*.

Rechercheoptionen

> Das Ancient World Mapping Center (AWMC) führt nicht nur das *Classical Atlas Project* mit dem *Barrington Atlas of the Greek and Roman World* fort, sondern hat als Partner von *Pleiades* mit *Antiquity Â-la-carte* einen interaktiven digitalen Atlas entwickelt.

Tipp

5.7.7 Transformation (RGZM)

Mit dem Projekt *Transformation: The Emergence of a Common Culture in the Northern Provinces of the Roman Empire from Britain to the Black Sea up to 212 A.D.* hat das Römisch-Germanische Zentralmuseum Mainz (RGZM) mit internationalen Partnern eine digitale Darstellung mit reichem Bild- und Kartenmaterial sowie einer ausführlichen Bibliographie zur Darstellung des Romanisierungsprozesses in den nördlichen Grenzprovinzen des Römischen Reiches von Britannien bis zum Schwarzen Meer entwickelt. Wenn auch die Datenbank nicht weiter aktualisiert wird, bietet sie einen kompakten Überblick über die Adaption mediterraner antiker Kultur im Barbaricum.

Romanisierungsprozess

5.8 Onomastik

Auch wenn die Onomastik (griech. ónoma = Name), die Namenkunde, im engeren Sinn Teil der Sprachwissenschaft ist und das Ziel hat, Herkunft, Struktur, Bedeutung und Verbreitung von Namen zu erkennen, zu analysieren und zu interpretieren, sind ihre Ergebnisse doch interdisziplinär nutzbar. Bei Namen kann es sich um Personennamen (Vornamen, Familiennamen) und Ortsnamen (Orte, Gewässer, Flüsse) handeln. Die Ergebnisse onomastischer Forschung wurden und werden in Lexika oder umfangreichen Corpora dokumentiert. Diese bilden häufig die Grundlage digitaler Editionen.

Namenkunde als Grundwissenschaft

5.8.1 Lexicon of Greek Personal Names (LGPN)

Das 1972 begonnene *Lexicon of Greek Personal Names* erschien in bisher 5 Bänden zwischen 1987 und 2013 und wurde mehrfach nachgedruckt. Bereits frühzeitig wurden die Potenziale der Datenbanktechnologie für das Lexikon genutzt und seine Inhalte mit dem Ziel einer digitalen Publikation vorbereitet. Das Projekt ist eingebettet in die *Oxford Classics Research Projects*.

Eine einfache oder erweiterte Suche ermöglicht den gezielten Zugriff auf die komplexen Daten. Dabei können entweder lateinische oder griechische Buchstaben verwendet werden. Sehr effektiv ist ferner die Nutzung der Indizes für Namen, Orte und sozialen Status der Personen. Die Einbindung von Karten ermöglicht die Identifizierung auch unbekannter Orte. Auf diese Weise steht mit der Namensdatenbank ein unverzichtbares Hilfsmittel für sämtliche altertumswissenschaftlichen Disziplinen zur Verfügung.

5.9 Prosopographie

Personenkunde als Grundwissenschaft

Die Prosopographie (griech. *prósopon* = Person), die Personenkunde, ist wie die Onomastik ein interdisziplinärer Gegenstand altertumswissenschaftlicher Forschung. Menschen sind eingebunden in komplexe soziale, räumliche und chronologische Bezüge privater oder öffentlicher Natur. Die Erforschung von Personen und ihren Netzwerken kann beispielsweise Aufschluss geben nicht nur über treibende Kräfte der politischen Geschichte, sondern auch über Wissens- und Kulturtransfer im Bereich von Literatur und Kunst. Die Prosopographie besitzt seit dem 19. Jahrhundert für die Geschichtswissenschaft den Rang einer Grundlagendisziplin. Prosopographische Forschung konzentriert sich dabei nicht nur auf die Biographien von Einzelpersonen, sondern stellt diese in größere Zusammenhänge mit anderen Personen und Personengruppen. Auf dieser Grundlage lassen sich neue Perspektiven auf historische Zusammenhänge und Entwicklungen gewinnen.

5.9.1 Prosopographia Imperii Romani (PIR)

Das Lexikon der Elite des Römischen Reiches erfasst die durch Quellen bekannten Persönlichkeiten der kaiserlichen Familien, des Senatoren- und Ritterstandes und sonstiger literarisch belegter Personen sowie die Mitglieder der Herrscherfamilien der von Rom abhängigen oder mit Rom in Kontakt stehenden Staaten aus der frühen und hohen Kaiserzeit. Die Druckausgabe wird durch eine Datenbank ergänzt.

Die *Prosopographia Imperii Romani* (*PIR*) gehört zu den altertumswissenschaftlichen Grundlagenprojekten, die von Theodor Mommsen selbst mit begründet wurden. Ziel war es, auf Grundlage der erfassten Quellen (z. B. Inschriften, Münzen, Papyri, literarische Zeugnisse) in standardisierten lateinischen Biographien eine zuverlässige Grundlage für die prosopographische Forschung zu bieten, wobei die Schlacht von Actium (31 v. Chr.) und das Ende der Herrschaft Diocletians (284–305 n. Chr.) den zeitlichen Rahmen bilden. Hieraus ergibt sich die Möglichkeit, die Führungsschichten des Römischen Reiches in ihren sozialen Strukturen zu erfassen, ihren politischen Einfluss über Ämter und familiäre Vernetzungen zu erkennen, um zu verstehen, wie Verwaltung und Politik des Weltreiches durch seine Eliten gestaltet wurden. Besonders hilfreich sind dabei Stammbäume, die Aufschluss über die genaue Familienzugehörigkeit Einzelner geben.

[Quellen]

Die erste Ausgabe der *PIR* in drei Bänden wurde von Hermann Dessau, Elimar Klebs und Paul von Rhoden seit 1883 erarbeitet und in den Jahren 1897 und 1898 publiziert. Doch bereits nach kurzer Zeit hatten neue Funde und die Dynamik der Forschung eine Neubearbeitung des Werkes notwendig gemacht, die seit 1915 an der Berliner Akademie der Wissenschaften durchgeführt wurde. Nach dem Erscheinen des ersten Bandes im Jahr 1933 konnte mit der Vollendung des achten Bandes im November 2015 die zweite Ausgabe der PIR nach genau einhundert Jahren abgeschlossen werden.

[Ausgaben]

Inzwischen ist das reiche Material durch eine Datenbank erschlossen, die zwar einen bequemen Zugriff auf die Daten ermöglicht, die Arbeit mit der gedruckten Edition jedoch nicht ersetzt. Die Datenbank umfasst zwar die Nachträge zu den bis 2004 gedruckt erschienenen Bänden, wird jedoch nicht mehr aktualisiert.

[Datenbank]

> Für die Erforschung der Gesellschaft der spätrömischen und frühbyzantinischen Epoche (3.–7. Jh. n. Chr.) bietet Arnold H. M. Jones; John Robert Martindale; John Morris: *The Prosopography of the Later Roman Empire*. 3 Bände. Cambridge, 1971–1992 *(PLRE)* das zeitlich unmittelbar anschließende prosopographische Referenzwerk. Zurückgehend auf die an der Berliner Akademie der Wissenschaften entstandenen Vorarbeiten für eine geplante Prosopographie der Spätantike, wurde die *PLRE* schließlich von der British Academy realisiert. Erfasst werden Angehörige der (Verwaltungs-) Elite Roms und anderer Völker, sofern sie in der griechisch-lateinischen Überlieferung erwähnt werden. Nicht berücksichtigt hingegen werden Geistliche, für die das Werk von André Mandouze; Charles Piétri; Sylvain Destephen; Luce Pietri; Philipe Bernard: *Prosopographie chrétienne du Bas-Empire*. 4 Bände. Paris, 1982–2013 zu konsultieren ist.

[Tipp]

5.9.2 Prosopographie der mittelbyzantinischen Zeit (PmbZ)

Die *Prosopographie der mittelbyzantinischen Zeit* (*PmbZ*) schließt unmittelbar an die *Prosopography of the Later Roman Empire* (*PLRE*) an und ist das wichtigste biographische Speziallexikon für die Zeit vom 7. bis 11. Jahrhundert n. Chr. Als Ergänzung sind die Indizes der ersten Abteilung (641 n. Chr.–867 n. Chr.) elektronisch publiziert und bieten eingeschränkten Zugriff auf die einzelnen Artikel des Lexikons. Die vollständigen Lemmata der ersten und der zweiten Abteilung (867 n. Chr.–1025 n. Chr.) bietet die vom Verlag de Gruyter erstellte Datenbank *PmbZ Online* mit differenzierten Recherchefunktionen.

Das aus 17 Bänden in 2 Abteilungen bestehende Werk von Ralph-Johannes Lilie: *Prosopographie der mittelbyzantinischen Zeit*. Berlin; New York, 1998–2013 (*PmbZ*) wurde seit 1994 an der Berlin-Brandenburgischen Akademie der Wissenschaften erarbeitet und verzeichnet insgesamt etwa 21.000 Einzelpersonen oder Personengruppen, die zwischen 641 n. Chr. und 1025 n. Chr. im Byzantinischen Reich gelebt oder mit diesem in Verbindung gestanden haben und in byzantinischen Quellen (z. B. Historiographie, Epistolographie, Konzilsakten, Hagiographie, Homiletik, Siegel, Inschriften, Münzen) belegt sind. Neben der Elite des Byzantinischen Reiches werden auch quellenmäßig belegte *Normalbürger* erfasst und ihre Beziehungen untereinander aufgezeigt. Dadurch wird es möglich, einen lebendigen Blick auch in die byzantinische Alltagsgeschichte zu erhalten.

Die Periodisierung ergibt sich aus dem Ende des von der *PLRE* berücksichtigten Zeitraumes bis 641 n. Chr. und dem Jahr 1025 als einem durch das Ende der Herrschaft des Kaisers Basileios II. Epochenjahr der byzantinischen Geschichte.

Tipp

> Für die spätbyzantinische Zeit folgt auf die *PmbZ* das Werk von Erich Trapp: *Prosopographisches Lexikon der Palaiologenzeit*. Wien, 1976-1996 (PLP), welches an der Österreichischen Akademie der Wissenschaften erarbeitet wurde. Ergänzt wurde die Druckausgabe durch eine CD-ROM- sowie eine Online-Edition, die allerdings nicht als Datenbank konzipiert ist, sondern als PDF-Dokument bequem zu durchsuchen ist.

5.9.3 Prosopography of the Byzantine World (PBW)

Die *Prosopography of the Byzantine World* (*PBW*) konzentriert sich auf die byzantinische Epoche von 1025–1150 (Dynastie der Makedonen, Kaiser ohne Dynastie bzw. die Familie Dukas, Komnenen) und erfasst sämtliche überlieferten Informationen zu Personen, die in byzantinischen Textquellen dieses Zeitraums Erwähnung finden.

Die *PBW* schließt sowohl an die *Prosopography of the Later Roman Empire* (*PLRE*) als auch an die *Prosopographie der mittelbyzantinischen Zeit* (*PmbZ*) an. Einen unmittelbaren Vorläufer besitzt sie in der *Prosopography of the Byzantine Empire* (*PBE*), die als CD-ROM publiziert wurde.

Neben der byzantinischen Geschichte ist die *PBW* für die Geschichte der ersten beiden Kreuzzüge sowie der Kreuzfahrerstaaten wichtig.

5.10 Sphragistik

Die Sphragistik (griech. *sphragis* = Siegel), die Siegelkunde, gehört zu den Grundwissenschaften, die Siegel (lat. *sigillum* = Bildchen) im Hinblick auf physische Beschaffenheit, Datierung und kunsthistorische Einordnung interpretiert. Besondere Bedeutung besitzt die Sphragistik für die Geschichte des Mittelalters, zu der auch die Byzantinistik gehört. Hier ist sie eng verbunden mit der Diplomatik, der Urkundenlehre, wenn es um die an Urkunden angebrachten Siegel geht. Methodisch und inhaltlich bestehen ferner Berührungen zur Heraldik, der Wappenkunde, sowie zur Numismatik. Wie im Falle anderer Quellen müssen Siegel *gelesen* werden, wozu Kompetenzen aus unterschiedlichen Disziplinen gehören, beispielsweise: Wirtschafts- und Sozialgeschichte, Prosopographie, Philologie, Kunstgeschichte oder historische Geographie.

Siegelkunde als Grundwissenschaft

Siegel dienten dazu, Dokumente zu authentifizieren und Rechtssicherheit zu verleihen. Sie wurden hergestellt aus Gold, Silber, Blei oder Wachs und besitzen Inschriften, religiöse oder säkulare Bilder oder Monogramme. Inhaber von Siegeln sind Institutionen oder Personen, beispielsweise: Kaiser, kirchliche Würdenträger, Repräsentanten der Verwaltung oder Privatpersonen.

5.10.1 Online Catalogue of Byzantine Seals

Dumbarton Oaks Research Library and Collection besitzt eine Sammlung von etwa 17.000 byzantinischen Siegel vom 4.–15. Jh., die digitalisiert und durch einen Online-Katalog differenziert erschlossen sind.

Für die byzantinische Geschichte, die Spätantike und Mittelalter umfasst, spielen Siegel eine wichtige Rolle, um unterschiedlichste Aspekte der byzantinischen Welt zu beleuchten: Aufbau und Struktur der zivilen, militärischen und kirchlichen Verwaltung, prosopographische

Forschungsfragen

Analyse ihrer Mitglieder, philologische und ikonographische Bestimmung von Text und Bild der Siegel.

Der Online-Katalog erlaubt eine Freitextsuche über alle Felder, aber auch den systematischen Zugriff nach den Kategorien *Century*, *Location*, *Titel*, *Office* und *Language*. Für die einzelnen Siegel stehen hochauflösende Digitalisate zur Verfügung, Vorder- und Rückseite werden beschrieben, Texte transkribiert und übersetzt. Literaturangaben ermöglichen die gezielte Information zum interessierenden Objekt. Auf diese Weise steht ein Instrument zur Verfügung, mit dem man systematisch die Siegel-Sammlung einer wichtigen Forschungsinstitution zur Byzantinistik erkunden und diesen spezifischen Quellentyp kennenlernen kann.

6 Forschungsdaten

6.1 IANUS – Forschungsdatenzentrum Archäologie & Altertumswissenschaften

Ziel des Projektes IANUS ist der Aufbau einer nationalen Infrastruktur zur dauerhaften Archivierung, Erschließung und Bereitstellung der in unterschiedlichen dezentralen Forschungsvorhaben entstandenen Forschungsdaten aus Archäologie, Altertumswissenschaften und benachbarten Fächern in Deutschland.

Open Data

IANUS überträgt den im Bereich des altertumswissenschaftlichen Publizierens immer weiter verbreiteten Open-Access-Gedanken (s. S. 13ff.) auch auf die Forschungsdaten im weitesten Sinne. Dabei geht es um ganz unterschiedliche Arten von Forschungsdaten:
- Daten, die die Grundlage von Publikationen darstellen
- Daten, die im Kontext von Grabungen im Bereich der Bodendenkmalpflege kontinuierlich gesammelt werden
- Datensammlungen aus Projekten, die nicht zugänglich sind und für die bislang keine Veröffentlichung vorgesehen ist

Damit dient *IANUS* allen Personen und Institutionen, die in Deutschland mit Hilfe archäologischer Daten die antike Kultur erforschen (Abb. 52).

nachhaltige Sicherung von Forschungsdaten

IANUS geht davon aus, dass die in einem Projekt entstandenen Forschungsdaten keineswegs nutzlos werden, wenn ihre primäre Bearbeitung abgeschlossen ist und sie publiziert wurden – wobei viele Daten auch unveröffentlicht bleiben. Stattdessen können sie die Grundlage für neue Datenerhebungen bilden und damit verbundene innovative Methoden und Erkenntnisse vorantreiben. Die Vorstellung der prinzipiellen Nachnutzbarkeit von Forschungsdaten im Sinne eines Datenlebenszyklus (Abb. 3) verbindet sich mit der Notwendigkeit barrierefreier Verfügbarkeit von Forschungsdaten über ein Datenportal als Open Data, der dauerhaften Zitierbarkeit mittels persistenter Identifikatoren sowie der professionellen Langzeitkuratierung und -archivierung.

Dennoch können nicht alle Forschungsdaten undifferenziert für jedermann frei zur Verfügung gestellt werden: Uneingeschränkten Schutz genießen selbstverständlich personenbezogene Angaben oder Geoinformationen zu gefährdeten Denkmälern oder Fundstellen. Daher werden bei der Übergabe von Forschungsdaten an ein Repositorium wie *IANUS* vom Datenproduzenten gegebenenfalls gestaffelte Zugriffsrechte festgelegt.

Zugriffsrechte

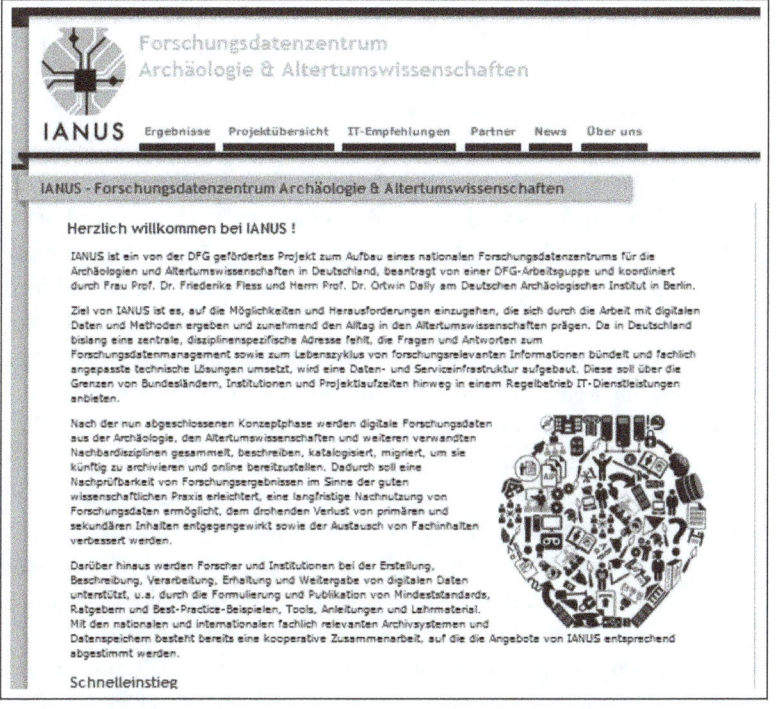

Abb. 52: IANUS – Forschungsdatenzentrum Archäologie & Altertumswissenschaften.

IANUS baut für Deutschland eine nationale Infrastruktur für archäologische und altertumswissenschaftliche Daten auf. Schließlich möchte *IANUS* an zentraler Stelle Expertenwissen aufbauen und für Institutionen und Forschende zur Verfügung stellen, um diese bei Erstellung, Katalogisierung, Beschreibung, Verarbeitung, Archivierung, Migrie-

Mission Statement

rung, Weitergabe und Nachnutzbarkeit digitaler Daten gezielt zu unterstützen. Dies erfolgt durch die Herausgabe der *IT-Empfehlungen für den nachhaltigen Umgang mit digitalen Daten in den Altertumswissenschaften*. Damit soll nicht zuletzt die gute wissenschaftliche Praxis (s. S. 184ff.) in Archäologie und Altertumswissenschaften nachhaltig gefördert werden.

6.2 Archaeology Data Service (ADS)

Der an der britischen University of York angesiedelte *Archaeology Data Service (ADS)* ist – wie *IANUS* – ein Archiv zum Zweck der Bereitstellung und digitalen Langzeitarchivierung archäologischer Primärdaten. Bereits 1996 gegründet, hat er Lösungen für Entwicklungen gesucht, die durch das Fortschreiten der Digitalisierung und Open Access erst jetzt deutlich erkennbar sind. Der *Archaeology Data Service (ADS)* ist mehrfach für seine Verdienste um nachhaltige Daten in der Archäologie ausgezeichnet worden.

Recherche und Services

Ein differenzierter Zugriff auf die Daten ist mit dem Tool *Archsearch* möglich: *Basic*, *Advanced*, *Browser*, *Map*. Die einzelnen Datensätze sind durch DOI's (s. S. 14) eindeutig identifizierbar und zitierbar und lassen sich zur Nachnutzung herunterladen. Eine Verlinkung von Primärdaten mit Publikationen ermöglicht die unmittelbare Prüfung der jeweiligen Forschungsergebnisse. Neben dem Zugriff auf Datensammlungen aus archäologischen Projekten bietet der *ADS* im Bereich *Archives* auch weitere digitale Inhalte an, wie beispielsweise digitalisierte Zeitschriften, Graue Literatur und Dissertationen. Schließlich können Dateneigentümer im Bereich *Deposit* ihre archäologischen Daten an den *Archaeology Data Service (ADS)* mit dem Ziel der dauerhaften Archivierung und Nachnutzung übertragen. Mit den vom *Archaeology Data Service (ADS)* bereitgestellten Angeboten und Werkzeugen steht eine Plattform zur Verfügung, die auf vielfältige Weise digitales Forschen, Lernen und Lehren in der Archäologie unterstützt.

Internet Archaeology

Archaeology Data Service (ADS) archiviert schließlich die vom *Department of Archaeology* der University of York herausgegebene Zeitschrift *Internet Archaeology*, die erste Open-Access-Zeitschrift in der Archäologie. Das Journal verfügt über ein Peer Review und zielt seit seiner ersten Ausgabe 1996 darauf, die spezifischen Möglichkeiten einer elektronischen Publikation durch Integration von Audio- und Videoformaten, Visualisierungen, Animationen oder interaktiven Karten auszunutzen.

6.3 Data Archiving and Network Services (DANS) und E-depot voor de Nederlandse archeologie (EDNA)

Auch in den Niederlanden werden Informationsinfrastrukturen für archäologische Forschungsdaten aufgebaut. Als Teil der *Data Archiving and Network Services (DANS)* ist *E-depot voor de Nederlandse archeologie (EDNA)* für die Archäologischen Wissenschaften zuständig. Wie im *Archaeology Data Service (ADS)* sind auch hier die Datensätze durch Zuweisung von URN's zitierfähig. Seit 2007 gehört der Nachweis archäologischer Forschungsdaten im Repositorium *DANS* zum Qualitätsstandard der niederländischen Archäologie.

6.4 Open Context & tDAR

Weitere internationale Plattformen zur Publikation und Archivierung von Forschungsdaten sind die US-amerikanischen Projekte *Open Context* und *the digital archaeological record (tDAR)*, in denen ebenfalls archäologische Primärdaten erfasst sind. Wie in den anderen vorgestellten Diensten bieten differenzierte Recherchemöglichkeiten den Zugriff auf global verteilte Forschungsdaten. Die einzelnen Datensätze sind zitierfähig und mit anderen Diensten und Daten verlinkt.

6.5 Registry of Research Data Repositories

Begründet von der Deutschen Forschungsgemeinschaft (DFG) entsteht am Karlsruhe Institute of Technology (KIT) in Kooperation mit weiteren Partnern ein globales Verzeichnis von Forschungsdaten-Repositorien, in dem auch spezifisch altertumswissenschaftliche Forschungsdaten nachgewiesen werden. Es besteht die Möglichkeit, nach Fachdisziplinen, Dokumenttypen oder geografischer Zuordnung zu recherchieren.

7 Methoden, Technologien, Grabungswesen

7.1 iDAI.field

Das Deutsche Archäologische Institut (DAI) verfolgt eine Strategie, seine geografisch verteilten Sammlungen und Archive elektronisch zu erschließen, zu digitalisieren und in virtuellen Bibliotheken oder web-

basierten Forschungsumgebungen vernetzt zu präsentieren. Mit *iDAI. field* als weitere Komponente der *iDAI.welt* entsteht ein einheitliches, modular strukturiertes Datenbanksystem zur Dokumentation heterogener Feldforschungsprojekte wie Surveys, Grabungen, Bauaufnahmen, Restaurierungen, geophysikalischen oder naturwissenschaftlichen Untersuchungen.

Module

iDAI.field unterscheidet zwischen Basis-, Methoden- und Fundmodulen. *Basis*module sind für sämtliche Methoden- und Fundmodule relevant wie zur Verwaltung von Fotos, Zeichnungen und Archivmaterial sowie zur Eingabe von Koordinaten, Datierungen und Literaturangaben. *Methoden*module dagegen beziehen sich auf unterschiedliche archäologische Arbeitsweisen wie Survey, Ausgrabung oder Bauforschung. Die *Fund*module schließlich unterstützen die Erfassung verschiedener Objektgattungen und Proben.

Das Dokumentationssystem *iDAI.field* erleichtert nicht nur die dauerhafte Archivierung digitaler Forschungsdaten aus laufenden und abgeschlossenen Feldforschungsprojekten, sondern zugleich die Verknüpfung mit zentralen Objekt- oder Literaturdatenbanken des Deutschen Archäologischen Instituts wie *iDAI.objects/Arachne* (s. S. 126ff.) und *iDAI.bibliography/ZENON* (s. S. 90f., 97f.).

7.2 Netzbasierter Archäologischer Datenprozessierungsdienst (RGZM)

Das Römisch-Germanische Zentralmuseum (RGZM) hat im Rahmen zahlreicher Forschungsprojekte wie *Navis I*, *Navis II*, *Navis III* (s. S. 137) angesichts des Mangels an spezieller Software für die Archäologie neuartige Tools erprobt. Der netzbasierte Archäologische Datenprozessierungsdienst entwickelt Dienste zur Verarbeitung archäologischer Daten und Lösungen für spezielle archäologische Probleme.

7.3 CalPal: Paläoökologische und paläoklimatische Daten (RGZM)

Für die archäologische Forschung und die Archäobotanik spielt die Datierung von Funden mit Hilfe der 14C-Methode, der Radiocarbonmethode, eine zentrale Rolle. Diese wird bei kohlenstoffhaltigen, organischen Materialien angewandt, deren Gehalt an radioaktivem Kohlenstoff bestimmt wird.

Seit 1984 wird das Programm *CalPal* entwickelt, das radiometrische 14C-Daten mit paläoökologischen und paläoklimatischen Daten verknüpft und vergleicht. Dabei werden 14C-Altersangaben in Kalenderjahre umgerechnet und Archäologie und Umweltwandel exakt miteinander korreliert.

7.4 Archäologische Denkmalpflege in Deutschland

In Deutschland werden Denkmalschutz und Denkmalpflege durch eine spezifische Gesetzgebung, die Denkmalschutzgesetze, geregelt. Die Umsetzung dieser Gesetzgebung obliegt den Denkmalschutzbehörden der Länder. Sie umfassen neben der Bau- und Kunstdenkmalpflege die archäologische Denkmalpflege und haben als unabhängige Fachbehörden im Wesentlichen folgende Aufgaben:

- Erfassung archäologischer Fundstellen
- Durchführung von Grabungen mit Inventarisierung von Funden
- Durchführung von Rettungsgrabungen mit Bergung und Dokumentation von Funden
- Sammlung, Konservierung und Bewahrung archäologischer Funde
- Erforschung archäologischer Fundstellen
- Veröffentlichung und Vermittlung von Forschungsergebnissen

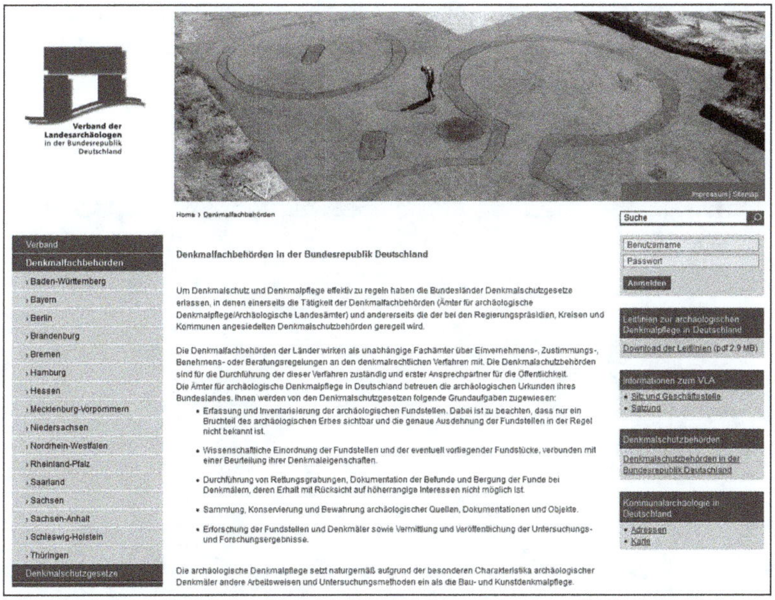

Denkmalschutzgesetze

Abb. 53: Verband der Landesarchäologen in der Bundesrepublik Deutschland.

Eine Übersicht nicht nur über die Denkmalfachbehörden und Denkmalschutzgesetze der Länder, sondern über viele Informationen rund um das Thema Denkmalschutz und Archäologie bietet die Seite des Verbandes der Landesarchäologen der Bundesrepublik Deutschland (Abb. 53).

Tipp

> Archäologische Dienstleistungen für Fachbehörden wie Landesdenkmalämter, Kommunen, Institutionen, Museen, Vereine oder Bauträger erbringen Grabungsfirmen. Diese können auch potenzielle Arbeitgeber für Archäologinnen und Archäologen sein. Eine Übersicht über Grabungsfirmen in Deutschland hat beispielsweise der Lehrstuhl für Archäologie des Mittelalters und der Neuzeit der Universität Bamberg veröffentlicht.

7.5 Bayerischer Denkmal-Atlas

Fachinformationssystem

Eine für die Denkmalpflege beispielhafte Lösung entwickelt das Bayerische Landesamt für Denkmalpflege gemeinsam mit der Bayerischen Vermessungsverwaltung. Das als flächendeckendes Verzeichnis aller in Bayern befindlichen Denkmäler (Baudenkmäler und archäologische Denkmäler) wird als umfassendes Fachinformationssystem ausgebaut, das die Denkmalfachberatung detailliert dokumentiert und der Öffentlichkeit und Fachanwendern Fachinformationen aus dem Bereich Denkmalpflege zur Verfügung stellt (Abb. 54).

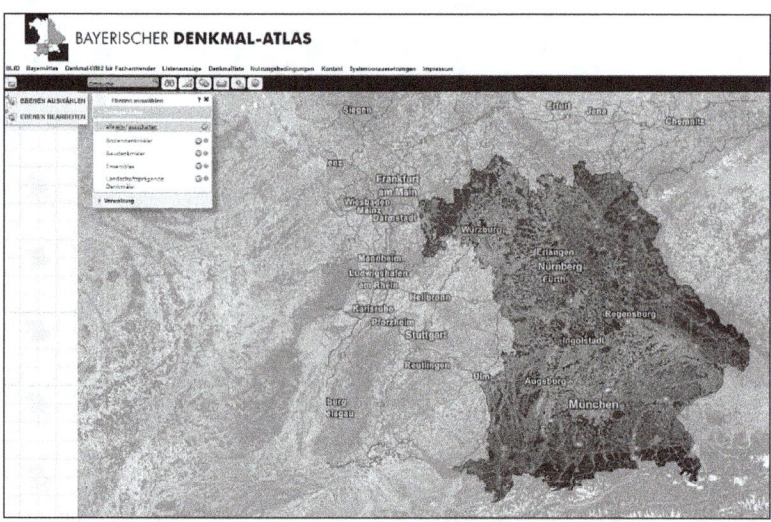

Abb. 54: Bayerischer Denkmal-Atlas.

Die einzelnen Denkmäler sind in ein Geoinformationssystem (GIS) eingebunden und lassen sich auf unterschiedliche Weise darstellen: auf *Luftbild*, *Karte* oder *Amtlicher Karte*. Wahlweise lassen sich sämtliche Denkmaldaten einblenden oder eine Auswahl treffen: *Bodendenkmäler*, *Baudenkmäler*, *Ensembles* oder *landschaftsprägende Denkmäler*. Für die darin markierten Objekte und Fundstellen lassen sich die jeweiligen Fachinformationen aufrufen oder gesamte Denkmälerlisten des ausgewählten Ortes aufrufen.

GIS

7.6 Ausgewählte europäische Initiativen

Da es auch nicht annähernd möglich ist, sämtliche europäischen Portale und Datenbanken vorzustellen, deren Ziel die Dokumentation archäologischer Funde – insbesondere Münzen und Keramik – ist, können nur wenige exemplarische Projekte benannt werden. An diesen kommt aber deutlich zum Ausdruck, dass die digitalen Möglichkeiten der Archäologie und Altertumswissenschaften auch im internationalen Bereich ganz neue Formen kollaborativen Arbeitens begründen. Dabei kann die archäologische Denkmalpflege teilweise von Konzepten einer *citizen science* durchaus profitieren.

7.6.1 Frankreich: Institut national de recherches archéologiques préventives (INRAP)

De l'archéologie de sauvetage à l'archéologie préventive – in Frankreich widmet sich das 2002 gegründete *Institut national de recherches archéologiques préventives* (*INRAP*) dem vorsorgenden und planenden Umgang mit dem kulturellen Erbe, für das die Archäologie mit ihren Methoden Sorge trägt. Die Webseite bietet eine ausführliche Dokumentation über Grabungen und Rettungsgrabungen in Frankreich: Die Grabungsstätten können mit einer Suchmaschine durch Suchbegriffe oder über eine systematische Einschränkung nach Art der Grabung, Zeitstellung des Fundortes, thematischem Kontext, Région, Département, Commune oder Jahr aufgefunden werden. Die einzelnen Grabungsorte werden detailliert und mit Bildern aktuell dokumentiert. Einen geographischen Zugriff auf die mehr als 1200 Grabungsstellen bietet das Tool *archéozoom* mit den Einschränkungsmöglichkeiten auf *période ou thème*, *localisation* und *type du document*.

7.6.2 Großbritannien: Portable Antiquities Scheme

Der *Treasure Act* aus dem Jahr 1996 verpflichtet jedermann in England, Wales und Nordirland, Funde aus Silber oder Gold sowie Münzen, die älter sind als 300 Jahre, anzuzeigen. Um dieser Verpflichtung nachzukommen, wurde vom *Department of Culture, Media & Sport* das Portal *Portable Antiquities Scheme* konzipiert, dessen Herz aus einer Datenbank besteht, in der diese Funde online publiziert werden können. Die Suchoptionen innerhalb der Datenbank sind hoch differenziert und den jeweiligen Fundobjekten angemessen. Mit 140.000 Objekten sind römische Münzen die größte Fundgruppe innerhalb der mehr als 1 Millionen Objekte umfassenden Datenbank.

8 Museen und Sammlungen

Lehr-, Lern-, Forschungsräume

Museen und Sammlungen sind – neben Bibliotheken und Archiven – insbesondere für die Archäologischen Wissenschaften zentrale Lehr-, Lern- und Forschungsräume. Gegenstände archäologischer Forschung werden in Museen öffentlich ausgestellt oder in den jeweiligen Museumsdepots aufbewahrt. Die Digitalisierung der Altertumswissenschaften und der Archäologie hat in den Museen eine Entwicklung angestoßen, dass diese ihre Objekte systematisch digital veröffentlichen – virtuelle Museen ergänzen auf diese Weise reale Ausstellungen (s. S. 130ff.).

material turn

Die fortschreitende Digitalisierung von Kultur und Wissenschaft hat aber noch weitere – auf den ersten Blick überraschende – Impulse gesetzt: Trotz (oder wegen) der ubiquitären Präsenz digitaler Abbilder kultureller Artefakte vollzieht sich gegenwärtig eine Renaissance sammlungsgeschichtlicher Studien. Seit dem Jahr der Geisteswissenschaften 2007 haben sich unter anderen Organen von Wissenschaftspolitik und Forschungsförderung die Deutsche Forschungsgemeinschaft (DFG), der Wissenschaftsrat (WR) und das Bundesministerium für Bildung und Forschung (BMBF) in diesem Sinne positioniert, indem sie beispielsweise ein Programm zur *Digitalisierung und Erschließung von objektbezogenen wissenschaftlichen Sammlungen* (DFG) auflegten, Sammlungen als *Forschungsinfrastrukturen* definierten (WR) oder die Förderlinie *Sprache der Objekte* kreierten (BMBF). Auf diese Weise gehen Digitalisierung von kulturellen Objekten und objektbezogene Forschung Hand in Hand.

8.1 Museumsverzeichnisse

Einige Museen wurden bereits im Zusammenhang mit Kulturportalen wie der Deutschen Digitalen Bibliothek und mit Bilddatenbanken (s. S. 125ff.) vorgestellt. Da aber nicht jedes Museum Objekte digitalisiert und in Kulturportalen oder Spezialdatenbanken nachweist, lohnt die Orientierung über bundes- oder länderübergreifende systematische Verzeichnisse. Diese werden unter anderem vom *Deutschen Museumsbund* oder kommerziellen Informationsdiensten wie *Deutsche-Museen.de* oder *kunst-und-kultur.de* publiziert und erfassen auch kleinere Museen, Galerien, Ausstellungen, Veranstaltungen und vielfältige kulturelle Themen.

8.2 Universitätssammlungen

Das Portal *Universitätssammlungen in Deutschland. Das Informationssystem zu Sammlungen und Museen an deutschen Universitäten* macht die breite Vielfalt universitärer Sammlungen differenziert recherchierbar, beispielsweise nach Orten, Objektgruppen oder Objekten.

Nicht nur öffentliche oder private Museen bewahren für Altertumswissenschaften und Archäologie relevante Quellen, sondern ebenfalls Universitäten, die ihre Sammlungen primär zu Lehr- und Forschungszwecken angelegt haben. Zu diesem Zweck wurde das Portal *Universitätssammlungen in Deutschland* entwickelt, das die breite Vielfalt universitärer Sammlungen differenziert recherchierbar macht, beispielsweise nach:
- Universitätsorten
- Museums- oder Sammlungsarten
- Museums- oder Sammlungsformen
- Sammlungsschwerpunkten
- Objektgruppen
- Objekten

Lehrsammlungen

Das Informationssystem stellt aktuelle Daten über inzwischen mehr als 1100 Einzelsammlungen zur Verfügung und dokumentiert nicht nur existierende, sondern auch verlorene oder aufgelöste Kollektionen.

Beispiele für altertumswissenschaftliche Universitätssammlungen sind Antikensammlungen, Münzsammlungen, Abguss-Sammlungen, Sammlungen antiker Kleinkunst, Papyrussammlungen, ur- und

altertumswissenschaftliche Sammlungen

frühgeschichtliche Studiensammlungen oder christlich-archäologische Sammlungen.

8.3 VIAMUS – das Virtuelle Antikenmuseum

Ein gelungenes Beispiel für ein Virtuelles Antikenmuseum hat das Archäologische Institut der Universität Göttingen realisiert. Es ist in drei Bereiche gegliedert: *Sammlung, e-learning, Datenbank*.

Im Bereich *Sammlung* absolviert der Besucher einen interaktiven *Rundgang* durch die Göttinger Abguss-Sammlung und findet eine Fülle von Informationen zur Geschichte der antiken Skulptur. Dabei kann er sich entscheiden, entweder Saal für Saal oder lediglich die ihn interessierenden Hauptwerke zu besichtigen – oder aber eine Multimedia-Tour zu unternehmen. Um die Entwicklung der antiken Kunst chronologisch nachzuvollziehen, ist auch ein Rundgang nach *Epochen* möglich.

Das Thema *Porträt in der Antike* ist Gegenstand des Bereiches *e-learning*. Hier werden zwei unterschiedliche Niveaus geboten: Universität und Schule.

Die *Datenbank* enthält qualitativ hochwertige Bilder und wissenschaftliche Informationen zu den Objekten der Sammlung – sowohl zu den Originalen als auch zu den Gipsabgüssen. Beispielsweise werden die jeweiligen Museums-Inventarnummern der Originale mitsamt den entsprechenden Nachweisen in Museumskatalogen und Referenzwerken präsentiert. Für die Analyse ist besonders hilfreich, dass die Abgüsse von allen Seiten sorgfältig fotografiert sind, so dass exakte archäologische Vergleiche möglich werden – beispielsweise im Hinblick auf die jeweilige Ausarbeitung von Kalotte oder Profil.

Informationen weiterverarbeiten

1 Wissenschaftliches Arbeiten: Im Kreislauf von Recherchieren, Lesen, Schreiben, Präsentieren

Grundsätzlich gilt für eine wissenschaftliche Recherche: Es kommt nicht darauf an, möglichst *viele* Treffer zu sammeln, sondern möglichst *spezifische* Ergebnisse zu erzielen. Um dieses Ziel zu erreichen, sind ein zuverlässiger Überblick und eine intensive Einarbeitung in die breite Vielfalt der für die altertumswissenschaftliche Arbeit zur Verfügung stehenden Informationsressourcen notwendig.

    Gemäß den Standards der Informationskompetenz (s. S. 6) folgt auf das Erkennen eines Bedarfs an Information, der sich aus der konkreten altertumswissenschaftlichen Fragestellung ergibt, und dem Zugriff auf diese Information im nächsten Schritt ihre inhaltliche Bewertung und Auswahl für die Weiterverarbeitung. Nachdem für die ersten beiden Schritte wichtige Ressourcen in den ersten beiden Teilen dieser Einführung vorgestellt wurden, geht es nun um die Weiterverarbeitung der gewonnenen Informationen. Hierbei kann man zwischen rein *technischen* Aspekten einerseits und *inhaltlichen* Aspekten andererseits unterscheiden. Hinsichtlich der technischen Weiterverarbeitung sind neben den beschriebenen Funktionalitäten der Online-Kataloge und Datenbanken für den Datenexport insbesondere die Literaturverwaltungsprogramme zentral. Mit Blick auf die inhaltlichen Aspekte der Bewertung von Literatur sind die Themen Lesen, Zitieren, Plagiatsvermeidung und wissenschaftliches Schreiben relevant.

    Der Überblick über die zahlreichen Online-Kataloge, Virtuellen Fachbibliotheken und bibliographischen Fachdatenbanken hat gezeigt, dass die Menge an wissenschaftlichen Publikationen in den Altertumswissenschaften kontinuierlich ansteigt. Die Herausforderung für das wissenschaftliche Arbeiten besteht unter anderem darin, diese Menge der für die eigene Forschungsfrage relevanten Publikationen nicht allein zu erfassen, sondern effizient zu verwalten, um gegebenenfalls zu einem späteren Zeitpunkt darauf zugreifen zu können.

    Was passiert mit den Ergebnissen einer Recherche nach altertumswissenschaftlichen Quellen und Forschungsliteratur, die mit Hilfe der in den beiden ersten Teilen vorgestellten Ressourcen gewonnen wurden? Die Qualität einer wissenschaftlichen Recherche ist wesentlich abhängig von der individuellen wissenschaftlichen Informationskompetenz: Der Fähigkeit, den spezifischen Informationsbedarf zu erken-

Marginalien:
- Qualität statt Quantität
- Bewertung, Auswahl und Weiterverarbeitung von Literatur
- noch einmal: Informationskompetenz

nen, sich die benötigten Informationen zu beschaffen, zu bewerten und unter Berücksichtigung ethischer und rechtlicher Standards zu verarbeiten und zu vermitteln (s. S. 6). Auf diese Weise wird die eigene Forschung in den Kreislauf des Wissens (Abb. 1) eingebettet.

Im Zusammenhang mit der Beschreibung von Online-Katalogen und Datenbanken (s. S. 27ff.) wurden grundsätzliche technische Funktionalitäten der Weiterverarbeitung der gewonnenen Informationen besprochen, die in diesem Abschnitt insbesondere um die Erläuterung von Literaturverwaltungsprogrammen ergänzt werden sollen. Das im Folgenden behandelte Weiterverarbeiten von recherchierten altertumswissenschaftlichen Informationen wird also weniger *formal* (*Wie exportiere ich in Datenbanken gefundene Treffer?*) als vielmehr *inhaltlich* (*Wie integriere ich das aus den gefundenen Texten und Informationen gewonnene Wissen in meine eigene wissenschaftliche Arbeit?*) verstanden.

wissenschaftliches Arbeiten als Prozess

Recherchieren, Lesen, Schreiben und Präsentieren sind stets untrennbare Bestandteile des wissenschaftlichen Arbeitens (Abb. 55). Wie der Kreislauf des Wissens ist auch das wissenschaftliche Arbeiten als dynamischer Prozess zu verstehen, innerhalb dessen die einzelnen Phasen sich stets abwechseln können. Im Folgenden werden diese einzelnen Phasen und Bestandteile behandelt.

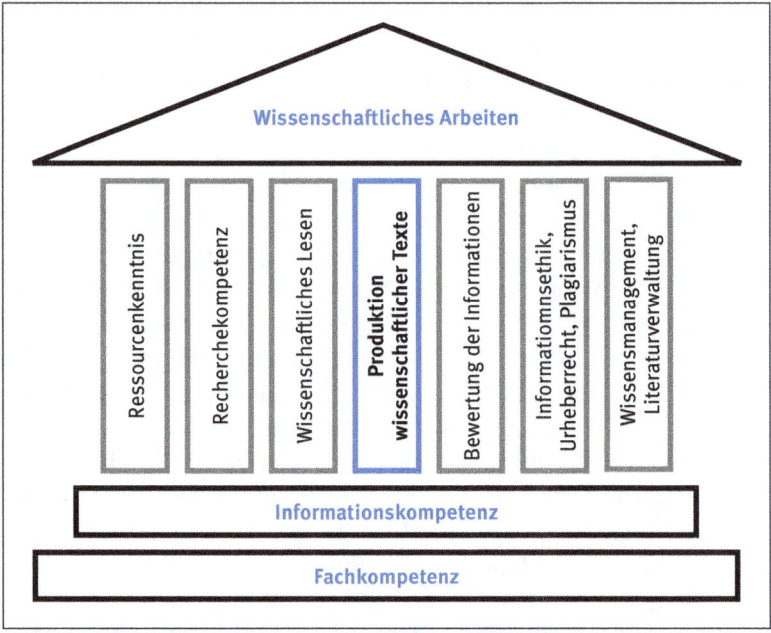

Abb. 55: Komponenten des wissenschaftlichen Arbeitens.

2 Literaturverwaltung und Wissensmanagement

Was also passiert mit den Ergebnissen einer altertumswissenschaftlichen Recherche, die als relevant für die eigene Arbeit identifiziert wurden? Traditionell notiert man sich die wichtigen Titel handschriftlich im Zettelkasten beziehungsweise elektronisch im Computer, um jederzeit gezielt wieder auf sie zurückgreifen zu können. Die digitale Wissenschaft eröffnet jedoch neue Optionen der effizienten Sicherung der Rechercheergebnisse durch die Instrumente der Literaturverwaltungsprogramme.

Zettelkasten: analog & elektronisch

Literaturverwaltungsprogramme sind Programme, die – zusätzlich zum jeweiligen Textverarbeitungsprogramm – erworben und in die persönliche digitale Arbeitsumgebung eingebettet werden müssen. Sie ermöglichen es einerseits, bibliographische Daten aus unterschiedlichen Online-Katalogen oder bibliographischen Datenbanken zu exportieren und im elektronischen Zettelkasten des eigenen Arbeitsplatzes zu strukturieren, zu kommentieren, zu verwalten und dauerhaft zu archivieren. Andererseits lässt sich auch aus einem Literaturverwaltungsprogramm heraus in Online-Katalogen und bibliographischen Datenbanken recherchieren. Durch ihre Integration in Textverarbeitungsprogramme unterstützen Literaturverwaltungsprogramme die Erstellung eigener Arbeiten und Publikationen in vielfältiger Weise, beispielsweise durch Strukturierung eigener Gedanken und Argumente *vor* dem eigentlichen Schreibprozess sowie die automatische Generierung von Literaturverzeichnissen oder Fußnotenapparaten. Da die Funktionalitäten von Literaturverwaltungsprogrammen weit über die reine Organisation bibliographischer Daten hinausgehen, unterstützen sie das individuelle Wissensmanagement sowie die Aufgabenplanung für die Gestaltung wissenschaftlicher Texte in Studium, Forschung und Lehre.

Grundsätzlich unterscheidet man zwischen webbasierten, plattformunabhängigen Literaturverwaltungsprogrammen wie *Zotero* und lokalen, clientbasierten Werkzeugen wie *Citavi*.

2.1 Citavi

Citavi ist für altertumswissenschaftliches Arbeiten besonders geeignet, da es nicht nur die eigentliche Literaturverwaltung, sondern auch das individuelle Wissensmanagement und die konkrete Aufgabenplanung bei der Realisierung einer wissenschaftlichen Schreibaufgabe effizient unterstützt. Nach der Installation von *Citavi* auf dem indivi-

Literatur, Wissen, Aufgaben

duellen elektronischen Arbeitsplatz besteht die Möglichkeit, entweder aus dem Programm heraus Literatur in Online-Katalogen und bibliographischen Datenbanken zu recherchieren oder umgekehrt die während einer bibliographischen Recherche in unterschiedlichen Datenbanken für die individuelle Forschungsfrage relevanten bibliographischen Daten, Volltexte als PDFs oder Bilder direkt nach *Citavi* zu importieren – letztere Funktionalität ist insbesondere für bildwissenschaftliche Fächer besonders attraktiv. Die bibliographische Recherche in Fachdatenbanken aus *Citavi* heraus ist nur bei Vorhandensein einer bestimmten Schnittstelle möglich. Da dies eher selten der Fall ist, sollte die Recherche besser in der jeweiligen Datenbank selbst erfolgen, von wo die Ergebnisse nach *Citavi* exportiert werden können.

Picker

Hierbei erkennt der *Citavi Picker* ISB-Nummern und bietet an, die jeweilige Literaturangabe an das spezifische *Citavi*-Projekt zu senden. Als Schnittstelle zwischen individueller Literaturdatenbank und konkretem Schreibprozess schließlich dient ein Add-On im Textverarbeitungsprogramm, mit dem nicht nur Zitate in den eigenen Text, sondern auch Literaturnachweise in den Fußnotenapparat und die Bibliographie eingefügt werden können.

Zitierstile

Besonders komfortabel bei der Erstellung eigener wissenschaftlicher Texte ist die durch ein Literaturverwaltungsprogramm wie *Citavi* gebotene Möglichkeit, die erfassten bibliographischen Angaben flexibel nicht nur in national und international verbreiteten Zitierstilen automatisch zu formatieren, sondern auch individuelle Zitierstile zu definieren.

Versionen

Citavi wird vom Verlag Swiss Academic Software gegenwärtig in unterschiedlichen Editionen angeboten: Als kostenlose Version (*Citavi Free*), bei der allerdings pro Projekt lediglich 100 bibliographische Einträge möglich sind, sowie als kostenpflichtige Editionen (*Citavi for Windows, Citavi for DBServer*) ohne diese Beschränkung. Zahlreiche Universitäten und Forschungseinrichtungen verfügen über eine Campus- oder Institutionenlizenz, die für alle Studierenden und Forschenden über einen individuellen Lizenzschlüssel nutzbar ist. Da es sich bei *Citavi* um ein Windows-Programm handelt, ist der Einsatz unter anderen Betriebssystemen jedoch nur mit Einschränkungen möglich.

2.2 Zotero

Das Literaturverwaltungsprogramm *Zotero* unterstützt – genau wie *Citavi* – das Sammeln, Organisieren und Zitieren der in Online-Katalogen, bibliographischen Datenbanken oder auch im Internet recherchierten wissenschaftlichen Informationen. Von der George Mason University ursprünglich als kostenlose Erweiterung des Webbrowsers Mozilla Firefox entwickelt, kann es inzwischen auch mit den Browsern Google Chrome und Safari angewendet werden. Als webbasiertes Werkzeug ermöglicht *Zotero* insbesondere auch die kollaborative Erstellung von Bibliographien. Die Einbindung in Textverarbeitungsprogramme erfolgt über Plugins oder Add-ons.

Grundsätzlich sind die Funktionalitäten von Literaturverwaltungsprogrammen vergleichbar, im Detail jedoch unterscheiden sie sich, so dass die Entscheidung für ein bestimmtes Produkt von individuellen Anforderungen und Gewohnheiten abhängen kann. Entscheidend ist jedoch, dass Literaturverwaltungsprogramme die Erstellung einer individuellen Wissensbasis ermöglichen, aus der nicht nur Informationen in die eigene schriftliche Arbeit bequem integriert werden können, sondern aufgrund derer die Entscheidung, welche Texte für die eigene Arbeit gelesen werden müssen und welche nicht, zuverlässig vorbereitet werden kann.

individuelle Wissensbasis

> Da neben *Zotero* und *Citavi* noch weitere Literaturverwaltungsprogramme wie *RefWorks*, *Mendeley* oder *EndNote* angeboten werden, ist es wichtig, die richtige individuelle Auswahl zu treffen. Hierfür hat die Universitätsbibliothek der Technischen Universität München einen Vergleich der gängigen Literaturverwaltungsprogramme publiziert.

Tipp

3 Das R(r)ichtige Lesen

Wenn auch wissenschaftliches Arbeiten in vielerlei Hinsicht ein kreativer Prozess ist, so ist doch das Dokumentieren und Organisieren der aufgefundenen relevanten Informationen unverzichtbare Grundlage dafür, dass durch die eigene Forschung neues Wissen entstehen kann. Ein zentraler Aspekt nicht nur des Studiums der Altertumswissenschaften ist das Lesen wissenschaftlicher Texte mit dem Ziel, daraus Informationen zu gewinnen, um durch eigene, neue Fragen das Fachwissen zu erweitern. Da dieses Lesen in der Regel viel Zeit benötigt, muss zuallererst sorgfältig entschieden werden, wo sich eine ausführliche Lektüre lohnt und wo nicht.

Was muss ich lesen?

Diese Entscheidung kann durch unterschiedliche Kriterien erleichtert werden: Beispielsweise durch die Recherche und Lektüre von Inhaltsverzeichnissen, Abstracts und Rezensionen oder durch die Beurteilung der Seriosität des Autors, des Herausgebers oder des Verlages einer Monographie, einer Zeitschrift oder einer Internetveröffentli-

Inhaltsverzeichnisse, Abstracts, Rezensionen

chung. Je mehr altertumswissenschaftliche Publikationen und Informationen existieren, desto wichtiger wird das individuelle Wissensmanagement. So können die relevanten Informationen zweiter Ordnung wie Inhaltsverzeichnisse, Abstracts oder Rezensionen auch in Literaturverwaltungsprogrammen archiviert werden, damit die Entscheidung, welcher Text zwingend für die eigene Arbeit zu lesen ist, jederzeit leicht gefällt werden kann.

Denken, denken, denken!

Wenn auch der fachwissenschaftliche Diskurs in großer Vielfalt zugänglich ist und darüber hinaus zahlreiche Informationen zweiter Ordnung wie Abstracts oder Rezensionen verfügbar sind, bleibt doch die wichtigste Herausforderung, das gewählte Thema selbstständig zu durchdringen und zu einer eigenen Auffassung zu gelangen. *Vor* einer ausgedehnten Lektüre der Sekundärliteratur und *vor* der Konzeption des eigenen Textes und dem Beginn des konkreten Schreibprozesses sollte doch immer die eigene Auseinandersetzung mit den Quellen oder einer Forschungsfrage stehen. Dadurch entgeht man der Gefahr, sich frühzeitig auf fremde, innerhalb des Forschungsdiskurses vertretene Positionen festzulegen.

4 Wissenschaftliches Schreiben

Wie lernt man Schreiben?

Bereits das erste Lesen wissenschaftlicher Texte verdeutlicht, dass sich diese grundlegend von anderen, nichtwissenschaftlichen Textsorten unterscheiden. Obwohl ein Hauptziel insbesondere geisteswissenschaftlicher Studienfächer das Verfassen eigener wissenschaftlicher Texte ist, das im Rahmen der Hausarbeiten eingeübt wird, wird dieses Schreiben innerhalb der Fachseminare nur selten systematisch und in einer Ausführlichkeit thematisiert, die insbesondere für das erste Anfertigen einer wissenschaftlichen Arbeit notwendig wäre. Praktische Einführungen in das wissenschaftliche Schreiben werden häufig entweder in die von Studierenden geleiteten Tutorate des Fachbereiches ausgelagert oder aber durch speziell ausgebildete Schreibtrainer an fachübergreifenden Schreibzentren gelehrt. Je nach Ausführlichkeit des Feedbacks der Dozierenden bei der Rückgabe schriftlicher Arbeiten sind Studierende häufig auf sich selbst gestellt und müssen eigene Strategien entwickeln, das Verfassen wissenschaftlicher Texte zu trainieren.

Lesen, lesen, lesen!

Um wissenschaftliches Schreiben zu erlernen, empfiehlt sich grundsätzlich eine möglichst ausgedehnte eigene Lektüre wissenschaftlicher Texte anderer Autorinnen und Autoren. Auf diese Weise gewinnt man allmählich ein Gefühl dafür, wie solche Texte aufgebaut und formuliert sind.

Hat man das Thema für die eigene Arbeit (z. B. Hausarbeit, Bachelorarbeit, Masterarbeit) spezifiziert, empfiehlt sich die Intensivierung der Recherche nach Quellen und Forschungsliteratur. Am Beginn des konkreten eigenen Schreibprozesses stehen die Formulierung der Fragestellung sowie eine Gliederung der Argumentation innerhalb eines Exposés. Grundsätzlich ist es sinnvoll, den eigenen Text von einer ersten Rohfassung ausgehend über eine Arbeitsfassung hin zu einer Endfassung sukzessive weiterzuentwickeln.

Exposé

Eine erste Rohfassung lässt sich beispielsweise mit Hilfe der Funktionalität *Wissensorganisation* des Literaturverwaltungsprogramms *Citavi* im Textverarbeitungsprogramm *Word* erstellen, indem bereits jetzt in eine vorläufige Gliederung sowohl eigene Argumente als auch Zitate aus der relevanten Forschungsliteratur sowie die bibliographischen Nachweise eingearbeitet werden.

Rohfassung

Je weiter man durch eigenes Nachdenken, eigene Lektüre und weitere Recherche das gewählte Thema durchdringt, desto deutlicher kristallisiert sich aus der Rohfassung eine immer feiner konturierte Arbeitsfassung heraus. Auch hier kann die *Wissensorganisation* des Literaturverwaltungsprogramms *Citavi* ausgezeichnete Dienste leisten.

Arbeitsfassung

Aus Roh- und Arbeitsfassung heraus entsteht während des Schreibprozesses schließlich die Endfassung einer wissenschaftlichen Arbeit, die zur Bewertung eingereicht wird. Für diese Endfassung gelten neben den inhaltlichen Standards, die bereits bei der Bestimmung des zu behandelnden Themas mit dem Dozierenden vor Beginn der schriftlichen Ausarbeitung sorgfältig abzustimmen sind, strenge formale Standards:

Endfassung

- Orthographie
- Interpunktion
- Zitierweise der verwendeten Forschungsliteratur in Fußnoten und Literaturverzeichnis
- Titelblatt
- Inhaltsverzeichnis
- Beschriftungen der Abbildungen und deren Nachweis im Abbildungsverzeichnis
- Umsetzung der Layoutvorgaben
- sprachlich-stilistische Ausarbeitung
- eidesstattliche Erklärung zur Redlichkeit und Einhaltung guter wissenschaftlicher Praxis

formale Standards

> Besprechen Sie die für die schriftliche Arbeit einzuhaltenden formalen Standards rechtzeitig mit dem Betreuenden Ihrer schriftlichen wissenschaftlichen Arbeit.

Tipp

Sprache und Stil

Die größte Herausforderung innerhalb der formalen Vorgaben ist – insbesondere für Studienanfänger – die angemessene sprachlich-stilistische Ausarbeitung. Da eine ausführliche Behandlung dieses Themas den Rahmen dieser Einführung sprengen würde, seien hier nur wenige Hinweise gegeben. Grundsätzlich gilt, dass wissenschaftliche Texte sich durch Lesbarkeit und Verständlichkeit auszeichnen sollten. Auch wenn sich unerfahrene wissenschaftliche Schreibende selbstverständlich an Texten, die sie gelesen haben, sprachlich orientieren, so sollte doch im eigenen Text immer der individuelle, eigenständige Stil erkennbar sein. Auch die maßgebliche Fachterminologie sollte organisch mit dem individuellen Schreibstil verschmelzen und nicht aufgesetzt wirken.

Als eine erste Orientierung für eine Reflexion der sprachlich-stilistischen Ausarbeitung eigener wissenschaftlicher Texte können folgende Hinweise dienen:
- umgangssprachliche Begriffe und Wendungen vermeiden
- Fremdwörter und Fachterminologie dosiert verwenden
- sprachlich auf inhaltlich relevante Informationen konzentrieren
- einfache Sätze und Parataxe anstatt komplizierter Konstruktionen und Hypotaxe verwenden
- Mut, selbst als Autor in Erscheinung zu treten (*ich meine...*, *nach meiner Auffassung...* etc.)

4.1 Zitieren

Beim wissenschaftlichen Schreiben spielt neben der Berücksichtigung inhaltlicher, formaler und sprachlich-stilistischer Vorgaben das Zitieren eine zentrale Rolle. Da im Zitieren alle genannten Aspekte wissenschaftlichen Schreibens konvergieren, soll diese Thematik gesondert behandelt werden.

Wissenschaft als Mannschaftssport

Wissenschaft ist ein dynamischer empirischer oder intellektueller Prozess, an dem niemals nur eine einzige Person beteiligt ist, sondern meistens eine Vielzahl Forschender einer Scientific Community aus unterschiedlichen Epochen und Kulturen teilhaben. Wissenschaftliche Erkenntnis resultiert daher aus der Summe der Forschungen einzelner wissenschaftlicher Autorinnen und Autoren, die aufeinander aufbauen und schließlich die eigenen Ideen formulieren. Da jedem Forschenden das Recht auf sein geistiges Eigentum ohne Einschränkung dauerhaft zusteht, muss jeder, der sich dieses Eigentums mündlich oder schriftlich bedient, den Urheber präzise benennen.

Was wird zitiert?

(Nicht nur) in einer altertumswissenschaftlichen Arbeit muss an jeder Stelle zweifelsfrei deutlich sein, welches Ihre eigenen Gedanken und Formulierungen sind und wo Sie sich auf Erkenntnisse anderer stützen oder deren Formulierungen verwenden. Der Leser Ihres Textes muss durch die exakte Zitation jederzeit selbst nachprüfen können, worauf Ihre Argumentation gründet. Daher müssen sämtliche verwendete Quellen und Forschungsliteratur vollständig angegeben werden. Dies geschieht entweder im Text, in den Fußnoten oder in der Bibliographie. Erst dieser Nachweis ermöglicht die Überprüfbarkeit einer Argumentation sowie der daraus resultierenden eigenen Thesen. Ferner wird durch die Zitation zuverlässig belegt, in welchem Umfang die eigene wissenschaftliche Arbeit relevante Forschungsliteratur zur Kenntnis genommen hat und darauf aufbauend zu neuen Interpretationen gelangt. Werden Argumentationen oder sogar einzelne Formulierungen anderer Autorinnen und Autoren in den eigenen Text ohne Kenntlichmachung übernommen, wird das geistige Eigentum anderer verletzt und man spricht von einem Plagiat (s. S. 184f.).

Nicht zitierpflichtig ist allgemein anerkanntes Faktenwissen, auch wenn Sie dies in allgemeinen Enzyklopädien gefunden haben. Grundsätzlich sollte sich eine wissenschaftliche Arbeit aber ausschließlich auf zitierfähige anerkannte Forschungsbeiträge stützen.

Im Einzelnen sind folgende Grundsätze des Zitierens zu beachten: Da sich altertumswissenschaftliche Arbeit nicht allein auf Forschungsliteratur bezieht, sondern gleichermaßen auf Quellen, sind diese ebenfalls stets exakt zu referenzieren: Im Falle archäologischer Funde beispielsweise die Inventarnummer des Museumsdepots oder der Katalog, in dem das interessierende Fundstück publiziert wurde, im Falle von Inschriften oder literarischen Texten die Aufbewahrungsorte der originalen Überlieferungszeugen oder die maßgebliche wissenschaftliche Edition. Für die Zitate von Quellen und Forschungsliteratur gleichermaßen gilt, dass diese niemals ungeprüft aus anderer Sekundärliteratur zitiert werden sollten, sondern *immer* auf die Originalstelle rekurriert werden muss. Sofern Forschungsliteratur übersetzt vorliegt, ist nach Möglichkeit aus der originalsprachlichen Erstveröffentlichung zu zitieren.

Grundsätze des Zitierens

Zitate sollten grundsätzlich möglichst sparsam verwendet werden. Sofern wörtlich zitiert wird, beispielsweise wegen der Besonderheit einer gewählten Formulierung oder zur nachdrücklichen Gewichtung einer eigenen Hauptthese, sind diese Zitate in Anführungszeichen zu setzen. Sofern Zitate gekürzt übernommen werden, sind die Auslassungen genau zu kennzeichnen. Eine Zitatverpflichtung besteht auch, wenn ein Gedanke nicht *wörtlich*, sondern *sinngemäß* übernommen wird: In diesem Fall wird die indirekte Rede gewählt und die dazugehörende Fußnote beispielsweise mit *Vgl.* (vergleiche) eingeleitet.

direkte und indirekte Zitate

Orte der Zitatnachweise: Fußnoten, Bibliographie

Die Orte der Zitatnachweise sind die Fußnoten auf der Seite, auf der sich das Zitat im eigenen Text befindet, und die Bibliographie am Ende des Textes. Eine wiederholt für die eigene Argumentation herangezogene Quelle wird in der Regel bei der ersten Nennung in der Fußnote vollständig zitiert, bei jeder weiteren Nennung genügt ein Kurzzitat mit Rückverweis auf die erste vollständige Nennung. In der Bibliographie findet sich die vollständige Dokumentation der für den eigenen Text konsultierten Quellen, Literatur und sonstigen Informationsressourcen. Diese werden üblicherweise nach Primärquellen, Editionen, Sekundärliteratur und Internetressourcen gegliedert und jeweils alphabetisch sortiert.

bibliographische Beschreibung

Für die exakte Zitation der in Ihrer Arbeit verwendeten Forschungsliteratur ist die bibliographische Beschreibung entscheidend. Ihre Form richtet sich danach, ob es sich um einen *selbstständig* oder *unselbstständig* veröffentlichten Text handelt (s. S. 22). Bibliographische Beschreibungen setzen sich aus unterschiedlichen Elementen zusammen, wobei zwischen den jeweiligen Publikationsformen zu unterscheiden ist.

Monographie

Selbstständig veröffentlichter Text (Monographie):
- Verfassername
- Titel und Untertitel
- Auflage (falls mehrere Auflagen existieren)
- Verlagsort
- Verlag
- Erscheinungsjahr
- Reihentitel (falls Monographie in einer Reihe erschienen ist)

Aufsatz in Sammelband

Unselbstständig veröffentlichter Text (Aufsatz in Sammelband):
- Verfassername
- Titel und Untertitel
- Herausgeber und Titel des Sammelbandes, in dem der Aufsatz erschienen ist
- Verlagsort
- Verlag
- Erscheinungsjahr
- Seitenzahl

Aufsatz in Zeitschrift

Unselbstständig veröffentlichter Text (Aufsatz in Zeitschrift):
- Verfassername
- Titel und Untertitel
- Zeitschriftentitel
- Bandnummer
- Jahrgang
- Seitenzahl

Eine Besonderheit sind Zitate von Online-Publikationen, die in den nächsten Jahren auch in den Altertumswissenschaften immer mehr an Bedeutung gewinnen werden. Da sich im Internet Adressen sehr häufig ändern können, eignet sich eine URL (*Uniform Resource Locator*) nicht für die zuverlässige Zitation im wissenschaftlichen Bereich. Wissenschaftliche Ressourcen besitzen daher in der Regel einen *Persistent Identifier*, beispielsweise einen URN (*Uniform Resource Name*) oder DOI (*Digital Object Identifier*). Diese ändern sich nicht und gewährleisten, dass webbasierte wissenschaftliche Ressourcen dauerhaft zitierfähig sind (s. S. 14).

Online-Publikationen

> Sofern Sie elektronische wissenschaftliche Texte und Informationen zitieren, prüfen Sie, ob *URN* oder *DOI* vorhanden sind. Dokumentieren Sie das Datum des Aufrufs der Webseite.

Tipp

Wie beschrieben können in der Praxis wissenschaftlichen Schreibens auch Literaturverwaltungsprogramme eine wichtige Rolle spielen. Sie eignen sich nicht nur für das strukturierte Archivieren bibliographischer Daten und das Management wissenschaftlicher Informationen, sondern vereinfachen das Zitieren, indem nach standardisierten oder individuellen Zitationsstilen Literatur automatisiert nachgewiesen werden kann.

Literaturverwaltungsprogramm als Zitierhilfe

Einen verbindlich festgelegten, einheitlichen Zitierstil für die Altertumswissenschaften gibt es weder auf nationaler noch auf internationaler Ebene – zu unterschiedlich sind die individuellen Fachkulturen und Fachtraditionen der einzelnen altertumswissenschaftlichen Disziplinen. Häufig besitzen die in maßgeblichen Fachzeitschriften verwendeten Zitierstile normativen Charakter innerhalb einer Disziplin. Im Zweifelsfall sollte vor der Anfertigung einer wissenschaftlichen Arbeit in den Altertumswissenschaften der jeweils Betreuende konsultiert werden. Grundsätzlich muss aber der einmal gewählte Zitierstil im gesamten wissenschaftlichen Text angewendet werden.

Zitierstile

Schließlich gilt für alle altertumswissenschaftlichen Disziplinen die Berücksichtigung von Abkürzungskonventionen, insbesondere für Zeitschriften. Diese sind den maßgeblichen Fachbibliographien wie beispielsweise der *Année Philologique (APh)* zu entnehmen.

Abkürzungskonventionen

> Im Bereich der Klassischen Archäologie beispielsweise sind die vom Deutschen Archäologischen Institut (DAI) herausgegebenen Publikationen im Hinblick auf die formalen Zitationsregeln normativ. Sie legen auch die Abkürzungskonventionen fest und werden auf der Webseite des DAI publiziert. Häufig werden diese Zitationsregeln bereits für Arbeiten Studierender empfohlen.

Tipp

Die wissenschaftlich korrekte Zitierweise ist von der ersten schriftlichen Arbeit an sorgfältig zu beachten und einzuüben. Sie ist kein Selbstzweck, sondern Grundlage ethischer Standards in der Wissenschaft.

4.2 Wissenschaftliche Ethik: Plagiatsvermeidung und Urheberrecht

Redlichkeit

Ethisches Verhalten steht im Zentrum allen wissenschaftlichen Handelns. Wissenschaft gründet im Kern auf Redlichkeit – Unredlichkeit erschüttert sie in ihren Grundfesten und schadet dem einzelnen Wissenschaftler dauerhaft. Daher spielt das Thema *wissenschaftliche Ethik* insbesondere innerhalb der Ausbildung des wissenschaftlichen Nachwuchses, der Studierenden, eine zentrale Rolle: Sie sind es, die die Generierung neuer wissenschaftlicher Erkenntnis in der Zukunft garantieren.

Informationsethik

Ist innerhalb der modernen Informationsgesellschaft der ethische Umgang mit Informationen von grundlegender Bedeutung, so spielen innerhalb der wissenschaftlichen Ethik Plagiatsvermeidung und Urheberrecht eine zentrale Rolle. Beide Themen gehören unmittelbar zusammen: Das Urheberrecht sichert dem Urheber, im wissenschaftlichen Bereich in der Regel dem Autor, die Rechte, die ihm an seinem Werk zustehen. Das Urheberrecht regelt darüber hinaus das Verhältnis zwischen dem Urheber und denjenigen Personen, die dessen Werk nutzen wollen. Dabei garantiert das Urheberpersönlichkeitsrecht dem Urheber eines Werkes seine öffentliche Anerkennung.

Sicherung guter wissenschaftlicher Praxis

In Deutschland und Europa ist die Sicherung guter wissenschaftlicher Praxis Gegenstand zahlreicher Positionspapiere von Einrichtungen der Wissenschaftsförderung sowie einzelner Wissenschaftsinstitutionen und Hochschulen. Beispielsweise hat die Deutsche Forschungsgemeinschaft (DFG) in ihrer Denkschrift *Vorschläge zur Sicherung guter wissenschaftlicher Praxis* (1997, 2013) umfassende Empfehlungen vorgelegt. Da ethisches Verhalten in der Wissenschaft grundsätzlich nicht an nationale Grenzen gebunden ist, wurde auf internationaler, europäischer Ebene der *European Code of Conduct for Research Integrity* (2010) veröffentlicht. Insbesondere vor dem Hintergrund unterschiedlicher nationaler urheberrechtlicher Rahmenbedingungen ist eine solche Empfehlung von großer Bedeutung.

Auf der Grundlage dieser nationalen und internationalen Empfehlungen formulieren die Hochschulen häufig eigene Regeln guter wissenschaftlicher Praxis, entwickeln Verfahren für den Umgang mit Vorwürfen wissenschaftlichen Fehlverhaltens und dessen Sanktionierung, indem sie beispielsweise eine Ombudsperson als Ansprechpartner benennen.

> **Tipp**
> Informieren Sie sich über die Bestimmungen zur Sicherung guter wissenschaftlicher Praxis Ihrer eigenen Hochschule.

Die Regeln zur Sicherung guter wissenschaftlicher Praxis richten sich nicht nur an etablierte Wissenschaftlerinnen und Wissenschaftler, sondern sind als fester Bestandteil der Lehre und der Ausbildung des wissenschaftlichen Nachwuchses konzipiert: Da die Generierung neuer Erkenntnisse nicht erst mit der Dissertation beginnt und dort aufhört, können die im Laufe des Studiums unter Anleitung der Dozierenden angefertigten schriftlichen Arbeiten als eine wichtige Voraussetzung der Stabilität des Wissenschaftssystems verstanden werden.

wissenschaftliche Ethik als Studienziel

Insbesondere innerhalb der digitalen Wissenschaft ist durch die einfache Möglichkeit, fremde Texte in eigene Arbeiten einzufügen, die (Gefahr der) Versuchung, diese nicht zu kennzeichnen, größer als in analoger Zeit. Vielfach herrscht jedoch eine Verunsicherung darüber, wo genau ein Plagiat beginnt und das Urheberrecht verletzt wird. Daher gibt es studentische Initiativen, digitale schriftliche Arbeiten freiwillig einer Clearing-Stelle vorzulegen, die eine maschinell unterstützte Prüfung auf mögliche Plagiate vornimmt. Diese Situation verdeutlicht, dass innerhalb des Studiums ein besonderer Fokus auf Plagiatsprävention gelegt werden sollte.

Plagiatsentstehung und Digitalisierung

Was ist ein Plagiat? Grundsätzlich versteht man unter Plagiat die Aneignung fremden geistigen Eigentums ohne Nennung des Urhebers. Es lassen sich Textplagiate und Ideenplagiate unterscheiden.

Was ist ein Plagiat?

Textplagiat:
- die *wörtliche* Übernahme fremder Texte in größerem (*Totalplagiate*) und geringerem (*Teilplagiate*) Umfang
- die wörtliche oder inhaltliche Übernahme fremder Texte in anderen Sprachen (*Übersetzungsplagiate*)

Ideenplagiat:
- die *inhaltliche* Übernahme fremder Ideen in eigene Formulierungen (*Paraphrasierung*)

Um Plagiate zu vermeiden, sind wörtliche Übernahmen fremder Texte, aber auch Auslassungen und Ergänzungen durch Anführungszeichen zwingend exakt zu kennzeichnen. Generell empfiehlt sich, Zitate möglichst sparsam und nur dann zu verwenden, wenn die eigene These oder die eigene Argumentation dadurch charakteristisch unterstützt werden kann.

Tipp

> Für weitere Informationen zum Thema Plagiarismus und Plagiat sind Projekte und Portale zu empfehlen, wie beispielsweise das *Portal Plagiat* der Hochschule für Technik und Wirtschaft Berlin oder das Projekt *Plagiatsprävention – Refairenz* der Universität Konstanz und der Pädagogischen Hochschule Freiburg.

Erklärung zur Redlichkeit

Da der Nachweis von Plagiarismus in schriftlichen Studienleistungen zum Ausschluss von einer Prüfung bis hin zur Aberkennung eines akademischen Grades und zu strafrechtlichen Konsequenzen führen kann, wird eine schriftliche Erklärung des Verfassers zur Redlichkeit und Einhaltung guter wissenschaftlicher Praxis am Ende der eingereichten Arbeit verlangt, beispielsweise:

> *Hiermit versichere ich, dass ich die vorliegende Arbeit selbstständig verfasst und keine anderen als die angegebenen Hilfsmittel verwendet habe.*

Wenn auch die Themen wissenschaftliche Ethik, Urheberrecht und Plagiarismus an dieser Stelle nur knapp umrissen werden konnten, so sollte doch abschließend deutlich werden, dass ein wissenschaftlicher Autor an der Schnittstelle von Informationsrecherche innerhalb der unterschiedlichsten Ressourcen und Informationsverarbeitung für den eigenen Schreibprozess eine hohe Verantwortung besitzt. Die Wissenschaft insgesamt kann nur dann vom einzelnen wissenschaftlichen Autor profitieren, wenn der Kreislauf des Wissens (Abb. 1) durch die Scientific Community streng nach ethischen Grundsätzen gestaltet wird.

Ressourcenverzeichnis

Basics

1 Wer? Was? Wann? Rahmenbedingungen wissenschaftlicher Recherche

Standards der Informationskompetenz für Studierende (2009)
    http://zpidlx54.zpid.de/wp-content/uploads/2015/02/DBV_Standards_Infokompetenz_03.07.2009_endg.pdf
DARIAH-DE: Digital Research Infrastructure for the Arts and Humanities
    https://de.dariah.eu
TextGrid: Virtuelle Forschungsumgebung für die Geisteswissenschaften
    https://www.textgrid.de
CLARIN-D: Forschungsdateninfrastruktur für die Geistes- und Sozialwissenschaften
    http://www.clarin-d.de/de
Mommsen-Gesellschaft - Verband der deutschen Forscher auf dem Gebiet des Griechisch-Römischen Altertums: Arbeitsgemeinschaft *Digital Humanities in den Altertumswissenschaften*
    http://www.mommsen-gesellschaft.de
Verband der Historiker und Historikerinnen Deutschlands (VHD): Arbeitsgemeinschaft Digitale Geschichtswissenschaft:
    http://www.historikerverband.de/arbeitsgruppen/ag-digitale-gw.html
Arbeitsgemeinschaft Geschichte und EDV e.V.
    http://www.age-net.de
CLARIN-DE: Fachspezifische Arbeitsgruppe Altertumswissenschaften in CLARIN
    http://clarin-d.net/de/wissenschaftsbereiche/altertumswissenschaften-klassische-philologien-archaeologie
Open Access
    https://www.open-access.net
Berliner Erklärung
    http://openaccess.mpg.de/Berliner-Erklaerung
Open Access am Deutschen Archäologischen Institut (DAI)
    https://www.dainst.org/publikationen/open-access
Archäologische Informationen
    http://journals.ub.uni-heidelberg.de/index.php/arch-inf
Archäologische Berichte
    http://books.ub.uni-heidelberg.de/propylaeum/series/info/archber
e-Forschungsberichte
    https://www.dainst.org/de/publikationen/e-publikationen/e-forschungsberichte
Edition Topoi
    http://www.edition-topoi.org
Mitteilungen der Deutschen Gesellschaft für Archäologie des Mittelalters und der Neuzeit
    https://journals.ub.uni-heidelberg.de/index.php/mitt-dgamn/index
Jahrbuch des Römisch-Germanischen Zentralmuseums
    http://web.rgzm.de/publikationen/rgzm-open-access/jahrbuch/jahrbuch-des-roemisch-germanischen-zentralmuseums.html
Denkmalpflege in Baden-Württemberg – Nachrichtenblatt der Landesdenkmalpflege
    http://www.denkmalpflege-bw.de/index.php?id=1746

Frankfurter elektronische Rundschau zur Altertumskunde (FeRA)
   http://www.fera-journal.eu
Historische Archäologie
   http://www.histarch.uni-kiel.de
Journal of Neolithic Archaeology (JNA)
   http://www.jungsteinsite.de
Forum Archaeologiae
   http://farch.net
perspectivia.net: Publikationsplattform der Max-Weber-Stiftung – Deutsche Geisteswissenschaftliche Institute im Ausland
   http://www.perspectivia.net
LeibnizOpen: Open-Access-Portal der Leibniz-Gemeinschaft
   http://www.leibnizopen.de
Open Access Repository Ranking (OARR)
   http://repositoryranking.org
Wiki forschungsdaten.org
   http://www.forschungsdaten.org
Deutsche Forschungsgemeinschaft: Leitlinien zum Umgang mit Forschungsdaten
   http://www.dfg.de/foerderung/antragstellung_begutachtung_entscheidung/antragstellende/antragstellung/nachnutzung_forschungsdaten/index.html
Allianz der der deutschen Wissenschaftsorganisationen: Grundsätze zum Umgang mit Forschungsdaten
   http://www.allianzinitiative.de/de/handlungsfelder/forschungsdaten/grundsaetze.html
Kommission *Archäologie und Informationssysteme* des Verbandes der Landesarchäologen der Bundesrepublik Deutschland
   http://www.landesarchaeologen.de/verband/kommissionen/archaeologie-und-informationssysteme/

3 Grundlagen von Recherchetechniken in Online-Katalogen und Datenbanken

Empfehlungsdienst BibTip
   http://www.bibtip.com

4 Bibliothekskataloge

Bibliotheksverbund Bayern (BVB) mit Gateway Bayern
   http://www.gateway-bayern.de
Gemeinsamer Bibliotheksverbund (GBV) mit Gemeinsamen Verbundkatalog (GVK)
   http://gso.gbv.de
Hessisches Bibliotheksinformationssystem (HeBIS) mit HeBIS-Portal
   http://www.portal.hebis.de
Kooperativer Bibliotheksverbund Berlin-Brandenburg (KOBV) mit KOBV-Portal
   http://vs13.kobv.de
Hochschulbibliothekszentrum des Landes Nordrhein-Westfalen mit hbz-Verbundkatalog
   http://okeanos-www.hbz-nrw.de/F/
Südwestdeutscher Bibliotheksverbund (SWB) mit SWB Verbundkatalog
   http://swb.bsz-bw.de
Österreichischer Bibliothekenverbund mit Suchmaschine (ÖBV)
   http://search.obvsg.at/primo_library/libweb/action/search.do?vid=ACC
swissbib
   https://www.swissbib.ch

WorldCat
    http://www.worldcat.org
Karlsruher Virtueller Katalog (KVK)
    http://www.ubka.uni-karlsruhe.de/kvk.html
subito – Dokumente aus Bibliotheken
    https://www.subito-doc.de

5 Fachübergreifende Datenbanken und zentrale Ressourcen

Datenbank-Infosystem DBIS – Gesamtbestand
    http://rzblx10.uni-regensburg.de/dbinfo/fachliste.php?lett=l
Zeitschriftendatenbank (ZDB)
    http://www.zeitschriftendatenbank.de
Elektronische Zeitschriftenbibliothek (EZB)
    http://rzblx1.uni-regensburg.de/ezeit
Directory of Open Access Journals (DOAJ)
    http://doaj.org
Internationale Bibliographie der geistes- und sozialwissenschaftlichen Zeitschriftenliteratur (IBZ)
    http://www.degruyter.com/db/ibz
Online Contents Altertumswissenschaften (OLC-SSG Altertumswissenschaften)
    https://gso.gbv.de/DB=2.44
Internationale Bibliographie der Rezensionen geistes- und sozialwissenschaftlicher Literatur (IBR)
    http://www.degruyter.com/db/ibr
Bryn Mawr Classical Review (BMCR)
    http://bmcr.brynmawr.edu

6 Altertumswissenschaften in Deutschland: Bibliotheken, Sondersammelgebiete, Virtuelle Fachbibliotheken und Internetportale

Handbuch der historischen Buchbestände in Deutschland, Österreich und Europa
    http://fabian.sub.uni-goettingen.de/fabian
Arbeitsgemeinschaft Sammlung Deutscher Drucke (AG SDD)
    http://www.ag-sdd.de
Webis – Sammelschwerpunkte an deutschen Bibliotheken
    http://wikis.sub.uni-hamburg.de/webis
Sondersammelgebiet Klassische Altertumswissenschaft einschließlich Alte Geschichte, Mittel- und Neulateinische Philologie (6.12)
    http://wikis.sub.uni-hamburg.de/webis/index.php/Klassische_Altertumswissenschaft_einschl._Alte_Geschichte._Mittel-_und_Neulateinische_Philologie_(6.12)
Sondersammelgebiet Vor- und Frühgeschichte (6.11)
    http://wikis.sub.uni-hamburg.de/webis/index.php/6.11
Sondersammelgebiet Klassische Archäologie (6.14)
    http://wikis.sub.uni-hamburg.de/webis/index.php/Klassische_Arch%C3%A4ologie_%286.14%29
Sondersammelgebiet Ägyptologie (6.21)
    http://wikis.sub.uni-hamburg.de/webis/index.php/6.21
Sondersammelgebiet Allgemeine Kunstwissenschaft, Mittlere und Neuere Kunstgeschichte bis 1945 (9.10)
    http://wikis.sub.uni-hamburg.de/webis/index.php/9.10
Propylaeum – Fachinformationsdienst Altertumswissenschaften
    http://www.propylaeum.de

arthistoricum.net – Virtuelle Fachbibliothek Kunstwissenschaft
http://www.arthistoricum.net
Germanistik im Netz (GiN) – Virtuelle Fachbibliothek Germanistik
http://www.germanistik-im-netz.de
Archäologie Online
http://www.archaeologie-online.de
Hethitologie Portal Mainz (HPM)
http://www.hethport.uni-wuerzburg.de/HPM

7 Googelst Du noch oder recherchierst Du schon? Allgemeine Suchmaschinen und wissenschaftliche Recherche

Google Scholar
https://scholar.google.de
BASE (Bielefeld Academic Search Engine)
http://www.base-search.net

Advanced

2 Lexika

Paulys Realencyclopädie der classischen Altertumswissenschaft (RE) (gemeinfreie Teile)
https://de.wikisource.org/wiki/Paulys_Realencyclop%C3%A4die_der_classischen_Altertumswissenschaft
Der Neue Pauly. Enzyklopädie der Antike – Brill's New Pauly
http://referenceworks.brillonline.com/cluster/New%20Pauly%20Online?s.num=0
Germanische Altertumskunde Online. Europäische Kulturgeschichte bis zum Hochmittelalter (GAO)
http://www.degruyter.com/view/db/gao
Lexikon des Mittelalters (LexMA)
http://www.brepols.net/Pages/BrowseBySeries.aspx?TreeSeries=LEXMA-O
World Biographical Information System Online (WBIS)
http://www.degruyter.com/view/serial/35520
Biographisch-Bibliographisches Kirchenlexikon (BBKL)
http://www.bbkl.de
Thesaurus Lingua Latinae (TLL)
http://www.degruyter.com/db/tll
Karl Ernst Georges: Lateinisch-deutsches Handwörterbuch
http://www.zeno.org/Georges-1913
Lexikon zur byzantinischen Gräzität (LBG)
http://stephanus.tlg.uci.edu/lbg
Suda On Line: Byzantine Lexicography (SOL)
http://www.stoa.org/sol
Lexicon Iconographicum Mythologiae Classicae (LIMC)
https://daw.philhist.unibas.ch/digital-limc/databases

3 Bibliographien

L'Année Philologique (APh)
: http://www.annee-philologique.com

Gnomon Bibliographische Datenbank (GBD)
: http://www.gnomon-online.de

Dyabola
: http://www.dyabola.de

iDAI.bibliography/ZENON
: http://zenon.dainst.org

Die Keilschriftbibliographie im Netz (KeiBi online)
: http://vergil.uni-tuebingen.de/keibi

Byzantinische Bibliographie
: http://www.degruyter.com/view/db/byz

International Medieval Bibliography (IMB)
: http://www.brepols.net/Pages/BrowseBySeries.aspx?TreeSeries=IMB-O

Bibliographie de Civilisation Médiévale (BCM)
: http://www.brepols.net/Pages/BrowseBySeries.aspx?TreeSeries=BCM-O

Regesta Imperii (RI)-OPAC
: http://opac.regesta-imperii.de

Bibliographie zur antiken Sklaverei Online (BASO)
: http://www.adwmainz.de/index.php?id=1584

Roman Ceramics – Bibliographie zu römischer Keramik in den römischen Provinzen
: http://www.rgzm.de/anadecom

Digital Library Numis (DLN)
: https://sites.google.com/site/digitallibrarynumis

4 Kataloge von Spezialbibliotheken

iDAI.bibliography/ZENON
: http://zenon.dainst.org

The Oriental Institute of the University of Chicago Research Archives
: http://oi-idb.uchicago.edu

kubikat
: http://aleph.mpg.de/F?func=file&file_name=find-b&local_base=kub01

Art Discovery Group Catalogue (ADGC)
: http://artdiscovery.net

Zentralbibliothek des Römisch-Germanischen Zentralmuseums (RGZM)
: http://web.rgzm.de/forschung/bibliothek.html

Leibniz-Wissenschaftscampus Mainz
: http://www.byzanz-mainz.de

Dumbarton Oaks Research Library and Collection
: http://www.doaks.org/library-archives

5 Historische Grundwissenschaften und Quellen

Inscriptiones Graecae (IG)
   http://pom.bbaw.de/ig
Searchable Greek Inscriptions (Packard Humanities Institute)
   http://epigraphy.packhum.org/inscriptions
Attic Inscriptions Online (AIO)
   https://www.atticinscriptions.com
Corpus Inscriptionum Latinarum (CIL) – Archivum Corporis Electronicum (ACE) und CIL Open Access
   http://cil.bbaw.de/dateien/datenbank.php
   http://arachne.uni-koeln.de/drupal/?q=en/node/291
Epigraphik-Datenbank Clauss-Slaby (EDCS)
   http://www.manfredclauss.de
Epigraphische Datenbank Heidelberg (EDH)
   http://edh-www.adw.uni-heidelberg.de
Epigraphic Database Roma (EDR)
   http://www.edr-edr.it
Epigraphic Database Bari (EDB)
   http://www.edb.uniba.it
Hispania Epigraphica (HE)
   http://eda-bea.es
Vindolanda Tablets Online (VTO) und Vindolanda Tablets Online II (VTO2)
   http://vindolanda.csad.ox.ac.uk
   http://vto2.classics.ox.ac.uk
Roman Inscriptions of Britain (RIB online)
   http://romaninscriptionsofbritain.org
Epigraphische Datenbank zum antiken Kleinasien
   https://www.epigraphik.uni-hamburg.de
Deutsche Inschriften Online (DIO)
   http://www.inschriften.net
Epigraphisches Forschungs- und Dokumentationszentrum (EFDZ)
   http://www.epigraphica-europea.uni-muenchen.de
EAGLE – Europeana network of Ancient Greek and Latin Epigraphy
   http://www.eagle-network.eu
Numismatische Bilddatenbank Eichstätt (NBE)
   http://www.nbeonline.de
Der Interaktive Katalog des Münzkabinetts der Staatlichen Museen zu Berlin – Preußischer Kulturbesitz
   http://ww2.smb.museum/ikmk
Roman Provincial Coinage Online
   http://rpc.ashmus.ox.ac.uk
American Numismatic Society (ANS)
   http://www.numismatics.org
DONUM – Database of Numismatic Materials
   http://donum.numismatics.org
MANTIS – A Numismatic Technologies Integration Service
   http://numismatics.org/search
Coinage of the Roman Republic Online (CRRO)
   http://numismatics.org/crro
Coin Hoards of the Roman Republic Online (CHRR)
   http://numismatics.org/chrr

Online Coins of the Roman Empire (OCRE)
  http://numismatics.org/ocre
CoinArchives – Ancient Coins
  http://www.coinarchives.com/a
Beazley Archive Pottery Database (BAPD)
  http://www.beazley.ox.ac.uk/archive
Attic Vase Inscriptions Project (AVI)
  https://avi.unibas.ch
Corpus Vasorum Antiquorum (CVA) Online
  http://www.cvaonline.org/cva
Roman Ceramics – Literaturdatenbank zu römischer Keramik in den römischen Provinzen (RCRF/RGZM)
  http://www.rgzm.de/anadecom
Samian Research - Terra Sigillata Forschungen (RGZM)
  http://www.rgzm.de/samian
Study Group for Roman Pottery
  http://romanpotterystudy.org
  http://romanpotterystudy.org/bibliograph
  http://archaeologydataservice.ac.uk/archives/view/sgrp_2013
Potsherd: Atlas of Roman Pottery
  http://potsherd.net/atlas/potsherd.html
Ex Officina Hispana: Sociedad de Estudios de la Cerámica Antigua en Hispania (S.E.C.A.H.)
  http://www.exofficinahispana.org
Société Française d'Etude de la Céramique Antique en Gaule (SFECAG)
  http://sfecag.free.fr
IARPotHP: International Association for Research on Pottery of the Hellenistic Period e.V.
  http://iarpothp.org
FACEM: Provenance Studies on Pottery in the Southern Central Mediterrenean from the 6th tot he 2nd c. B.C.
  http://facem.at
IMMENSA AEQUORA: Reconstructing production and trade in the Mediterreanean Sea in the Hellenistic and Roman periods using new scientific and technological approaches
  http://www.immensaaequora.org
instrumentum - Groupe de travail europeen sur l'artisanat et les productions manufacturees dans l'Antiquité
  http://www.instrumentum-europe.org
iDAI.objects/Arachne – Objektdatenbank und kulturelle Archive des Deutschen Archäologischen Instituts (DAI)
  http://arachne.uni-koeln.de/drupal
CLAROS (Classical Art Research Online Services)
  http://www.clarosnet.org
prometheus – das verteilte digitale Bildarchiv für Forschung und Lehre e. V.
  http://www.prometheus-bildarchiv.de
Antikensammlung der Staatlichen Museen zu Berlin
  http://www.smb.museum/museen-und-einrichtungen/antikensammlung
Altes Museum
  http://www.smb.museum/museen-und-einrichtungen/altes-museum
Bode Museum
  http://www.smb.museum/museen-und-einrichtungen/bode-museum
Neues Museum
  http://www.smb.museum/museen-und-einrichtungen/neues-museum/home.html
SMB-digital Online-Datenbank der Sammlungen
  http://www.smb-digital.de

Pergamonmuseum
   http://www.smb.museum/museen-und-einrichtungen/pergamonmuseum
   http://3d.smb.museum/pergamonaltar
Gesamtkatalog der Skulpturen in der Antikensammlung der Staatlichen Museen zu Berlin
   http://arachne.uni-koeln.de/drupal/?q=de_DE/node/322
Antike Bronzen in Berlin
   http://ww2.smb.museum/antikebronzenberlin
Katalog der Gipsabgüsse nach griechisch-römischen Skulpturen in Berliner Sammlungen
   http://arachne.uni-koeln.de/drupal/?q=node/255
British Museum London
   http://www.britishmuseum.org
Musée du Louvre Paris
   http://www.louvre.fr/en
Metropolitan Museum New York
   http://www.metmuseum.org/art/collection
Kunsthistorisches Museum Wien
   https://www.khm.at/erfahren/forschung/objektdb/liste
   http://www.ikmk.at
Munich Digital Research Archives (MUDIRA)
   http://mudira.gwi.uni-muenchen.de
Ubi Erat Lupa – römische Steindenkmäler
   http://www.ubi-erat-lupa.org/simplesearch.php
TOMBA
   http://www.rgzm.de/tomba
NAVIS I
   http://www.rgzm.de/navis
NAVIS II
   http://www.rgzm.de/navis2
NAVIS III
   http://www.rgzm.de/navis3
Theatrum
   http://www.theatrum.de
Amphitheatrum
   http://amphi-theatrum.de
Der Obergermanisch-Raetische Limes
   http://www.deutsche-limeskommission.de
Der römische Limes in Österreich
   http://www.limes-oesterreich.at
REALonline – Digitales Bildarchiv
   http://tethys.imareal.sbg.ac.at/realonline
archREAL – Archäologische Kleinfunddatenbank zur mittelalterlichen Realienkunde
   http://archreal.imareal.sbg.ac.at/archREAL
Papyri.info
   http://papyri.info
   http://papyri.info/search
Trismegistos (TM)
   http://www.trismegistos.org
Papyrus Portal
   http://www.organapapyrologica.net/content/papportal_start.xed?XSL.PortalType.SESSION=papportal
   http://www.organapapyrologica.net/content/dictionary_start.xed?XSL.PortalType.SESSION=dictionary

Berliner Papyrusdatenbank (BerlPap)
    http://ww2.smb.museum/berlpap
Heidelberger Gesamtverzeichnis der griechischen Papyrusurkunden Ägyptens (HGV)
    http://aquila.zaw.uni-heidelberg.de/start
Oxyrhynchus Online
    http://163.1.169.40/cgi-bin/library?site=localhost&a=p&p=about&c=POxy&ct=0&l=en&w=utf-8
    http://163.1.169.40/cgi-bin/library?e=d-000-00---0POxy--00-0-0--0prompt-10---4------0-1l--1-en-50---20-about---00031-001-1-0utfZz-8-00&a=d&c=POxy&cl=CL5.1
Perseus Digital Library – Perseus Collection: Greek and Roman Materials
    http://www.perseus.tufts.edu/hopper/collection?collection=Perseus:collection:Greco-Roman
Thesaurus Linguae Graecae (TLG) – A Digital Library of Greek Literature
    http://stephanus.tlg.uci.edu
Jacoby Online – Die Fragmente der griechischen Historiker (FGrHist)
    http://referenceworks.brillonline.com/cluster/Jacoby%20Online
Patrologia Graeca (PG)
    https://www.classiques-garnier.com/numerique-en/index.php?option=com_content&view=article&id=57%3Apatrologia-graeca&catid=39%3Acatalogue-bases-litgre&Itemid=30
    http://www.documenta-catholica.eu
Bibliotheca Teubneriana Latina Online (BTL Online)
    http://www.degruyter.com/view/db/btl
Library of Latin Texts – Series A (LLT-A) und Library of Latin Texts – Series B (LLT-B)
    http://www.brepols.net/Pages/BrowseBySeries.aspx?TreeSeries=LLT-O
Classical Latin Texts (Packard Humanities Institute)
    http://latin.packhum.org
Patrologia Latina (PL)
    http://pld.chadwyck.co.uk
Cuneiform Digital Library Initiative (CDLI)
    http://cdli.ucla.edu
The Electronic Text Corpus of Sumerian Literature (ETCSL)
    http://etcsl.orinst.ox.ac.uk
Database of Neo-Sumerian Texts (BDTNS)
    http://bdtns.filol.csic.es
Electronic Tools and Ancient Near Eastern Archives (ETANA)
    http://www.etana.org/home
iDAI.gazetteer
    https://gazetteer.dainst.org
iDAI.geoserver
    http://geoserver.dainst.org
RGZM GeoNameService
    http://www3.rgzm.de/gns
ORBIS – The Stanford Geospatial Network Model of the Roman World
    http://orbis.stanford.edu
Pelagios
    http://commons.pelagios.org
    http://pelagios-project.blogspot.se/p/about-pelagios.html
Vici.org
    http://vici.org
Digital Atlas of the Roman Empire (DARE)
    http://dare.ht.lu.se

Pleiades
    http://pleiades.stoa.org
Ancient World Mapping Center (AWMC) mit Barrington Atlas of the Greek and Roman World
    http://awmc.unc.edu/wordpress
Barrington Atlas of the Greek and Roman World
    http://www.unc.edu/depts/cl_atlas
Antiquity Á-la-carte
    http://awmc.unc.edu/wordpress/alacarte
Transformation
    http://www.rgzm.de/transformation
Lexicon of Greek Personal Names
    http://www.lgpn.ox.ac.uk/index.html
Prosopographia Imperii Romani (PIR)
    http://pir.bbaw.de/stichwortliste/stichwortliste-suchmaske
Prosopographie der mittelbyzantinischen Zeit (PmbZ)
    http://pom.bbaw.de/pmbz
    http://www.degruyter.com/view/db/pmbz
Erich Trapp: Prosopographisches Lexikon der Palaiologenzeit, Wien 1976–1996
    http://hw.oeaw.ac.at/3310-3inhalt
Prosopography of the Byzantine World (PBW)
    http://www.pbw.kcl.ac.uk
Online Catalogue of Byzantine Seals
    http://www.doaks.org/resources/seals

6 Forschungsdaten

IANUS – Forschungsdatenzentrum Archäologie & Altertumswissenschaften
    http://www.ianus-fdz.de
Archaeology Data Service (ADS)
    http://archaeologydataservice.ac.uk
Internet Archaeology
    http://intarch.ac.uk
Data Archiving and Network Services (DANS) und E-depot voor de Nederlandse archeologie (EDNA)
    http://www.dans.knaw.nl/nl
    http://www.dans.knaw.nl/nl/over/diensten/data-archiveren-en-hergebruiken/easy/edna/edna?set_language=nl
Open Context
    http://opencontext.org
tDAR
    https://www.tdar.org
Registry of Research Data Repositories
    http://www.re3data.org

7 Methoden, Technologien, Grabungswesen

iDAI.field
    https://www.dainst.org/forschung/forschung-digital/idai.welt/data/projekte/-/asset_publisher/Pt831lfwO8uH/content/id/220141
Archäologischer Datenprozessierungsdienst (RGZM)
    www.rgzm.de/gns

CalPAl: Paläoökologische und paläoklimatische Daten (RGZM)
   http://www.calpal-online.de
Archäologische Denkmalpflege in Deutschland
   http://www.landesarchaeologen.de/denkmalfachbehoerden
Grabungsfirmen in Deutschland
   http://www.uni-bamberg.de/?id=8806
Bayerischer Denkmal-Atlas
   http://www.blfd.bayern.de/denkmalerfassung/denkmalliste/bayernviewer
   http://www.denkmal.bayern.de
Frankreich: Institut national de recherches archéologiques préventives (INRAP)
   http://www.inrap.fr
Großbritannien: Portable Antiquities Scheme
   https://finds.org.uk

8 Museen und Sammlungen

Museumsverzeichnisse (Deutscher Museumsbund)
   http://www.museumsbund.de/de/links/national/museumsverzeichnisse
Deutsches Museumsverzeichnis (ID Medien Verlag)
   http://www.deutsche-museen.de
Museumsdatenbank (Beutin & Günter)
   http://www.kunst-und-kultur.de/index.php?Action=showMuseumStartPage
Universitätssammlungen in Deutschland
   http://www.universitaetssammlungen.de
VIAMUS – das virtuelle Antikenmuseum
   http://viamus.uni-goettingen.de

Informationen weiterverarbeiten

Citavi
   http://www.citavi.de/de
Zotero
   https://www.zotero.org
Zitierrichtlinien des Deutschen Archäologischen Instituts (DAI)
   https://www.dainst.org/publikationen/publizieren-beim-dai/vom-manuskript-zum-buch
Portal Plagiat
   http://plagiat.htw-berlin.de
Plagiatsprävention
   http://www.plagiatspraevention.de

Literaturverzeichnis

Altekamp, Stefan; Tiedemann, Paul: Internet für Archäologen: eine praxisorientierte Einführung. Darmstadt 1999

Alvoni, Giovanna: Altertumswissenschaften digital: Datenbanken, Internet und e-Ressourcen in der altertumswissenschaftlichen Forschung. Mit Beiträgen von Ulrich Rausch. (Studienbücher Antike; 5) Hildesheim; Zürich; New York, NY 2001

Andorfer, Peter: Forschen und Forschungsdaten in den Geisteswissenschaften: Zwischenbericht einer Interviewreihe. (DARIAH-DE Working Papers; 10) Göttingen 2015 (http://webdoc.sub.gwdg.de/pub/mon/dariah-de/dwp-2015-10.pdf)

Archäologische Informationen 38 (2015): Open Access und Open Data – Sammlungsstrategien auf dem Prüfstand: DOI: dx.doi.org/10.11588/ai.2015.1

Arnold, Ekkehard: Altertum elektronisch - in Freiburg: eine Einführung in die elektronischen Hilfsmittel für das Studium der Ur- und Frühgeschichte, Alten Geschichte, Provinzialrömischen Geschichte, Klassischen Philologie und Klassischen Archäologie an der Universität Freiburg im Breisgau. (UB-Tutor; 9) Freiburg 2001

Bemmann, Katrin: Propylaeum, die Virtuelle Fachbibliothek der Altertumswissenschaften – Aspekte fächerübergreifenden Recherche und Vernetzung. Berlin: Institut für Bibliotheks- und Informationswissenschaft der Humboldt Universität zu Berlin, 2011 (http://archiv.ub.uni-heidelberg.de/propylaeumdok/volltexte/2011/932)

Deutsche Forschungsgemeinschaft: Sicherung guter wissenschaftlicher Praxis. Denkschrift. Ergänzte Auflage. Weinheim: WILEY-VCH, 2013 (http://www.dfg.de/foerderung/grundlagen_rahmenbedingungen/gwp/)

Klöckner, Anja und Schollmeyer, Patrick: Ideen und Visionen für eine Lehre der Zukunft. In: Deutscher Archäologen-Verband, Bericht der Jahrestagung 2011, S. 36–41

Digital Classics Online: https://journals.ub.uni-heidelberg.de/index.php/dco/

Fabian, Bernhard: Buch, Bibliothek und geisteswissenschaftliche Forschung. Zu Problemen der Literaturversorgung und der Literaturproduktion in der Bundesrepublik Deutschland. Göttingen 1983

Fell, Martin: Machina computatoria. Zur Anwendung von EDV in den Altertumswissenschaften. St. Katharinen 1997

Gantert, Klaus und Hacker, Rupert: Bibliothekarisches Grundwissen. 8., vollständig neu bearbeitete und erweiterte Auflage. München 2008

Gullath, Brigitte und Heidtmann, Frank: Wie finde ich altertumswissenschaftliche Literatur: Klassische Philologie, Mittel- und Neulatein, Byzantinistik, Alte Geschichte und Klassische Archäologie. (Orientierungshilfen; 23) Berlin 1992

Haber, Peter: Digital Past: Geschichtswissenschaft im digitalen Zeitalter. München 2011

Hagner, Michael: Zur Sache des Buches. Göttingen 2015

Handbuch der historischen Buchbestände in Deutschland. Hrsg. von Bernhard Fabian. Hildesheim [u. a.] 1992ff.

Hartmann, Andreas: Tutorium Augustanum. Ein althistorisches Proseminar. Augsburg 2012. (http://www.historicum-estudies.net/etutorials/tutorial-alte-geschichte/?L=0)

Literaturverwaltungsprogramme im Vergleich. 5. Aktualisierung. München: Universitätsbibliothek, 2015 (http://mediatum.ub.tum.de/?id=1271693)

McLuhan, Marshall: The Gutenberg galaxy: the making of typographic man. Toronto 1962

Oehlmann, Doina: Erfolgreich recherchieren – Geschichte. Berlin, Boston 2012

Sahle, Patrick: Digitale Editionsformen: zum Umgang mit der Überlieferung unter den Bedingungen des Medienwandels. 3 Bände. Norderstedt 2013

Sachregister

Abkürzungskonventionen 183
Alerting-Dienste 36
American Numismatic Society (ANS) 119
Ampelsystem 47, 50
Ancient World Mapping Center (AWMC) 157
Année Epigraphique (AE) 106
Année Philologique (APh) 86
Antike Bronzen in Berlin 132
Antikensammlung der Staatlichen Museen zu Berlin 130
Antiquity Á-la-carte 157
Arbeitsfassung 179
Archaeology Data Service (ADS) 164
Archäologie Online 67
Archäologische Denkmalpflege 167
archREAL 139
Art Discovery Group Catalogue (ADGC) 100
arthistoricum.net 67
Attic Inscriptions Online (AIO) 106

Barrington Atlas of the Greek and Roman World 157
Bayerischer Denkmal-Atlas 168
Beazley Archive Pottery Database (BAPD) 121
Berliner Papyrusdatenbank (BerlPap) 143
Bibliographie 23, 182
Bibliographie de Civilisation Médiévale (BCM) 94
Bibliographieren 21
Bibliographie zur antiken Sklaverei Online (BASO) 95
bibliographische Beschreibung 182
Bibliotheca Teubneriana Latina Online (BTL) 149
Bibliothekskataloge 40
Bibliotheksverbund Bayern (BVB) 42
BibTip 36
Bielefeld Academic Search Engine (BASE) 74
Biographisch-Bibliographisches Kirchenlexikon (BBKL) 82
Boolesche Operatoren 29
British Museum London 132
Bryn Mawr Classical Review (BMCR) 55
Byzantinische Bibliographie Online 92

CalPAl: Paläoökologische und paläoklimatische Daten (RGZM) 166
Catalog-Enrichment 34
Citavi 175

Classical Latin Texts (Packard Humanities Institute) 151
Closed Access 13
Coinage of the Roman Republic Online (CRRO) 119
CoinArchives – Ancient Coins 120
Coin Hoards of the Roman Republic Online (CHRR) 120
Corpus Inscriptionum Graecarum (CIG) 105
Corpus Inscriptionum Latinarum (CIL) – Archivum Corporis Electronicum (ACE) 107
Corpus Vasorum Antiquorum (CVA) Online 123
Cuneiform Digital Library Initiative (CDLI) 151

Data Archiving and Network Services (DANS) 165
Database of Neo-Sumerian Texts (BDTNS) 152
Datenbank-Infosystem (DBIS) 46
Denkmalschutzgesetze 167
Deutsche Inschriften Online (DIO) 114
Digger – die archäologische Suchmaschine 68
Digital Atlas of the Roman Empire (DARE) 156
Digital Classics 11
Digital Humanities 9, 11
Digital Library Numis (DLN) 97
Digital Object Identifier (DOI) 14, 183
Directory of Open Access Journals (DOAJ) 51
Discovery-Systeme 35
Dokumentlieferdienste 44
DONUM – Database of Numismatic Materials 119
Download 38
Drill-Down-Funktion 33
Dumbarton Oaks Research Library and Collection 102
DYABOLA 90

EAGLE – Europeana network of Ancient Greek and Latin Epigraphy 112
E-depot voor de Nederlandse archeologie (EDNA) 165
Einfache Suche 27
The Electronic Text Corpus of Sumerian Literature (ETCSL) 152
Electronic Tools and Ancient Near Eastern Archives (ETANA) 153
Email 38
Endfassung 179
Epigraphik 104
Epigraphik-Datenbank Clauss-Slaby (EDCS) 108
Epigraphische Datenbank Heidelberg (EDH) 108

Epigraphische Datenbank zum antiken Kleinasien 111
Epigraphische Forschungs- und Dokumentationszentrum (EFDZ) 115
Erklärung zur Redlichkeit 186
Erweiterte Suche 28
Export in Literaturverwaltungsprogramme 38
Exposé 179

Facetten 33
Fachbibliothek 12, 56
Fachinformationsdienste für die Wissenschaft (FIDs) 59
Fernleihe 42, 44
Fernleihportal 42, 44
Forschungsdaten 17, 162
Freitextsuche 31
Fußnoten 182

Gemeinsamen Normdatei (GND) 32
Gemeinsamer Bibliotheksverbund 42
Georges 83
Germanische Altertumskunde Online (GAO) 78
Germanistik im Netz (GiN) 67
Gesamtkatalog der Skulpturen in der Antikensammlung der Staatlichen Museen zu Berlin 131
Gnomon Bibliographische Datenbank (GBD) 88
goldener Weg 14
Google Scholar 73
Grabungsfirmen 168
grüner Weg 14

Handbuch der historischen Buchbestände 57
hbz-Verbundkatalog 42
HeBIS-Portal 42
Heidelberger Gesamtverzeichnis der griechischen Papyrusurkunden Ägyptens (HGV) 144
Hessisches Bibliotheksinformationssystem (HeBIS) 42
Hethitologie-Portal Mainz (HPM) 69
Historische Grundwissenschaften 102

IANUS – Forschungsdatenzentrum Archäologie & Altertumswissenschaften 66, 162
iDAI.bibliography/ZENON 90, 97
iDAI.field 165
iDAI.gazetteer 153
iDAI.geoserver 154
iDAI.objects/Arachne 126
iDAI.welt 98

Ideenplagiat 185
Index 33
Information Retrieval 10
Informationsethik 184
Informationskompetenz 6
Inscriptiones Graecae (IG) 105
Institut national de recherches archéologiques préventives (INRAP) 169
Der Interaktive Katalog des Münzkabinetts der Staatlichen Museen zu Berlin – Preußischer Kulturbesitz 117
Internationale Bibliographie der geistes- und sozialwissenschaftlichen Zeitschriftenliteratur (IBZ) 52
Internationale Bibliographie der Rezensionen geistes- und sozialwissenschaftlicher Literatur (IBR) 54
International Encyclopedia for the Middle Ages (IEMA) 79
International Medieval Bibliography (IMB) 80, 92
Internet Archaeology 164

Jacoby Online – Die Fragmente der griechischen Historiker (FGrHist) 147
JSTOR 51

Karlsruher Virtueller Katalog (KVK) 43
Katalog der Gipsabgüsse nach griechisch-römischen Skulpturen in Berliner Sammlungen 132
Die Keilschriftbibliographie im Netz (KeiBi online) 91
Keramik 121
Der Kleine Pauly 77
Kleiner Stowasser 84
Kooperativer Bibliotheksverbund Berlin-Brandenburg (KOBV) 42
Kubikat 99
Kunsthistorisches Museum Wien 134

Landesbibliothek 56
Leibniz-WissenschaftsCampus Mainz 101
Lesen 177
Lexicon Iconographicum Mythologiae Classicae (LIMC) 85
Lexicon of Greek Personal Names (LGPN) 158
Lexikon des Mittelalters (LexMA) 79
Lexikon zur byzantinischen Gräzität (LBG) 84
Library of Latin Texts – Series A (LLT-A) 149
Library of Latin Texts – Series B (LLT-B) 149
Linkresolver 39
Literaturverwaltung 175

MANTIS – A Numismatic Technologies Integration Service 119
Merken 37
Metropolitan Museum of Art New York (Met) 134
Munich Digital Research Archives (MUDIRA) 135
Musée du Louvre Paris 133
Museumsverzeichnisse 171

Nationalbibliothek 56
Nationallizenzen 47
NAVIS 137
Netzbasierter Archäologischer Datenprozessierungsdienst (RGZM) 166
Der Neue Pauly: Enzyklopädie der Antike (DNP) 77
Numismatik 115
Numismatische Bilddatenbank Eichstätt (NBE) 116

Obergermanisch-Raetischer Limes 138
Online Catalogue of Byzantine Seals 161
Online Coins of the Roman Empire (OCRE) 120
Online Contents Altertumswissenschaften (OLC-SSG Altertumswissenschaften) 53
Onomastik 157
OPAC (Online Public Access Catalogue) 24
Open Access 13
Open Context 165
Open Data 16
ORBIS – The Stanford Geospatial Network Model of the Roman World 155
The Oriental Institute of the University of Chicago Research Archives – Library 98
Österreichischer Bibliothekenverbund (ÖBV) 42
Oxyrhynchus Online 144

Papyri.info 140
Papyrologie 140
Papyrus Portal 142
Patrologia Graeca (PG) 148
Patrologia Latina (PL) 151
Paulys Realencyclopädie der classischen Altertumswissenschaft (RE) 76
Peer-Review 55
Pelagios 156
Pergamonmuseum 131
Perseus Digital Library 145
Persistent Identifier 183
Plagiatsvermeidung 184
Pleiades 156
Portable Antiquities Scheme 170

prometheus – das verteilte digitale Bildarchiv für Forschung und Lehre e. V. 129
Propylaeum-DOK 66
Propylaeum-eBooks 66
Propylaeum-eJournals 66
Propylaeum – Fachinformationsdienst Altertumswissenschaften 63
PropylaeumSEARCH 64
Prosopographia Imperii Romani (PIR) 158
Prosopographie 158
Prosopographie der mittelbyzantinischen Zeit (PmbZ) 160
Prosopographisches Lexikon der Palaiologenzeit 160
Prosopography of the Byzantine World (PBW) 160

Reallexikon der Germanischen Altertumskunde (RGA) 78
REALonline 139
Recommender-Dienste 36
Regesta Imperii (RI)-OPAC 94
Regionalbibliothek 56
Register 33
Registry of Research Data Repositories 165
RGZM GeoNameService 155
Rohfassung 179
Roman Ceramics 96
Roman Inscriptions of Britain (RIB) 111
Roman Provincial Coinage Online 118
Der römische Limes in Österreich 138
RSS-Feed 36

Samian Research – Terra Sigillata-Forschungen (RGZM) 124
Sammlung Deutscher Drucke (SDD) 57
Schlagwortsuche 31
Schneeballsystem 21
Searchable Greek Inscriptions (Packard Humanities Institute) 106
Selbstständig publizierte Texte 22
Sicherung guter wissenschaftlicher Praxis 184
Sondersammelgebiete (SSGs) 59
Sphragistik 161
Sprache und Stil 180
Staatsbibliothek 56
Stichwortsuche 31
Study Group for Roman Pottery (SGRP) 124
Suchbegriffe 22
Suchstrategie 22
Suda On Line: Byzantine Lexicography (SOL) 84

Südwestdeutscher Bibliothekverbund 42
Supplementum Epigraphicum Graecum (SEG) 106
swissbib 42

tDAR 165
Textplagiat 185
Theatrum 137
Themenfindung 22
Thesaurus cultus et rituum antiquorum
  (ThesCRA) 86
Thesaurus Linguae Graecae (TLG) 146
Thesaurus Linguae Latinae (TLL) 82
TOMBA 136
TOP-Datenbanken 46
Tradition 103
Transformation (RGZM) 157
Trismegistos (TM) 141
Trunkierung 30

Überrest 103
Ubi Erat Lupa – römische Steindenkmäler 135
Uniform Resource Locator (URL) 183
Uniform Resource Name (URN) 14, 183
Universitätsbibliothek 56
Universitätssammlungen 171
Unselbstständig publizierte Texte 22
Urheberrecht 184

Verband der Landesarchäologen in der Bundes-
  republik Deutschland 167
Verbundkatalog 41
Verteilte nationale Forschungsbibliothek 59
Verteilte retrospektive Nationalbibliothek 57
VIAMUS – das Virtuelle Antikenmuseum 172
Vici.org 156
Vindolanda Tablets Online (VTO) 110
Virtuelle Fachbibliotheken (ViFas) 62
Virtuelle Kataloge 43

Wissenschaftliches Arbeiten 173
Wissenschaftliches Schreiben 178
Wissensmanagement 175
World Biographical Information System Online
  (WBIS) 81
WorldCat 42

Zeitschriftendatenbank (ZDB) 48
Zeno.org 84
Zentralbibliothek des Römisch-Germanischen
  Zentralmuseums (RGZM) 100
Zitieren 180
Zitierstil 183
Zotero 176

Abbildungsnachweis

Abbildungen 1, 2, 4, 5, 6 und 55 privat
Abbildung 3: IANUS - Forschungsdatenzentrum Archäologie & Altertumswissenschaften
Abbildung 9: Walter de Gruyter Verlag, Berlin
Abbildung 26: Lotse-Team der Universitäts- und Landesbibliothek Münster
Alle anderen Abbildungen sind Ausschnitte aus dem Angebot der jeweils behandelten Informations-
ressourcen.

www.ingramcontent.com/pod-product-compliance
Lightning Source LLC
Chambersburg PA
CBHW081352230426
43667CB00017B/2807